COLIN VOGEL

◆

DAS BESTE
FÜR MEIN
PFERD

◆

COLIN VOGEL

DAS
BESTE
FÜR MEIN
PFERD

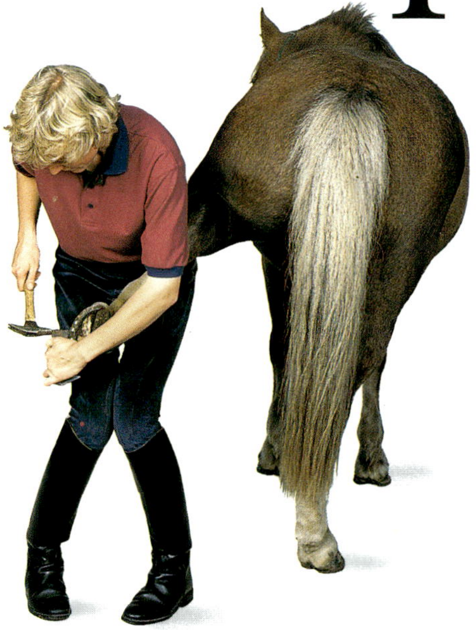

✦

Der praktische Ratgeber
für Haltung
und Gesundheit,
Pflege und Ausrüstung

✦

EIN DORLING KINDERSLEY BUCH
www.dk.com

Die Deutsche Bibliothek
CIP-Einheitsaufnahme

Ein Titeldatensatz dieser Publikation ist bei
Der Deutschen Bibliothek erhältlich

Titel der englischen Originalausgabe:
»Complete Horse Care Manual«

Erschienen 1995 bei
Dorling Kindersley Limited
9 Henrietta Street, London WC2E8PS

Text: © 1995 Colin Vogel

© Dorling Kindersley Limited 1995, London
Fotos: Andy Crawford und Kit Houghton

Sonderausgabe

Vierte Auflage

BLV Verlagsgesellschaft mbH
München Wien Zürich
80797 München

Deutschsprachige Ausgabe:
© BLV Verlagsgesellschaft mbH, München 2002

Übersetzung aus dem Englischen:
Julia Kemmler

DTP: Satz + Layout Fruth GmbH, München

Printed in China · ISBN 3-405-15789-7

INHALT

EINLEITUNG

DAS DOMESTIZIERTE PFERD nahm im Leben des Menschen schon immer eine wichtige Rolle ein. In den Anfangszeiten der Domestizierung hatten die Pferde wahrscheinlich zwei Aufgabenbereiche. Die langsamen, »kaltblütigen« Waldpferde dienten als Zugtiere. Die schnellen, »warmblütigen« Steppenpferde dienten als schnelles Fortbewegungsmittel. Heute setzt man die Pferde nicht mehr im Krieg ein, der Traktor hat die Aufgaben des Pferdes in der Landwirtschaft übernommen und der Dieselkraftwagen ist das Haupttransportmittel – trotzdem genießen Pferde aber ein hohes Ansehen. Seitdem die Menschheit das Pferd gezähmt hat, züchtet sie die Pferde selektiv und ihrer Nutzung oder ihrer Vorstellung von Schönheit entsprechend. Es gibt heutzutage zahlreiche verschiedene Pferdetypen und eine große Anzahl spezieller Rassen, die international anerkannt sind. Genau wie früher gibt es verschiedene Pferdetypen, die für bestimmte Arbeitsanforderungen besser geeignet sind als andere.

Halten Sie Ihr Pferd im Zaum

Die Beziehung, die Sie zu Ihrem Pferd aufbauen, muß auf gegenseitigem Respekt basieren und nicht auf Angst und Schmerz; bis diese Beziehung aber gefestigt ist, müssen Sie dem Pferd den Eindruck vermitteln, es unter Kontrolle zu haben. Sobald Sie Unsicherheit zeigen, wird es frech und testet Sie aus. Ihr Pferd ist wahrscheinlich größer und mit Sicherheit stärker als Sie. Mit 500 kg ist ein Reitpferd im Durchschnitt sechsmal so schwer wie ein Mann, Sie können mit Ihrer Kraft also kein Pferd beherrschen. Ihr Pferd muß das, was Sie von ihm verlangen, freiwillig tun, oder weil es von ihm erwartet wird und nicht aus Angst vor Ihnen.

Die gegenseitige Kommunikation

Man kann von einem Pferd nicht erwarten, daß es beim ersten Mal versteht, was Sie von ihm verlangen. Dagegen wird es wissen, wenn es zum ersten Mal etwas richtig gemacht hat, und Sie ihm zeigen, daß Sie damit zufrieden sind.

Indem Sie sich bemühen, die Körpersprache des Pferdes zu verstehen, versuchen Sie zu erkennen, was Ihr Pferd Ihnen sagen will. Kommunikation sollte immer ein Prozeß in zwei Richtungen sein. Pferde sind nicht besonders intelligent, die meisten können keine Probleme lösen, lernen aber schnell. Sie haben keinen Moralbegriff und lernen deshalb das, was die Menschen als schlechtes Benehmen bezeichnen, genauso schnell wie gutes Benehmen. Sie müssen sorgfältig darauf achten, daß Ihr Pferd durch schlechtes Benehmen nicht seinen Willen durchsetzt. Droht es Ihnen mit Beißen, dürfen Sie auf keinen Fall Ihre Autorität verlieren.

Beachten Sie die Bedürfnisse des Pferdes

Wenn Sie sich einverstanden erklären, für ein Pferd zu sorgen, übernehmen Sie die Verantwortung, ihm zu geben, was es braucht. Um dazu in der Lage zu sein, müssen Sie wissen, wie das Pferd in der Wildnis gelebt hat.

Es wird Ihnen dann leichter fallen, dem Pferd die Umgebung zu bieten, die seiner Natur am ähnlichsten ist. Sie sollten mit dem Körperbau des Pferdes vertraut sein, die Funktion der einzelnen Körpersysteme kennen lernen, Krankheitsanzeichen einzuschätzen und wissen, wie man Verletzungen und Krankheiten vermeidet. Außerdem müssen Sie wissen, wie man die einzelnen Ausrüstungsgegenstände einsetzt, ohne das Pferd zu verletzen.

Ist das Pferd in seinem Zuhause und bei seiner Arbeit glücklich, ist es williger bereit und in der Lage, das zu tun, was Sie von ihm verlangen. Sie werden eine Beziehung genießen, die für beide vorteilhaft ist.

Kapitel 1

BETRACHTUNG DES PFERDES

DIE BEWUNDERUNG DES MEN-
SCHEN für die Schönheit des Pferdes und
seine Bewegung inspiriert die Künstler seit
der Steinzeit. Das gegenüberliegende Bild
zeigt Wagenpferde auf einer griechischen
Vase aus dem 5. Jahrhundert vor Christus.
Damals wußten die Künstler nicht, wie sich
ein Pferd bewegt, so stellten sie ein galoppie-
rendes Pferd mit gleichzeitig gestreckten Vorder-
und Hinterbeinen dar. Heute ist den meisten
Menschen klar, daß dies unmöglich ist, trotzdem ist das Wissen
um den Ursprung des Pferdes begrenzt.
Der Körperbau des Pferdes, seine Funktionen und sein angeborenes Verhalten sind auf ein Leben als wildes Herdentier eingestellt und bestimmen, wie man
heute mit einem Pferd umgehen sollte.

ENTWICKLUNG DES PFERDES

Das moderne Pferd *(Equus caballus)* war 60 Mio. Jahre in der Entstehungsphase. Genauso lang dauerte es, bis sich der *Eohippus,* der früheste Vorfahre, bis zur Familie der *Equiden* weiterentwickelte. Diese Familie schließt das Zebra, den Esel und das domestizierte Pferd genauso mit ein, wie die unbekannten Wildesel aus Afrika und Asien und das Przewalskipferd. Man vermutet, daß drei Primitivrassen die unmittelbaren Vorgänger des heutigen Pferdes waren. Aus diesen entwickelten sich wahrscheinlich zwei Pony- und zwei Pferdetypen, die wiederum den Grundstein für alle modernen Rassen und Typen bildeten.

FRÜHZEITLICH UND MODERN

Modernes Pferd

Eohippus

Ein kleiner Vorgänger
Der *Eohippus* war mit einer Schulterhöhe von 35 cm viel kleiner als das heutige Pferd. Anstelle einer Zehe, die vom Huf geschützt wird, hatte der *Eohippus,* anders als das Pferd, einen Ballen mit vier Zehen am Vorderbein und drei Zehen am Hinterbein.

DREI PRIMITIVRASSEN

Das Waldpferd
Ein wichtiger Vorfahr einiger moderner Rassen war das Waldpferd aus Nordeuropa. Es lebte im Wald, wo Schnelligkeit im Galopp nicht erforderlich war. Es hatte große Hufe, die sein Gewicht bei nassem Boden gleichmäßig verteilten, und ein dickes Fell. Es könnte ungefähr wie dieses französische Potevin ausgesehen haben, das in den Sümpfen lebt.

Der Tarpan
Der Tarpan hat viele Züchtungen beeinflußt. Über den Araber läßt der ausdrucksvolle Kopf unserer Pferde wahrscheinlich auf den Tarpan schließen. Der ursprüngliche Tarpan ist ausgestorben, man versucht aber den Tarpan, wie auf dem Bild, wieder zurückzuzüchten. Er lebte in einem wüstenähnlichen Klima in Europa und Asien und war leicht im Gebäude. Dadurch war er in der Lage, auf der Nahrungssuche weite Strecken zurückzulegen.

Das Przewalskipferd
Das Przewalskipferd ist der einzige Überlebende der drei frühen Pferdetypen. In prähistorischen Zeiten lebte es in den Steppen Zentralasiens und Europas. Es hat grobe Züge und einen wuscheligen Schweif – es sieht einem Esel ähnlicher als einem Pferd. Eine kleine Anzahl wird seit 1902 in Gefangenschaft gezüchtet. Mit einigen ausgewählten Tieren werden die wildlebenden Herden vergrößert.

DIE NACHFOLGER DER VIER GRUNDTYPEN

Exmoor Pony
Größe: 1,27 m – 1,29 m

Das Highland

Der Ponytyp 2 lebte in Nordeuropa und in Asien. Dieser derbe Typ war dem Klima gut angepaßt und gegen Kälte unempfindlich. Man vermutet das Highland-pony als seinen Nach-kommen.

Exmoor

Das Exmoor, wahrscheinlich die älteste einheimische britische Rasse, ähnelt vermutlich dem Ponytyp 1. Dieser Typ lebte in Nordwesteuropa. Mit seinem dicken Fell und seinem dichten Behang war er sehr wider-standsfähig gegen Regenwetter.

Highlandpony
Größe: Bis zu 1,47 m

Der Achal-Tekkiner

Der Pferdetyp 3 war ein hartes Pferd, das vor allem in der Wüste Zen-tralasiens lebte. Sein dünnes Fell und sein hagerer Körperbau machten es sehr hitzeverträglich. Wahr-scheinlich ist der Achal-Tekkiner sein Nachkomme.

Achal-Tekkiner
Größe: 1,57 m

Das Percheron

Das Percheron, eine der größten Pferderassen, stammt eigentlich vom feingliedrigen Araber ab, der sich wiederum vermutlich aus dem Pferdetyp 4 entwickelte. Bei diesem Typ handelt es sich um ein leichtes Wüstenpferd, das im westlichen Asien lebte.

Percheron
Größe: 1,68 m

PFERDETYPEN

Eine Rasse ist eine deutliche genetische Gesamtheit. Paart sich ein Angehöriger einer Rasse mit einem anderen, werden sich alle Nachkommen im Aussehen ähneln. Die Menschen halfen, bestimmte Rassen zu sichern, indem sie bestimmte Tiere miteinander paarten und deren Nachkommen kreuzten, um die besten Eigenschaften der Pferde zu verstärken. Man nimmt heute anerkannte Nachkommen einer bestimmten Rasse in ein offizielles Stutbuch auf. Pferde, die keiner bestimmten Rasse angehören, kann man unter einem bestimmten Typ einordnen. Diese Typen besitzen körperliche Charakteristika, die es ihnen ermöglichen, bestimmte Leistungen zu vollbringen. Pferde desselben Typs vererben sich nicht dominant. Ihre Nachkommen weisen nicht unbedingt dieselben Wesensmerkmale auf.

Das Reitpony

Eine Mischung verschiedener Rassen brachte das Reitpony hervor. Meistens besteht diese Mischung aus Vollblut und verschiedenen Ponyrassen. Einige haben mehr Vollblut als andere und werden deshalb als Schauponys eingesetzt. Offiziell dürfen Ponys nicht größer als 1,47 m sein, bei Turnieren teilt man sie der Größe entsprechend ein, z. B. 1,27 m und kleiner.

Gut bemuskelte Hinterhand, die den unterschiedlichsten Anforderungen gerecht wird

Feiner, »ansprechender« Kopf

„Klare« Beine mit kurzen Röhren und flachen, harten Gelenken

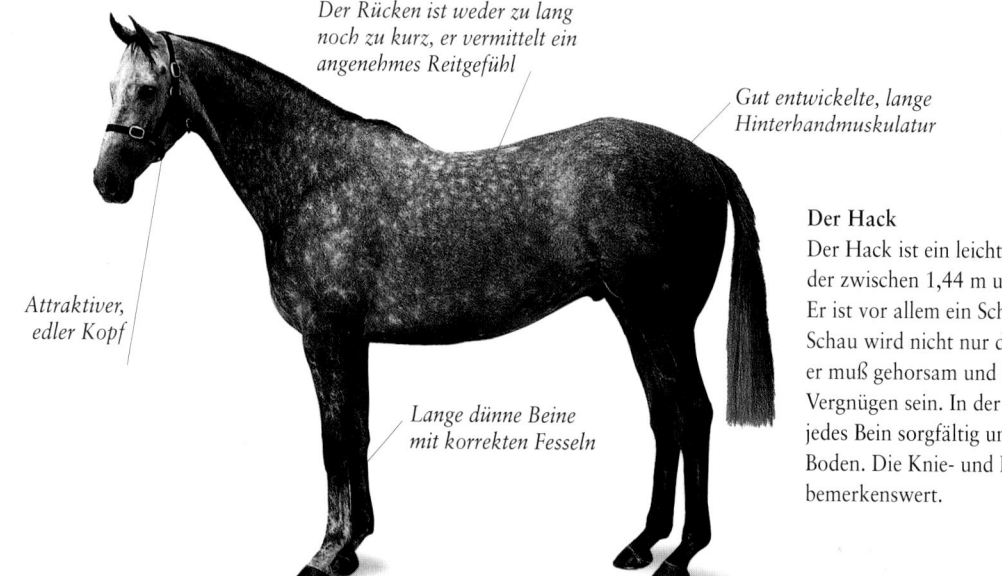

Der Rücken ist weder zu lang noch zu kurz, er vermittelt ein angenehmes Reitgefühl

Gut entwickelte, lange Hinterhandmuskulatur

Attraktiver, edler Kopf

Lange dünne Beine mit korrekten Fesseln

Der Hack

Der Hack ist ein leichter, eleganter Pferdetyp, der zwischen 1,44 m und 1,60 m groß ist. Er ist vor allem ein Schaupferd. Bei einer Schau wird nicht nur das Gebäude beurteilt, er muß gehorsam und beim Reiten ein Vergnügen sein. In der Bewegung setzt er jedes Bein sorgfältig und gleichmäßig auf den Boden. Die Knie- und Hankenbiegung ist bemerkenswert.

Der Cob

Der Cob ist ein kleines, ruhiges Pferd (1,52 m), das ursprünglich von Bauern eingesetzt wurde, weil es stark genug war, sie den ganzen Tag zu tragen. Die Vorfahren des Cobs waren schwere Zugpferde, die stark und ausdauernd waren, ebenso Vollblüter, die das Aussehen und die Schnelligkeit vererbten.

Kurzer Rücken, der einen schweren Reiter tragen kann

Der kräftige Hals stammt von seinem Vorfahr, dem Waldpferd

Kurze, stabile Beine

Starke Hinterhand, eher kräftig als schnell

Gute, schräge Schulter für einen großen Galoppsprung

Hufe in der richtigen Größe für die Arbeit im tiefen, unebenen Boden

Das Vollblut

Das Vollblut ist das Rennpferd *par excellence* und eine richtige Rasse und kein Typ. Es stammt von drei Araberhengsten ab, die im 17. Jahrhundert nach England kamen. In diese Zucht wurde sehr viel Arbeit und Geld investiert, und sie produziert heute mehr typtreue Nachkommen als die meisten anderen Rassen. Das Vollblut hat im Schnitt ein Stockmaß von 1,57 m.

Kräftige Hinterhand für den Speed

Tiefe Brust bietet genug Platz für Lunge und Herz

Lange Beine

Die muskulöse Hinterhand gibt Kraft zum Galoppieren und Springen

Attraktiver Kopf mit einem intelligenten und ehrlichen Gesichtsausdruck

Das Jagdpferd

Die grundlegenden Anforderungen, die an ein Jagdpferd gestellt werden, sind Geschwindigkeit und Ausdauer im Galopp, das Vermögen, mächtige Hindernisse zu überwinden und die Bereitschaft zu springen, ohne zu wissen, was auf der anderen Seite wartet. Traditionell ist Irland die Quelle der besten Jagdpferde, und viele Jagdpferde sind das Ergebnis einer Vollblut/Irish Draught Kreuzung.

Schräge Schulter zum Galoppieren im Gelände

Starke Knochen, um Gewicht zu tragen

Gute Hankenbeugung zum Springen

FARBEN UND ABZEICHEN

Das Fell der Pferde in der Vorzeit hatte wahrscheinlich eine besondere Farbe, die in der Wildnis Tarnung bot, und mit der sich das Pferd dem Hintergrund anpaßte und so vor Raubtieren geschützt war. Das Przewalskipferd (S. 10) hat heute immer noch ein sandfarbenes Fell, das in seiner Wüstenheimat gut tarnt. Die meisten Farben, die wir heute sehen, entstanden durch strenge Selektion des Menschen in der Zucht. Einige Farben vererben sich dominant. Ein Fohlen hat eine dominante Farbe, wenn nur ein Elternteil diese Farbe hat. Andere Farben vererben sich rezessiv, und nur wenn beide Elternteile diese Farbe haben, hat das Fohlen wahrscheinlich dieselbe Farbe. Die Farben sind in folgender Reihenfolge gegenüber den anderen Farben dominant: weiß, braun, schwarzbraun, schwarz. Die Fuchsfarbe ist rezessiv.

DIE GRUNDFARBEN IM FELL

Der erste Eindruck
Die Farbe ist meistens das Merkmal, das bei der Beschreibung eines Pferdes zuerst angegeben wird. Wichtige Faktoren bei der Bestimmung einer Farbe sind aber auch die Hautfarbe, die Farbe des Langhaars und die Farbe der Beine.

Brauner
Ein Brauner hat eine schwarze Mähne und einen schwarzen Schweif, die untere Hälfte der Beine ist schwarz und der restliche Körper rotbraun.

Falbe
Ein Falbe variiert von mausgrau bis sandfarben, die Haut ist dunkel. Er hat in der Regel eine schwarze Mähne, einen schwarzen Schweif und schwarze Beine.

Schwarzbrauner
Ein Schwarzbrauner ist ein Pferd mit einer schwarzen Mähne, schwarzem Schweif, schwarzen Beinen und einer Mischung aus braunen und schwarzen Deckhaaren.

Fuchs
Ein Fuchs ist ein rotbraunes Pferd mit rotbrauner Mähne und gleichfarbigem Schweif.

DER AALSTRICH

Einen dunklen Strich auf dem Pferderücken bezeichnet man als Aalstrich. Die Pferde, die vor der Eiszeit lebten, hatten ihn, und er ist heute noch bei einigen dunkelhäutigen Pferden zu erkennen.

Palomino
Ein Pferd mit goldfarbenem Deckhaar und hellem, manchmal weißem Langhaar.

Der Blauschimmel
Schimmel haben weiße Deckhaare, vermischt mit schwarzen Haaren (Blauschimmel), mit braunen Haaren (Rotschimmel) oder mit fuchsfarbenen Haaren.

Apfelschimmel
Schimmel variieren von weiß bis grau, es gibt Schimmel, Apfelschimmel und Fliegenschimmel. Alle Schimmel haben eine dunkle Haut.

Appaloosa
Ein weißes Pferd mit braunen oder schwarzen Flecken wird oft als Appaloosa bezeichnet. Es gibt auch eine Rasse mit demselben Namen.

Schecke
Das Fell hat große unregelmäßige weiße und braune Flecke. Eine schwarz-weiße Färbung nennt man »Piebald«.

BEINABZEICHEN

Weiße Abzeichen

Bei der Beschreibung der weißen Abzeichen an einem Pferdebein ist es am besten, wenn man sich am oberen Rand der Weißfärbung orientiert. Weiße Stellen sind für Verletzungen anfällig, denn die Haut ohne Pigmente ist besonders empfindlich.

Weiße Haare, die bis zum Fesselkopf hinaufgehen, bezeichnet man manchmal als Socke.

Weiße Haare, die das ganze Röhrbein hinaufgehen, bezeichnet man als Strümpfe.

Abzeichen am Kronrand, vor allem schwarze Abzeichen, werden als Kronenflecke bezeichnet.

KOPFABZEICHEN

Offizielle Bezeichnungen

Die einzigen weißen Abzeichen am Kopf werden wie folgt bezeichnet: Stern (weißer Fleck auf der Stirn oberhalb oder zwischen den Augen; strichförmiges weißes Abzeichen). Ein breites, auf dem Nasenrücken verlaufendes, weißes Abzeichen nennt man breite Blesse. Bei offiziellen Beschreibungen wird die Blesse aber noch exakter beschrieben.

Stern

Schnippe

Schnurblesse

Laterne

Blesse

HUFE

Dunkles Horn

Helles Horn

Zweifarbiges Horn

Verschiedene Hornarten

Der Huf kann dunkles, pigmentiertes, cremefarbenes, weißes Horn oder beides haben. Wenn beide Farben vorhanden sind, ist die Abgrenzung immer vertikal, wobei bei bestimmten Punkten am Kronrand jeweils die gleiche Farbe produziert wird. Ebenso hat das Horn die gleiche Härte.

AUGEN

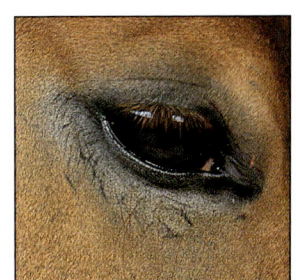

Gefärbte Iris

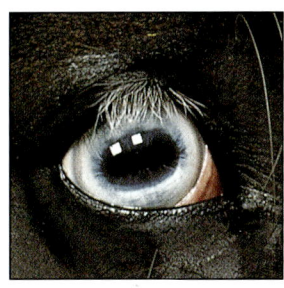

Fischauge

Die Vielfalt der Pigmente

Die meisten Pferde haben in beiden Augen eine braungefärbte Iris. Eine Iris ohne Pigmente oder mit einem leichten Blaustich nennt man Fischauge. Sie kann dem Pferd einen wilden Gesichtsausdruck geben, sagt aber über den Charakter nichts aus. Das Pferd kann mit diesem Auge wunderbar sehen.

PHYSISCHE BESONDERHEITEN

Das Verhältnis zwischen Körperbau und Verwendungszweck des
Pferdes bezeichnet man als Exterieur.
Das ideale Exterieur ist von harmo-
nischer Erscheinung und arbeitet
gleichzeitig effizient. In der Wildnis
muß das Pferd in der Lage sein, sich in
seiner Umgebung auf der Nahrungs-
und Wassersuche leicht fortzubewegen
und bei Gefahr um sein Leben zu ren-
nen. Die Menschen können ein Pferd
mit Gamaschen und Bandagen ausrüsten, es wird aber sicherlich bessere
Leistungen ohne Verschleiß
bringen, wenn sein Exterieur
korrekt ist.

DIE POINTS DES PFERDES

Das korrekte Exterieur

Ein Pferd sollte »klare«, symmetrische Gliedmaßen haben, die im schnellen
Tempo galoppieren können, ohne dabei die Gelenke zu verschleißen. Ausreichende Brusttiefe ist erforderlich, um Platz für Lunge und Herz zu bieten,
außerdem eine starke Hinterhand für den nötigen Vorwärtsimpuls. Der
Kopf sollte in einem ausgewogenen Verhältnis zum Körper stehen, der Hals in
eine kräftige, abfallende Schulter übergehen.

Mähnen-
rand des
Halses

Hals

Mähne

Kruppe

Lende

Rücken

Widerrist

Schulter

Schweif-
ansatz

Hüft-
höcker

Sitzbein-
höcker

Schweif

Ober-
schenkel

Unter-
schenkel

Fersen-
höcker

Sehnen

Kötenzopf (schma-
ler Vorsprung
auf der Rückseite
des Fesselkopfes)

Schlauch

Knie

Flanke

Rippen

Ellbogen-
höcker

Vorder-
brust

Bug-
spitze

Unterarm

Kastanie

Vorder-
fuß-
wurzel

Sprunggelenk

Hinterröhre

Fessel

Kronrand

Fesselkopf

Ballen

Huf-
wand

DAS SKELETT

15–22
Schwanzwirbel

29 Rücken-
wirbel

7 Hals-
wirbel

Schädel

Genick

Ohren

Stirnlocke

Auge

Backe

Jochbein-
leiste

Kehle

Kinn-
grube

Luftröhre

Drossel-
rinne

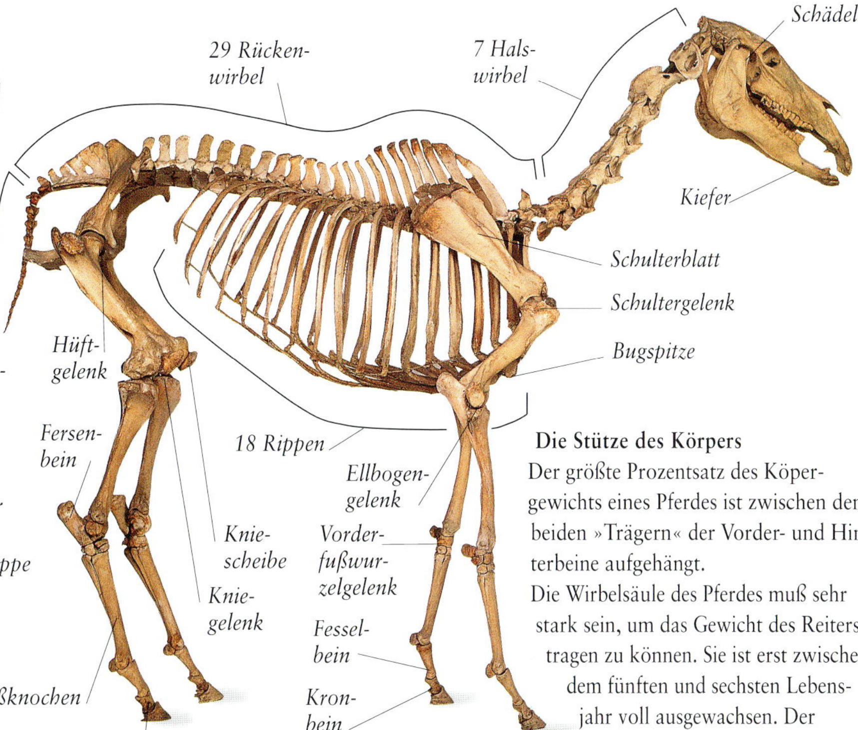

Nüster

Oberlippe

Maul

Hüft-
gelenk

Fersen-
bein

18 Rippen

Kniescheibe

Kniegelenk

Hintermittelfußknochen

Fesselgelenk

Kiefer

Schulterblatt

Schultergelenk

Bugspitze

Ellbogen-
gelenk

Vorder-
fußwur-
zelgelenk

Fessel-
bein

Kron-
bein

Hufbein

Die Stütze des Körpers

Der größte Prozentsatz des Köper-
gewichts eines Pferdes ist zwischen den
beiden »Trägern« der Vorder- und Hinterbeine aufgehängt.

Die Wirbelsäule des Pferdes muß sehr
stark sein, um das Gewicht des Reiters
tragen zu können. Sie ist erst zwischen
dem fünften und sechsten Lebensjahr voll ausgewachsen. Der
schwere Kopf wirkt als Gegenge-
wicht zum Körper in der Bewegung.

DIE GRÖSSE EINES PFERDES

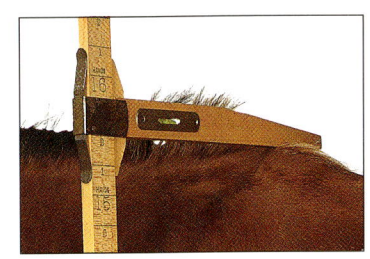

»Hands« und inches

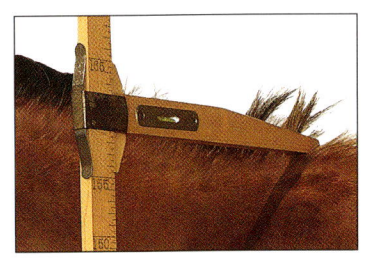

Meter und Zentimeter

Messen Sie am höchsten
Punkt des Wider-
ristes, am besten
ohne Hufeisen

Bei der Beschreibung oder
beim Kauf von Sattelzeug ist
es nützlich zu wissen, wie groß
das Pferd genau ist. In Show-
klassen und bei einigen Spring-
prüfungen werden die Pferde nach
Größe eingruppiert. Ursprünglich
beschrieb man mit »hand« die
Handbreite eines Mannes, man
standardisierte das Maß auf
4 inches (10 cm). Heute gibt man
das Stockmaß aber auch in
Metern an.

BEINE UND GELENKE

Die wichtigsten Bauelemente eines Pferdebeines sind die Knochen, die Muskeln und die Bänder. Das Pferd besitzt unterhalb des Karpalgelenks und des Sprunggelenks keine Muskeln, deshalb verbinden lange Sehnen die Muskeln mit dem Huf und dem Unterschenkel, um die Fortbewegung möglich zu machen. Die Beine sind oft großen Belastungen ausgesetzt, beim Galoppieren z. B. nimmt ein Bein in einer bestimmten Phase das ganze Gewicht auf (siehe S. 22). Dabei kommt auf die Sehnen auf der Rückseite der Röhrbeine massiver Zug. Ein gutes Exterieur vermeidet eine außergewöhnliche Überdehnung, die eine Verletzung als Folge haben könnte.

STRUKTUR

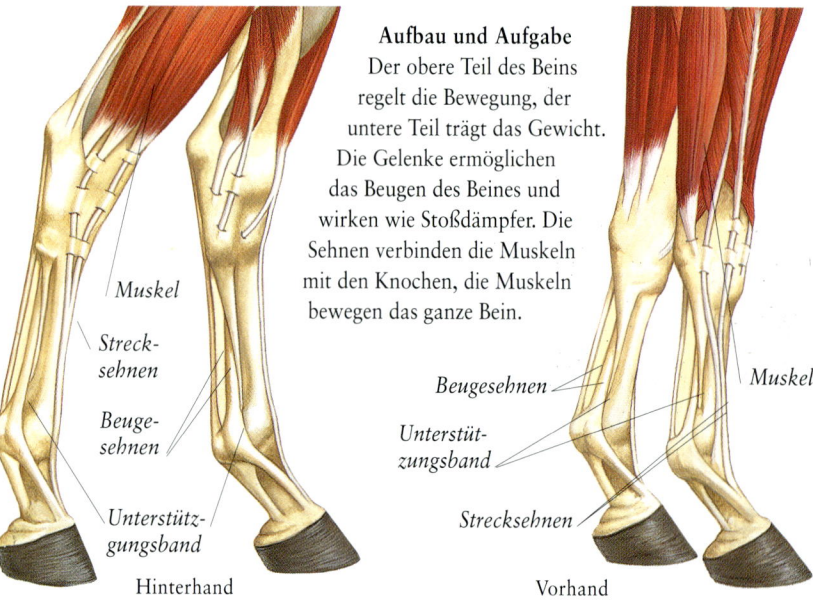

Aufbau und Aufgabe
Der obere Teil des Beins regelt die Bewegung, der untere Teil trägt das Gewicht. Die Gelenke ermöglichen das Beugen des Beines und wirken wie Stoßdämpfer. Die Sehnen verbinden die Muskeln mit den Knochen, die Muskeln bewegen das ganze Bein.

Muskel

Streck-sehnen

Beuge-sehnen

Unterstütz-gungsband

Hinterhand

Beugesehnen

Unterstütz-zungsband

Strecksehnen

Muskel

Vorhand

VERGLEICHE

Beine, die zum Pferd passen
Obwohl die Gelenke aller Pferde nach dem gleichen Schema aufgebaut sind, haben sie sich im Laufe der Jahrhunderte an die Aufgabe angepaßt, die jede Rasse erfüllt. Als Faustregel gilt, daß dünne Beine schneller laufen und sich schneller bewegen lassen. Große Gelenke besitzen eine größere Oberfläche, auf der sich das Gewicht schwerer Pferde verteilt. Kleine Gelenke bei großen Pferden oder der umgekehrte Fall ergeben Probleme.

Gut gewinkelte Hinterhand, um die Wucht des Auftretens zu dämpfen

Feine Gelenke für die Schnelligkeit

Ein leichtes Pferd (Araber)

Die relativ steile Hinterhand ist typisch für das heutige Zugpferd

Weil die Geschwindigkeit nicht so entscheidend ist, sind die Gelenke grob

Ein schweres Pferd (Ardenner)

Weil die Beweglichkeit wichtig ist, sind die Gelenke fein

Obwohl das Pony so klein ist, sind die Karpalgelenke für hohes Tempo geeignet

Pony (Shetland)

GUTES EXTERIEUR

Das Röhrbein der Hinterhand muß senkrecht stehen

Die Vorhand nimmt mehr Gewicht auf, um dabei nicht zu verschleißen, muß sie senkrecht stehen

Vorhand   Hinterhand

Wichtige Charakteristika

Das Pferd mit den perfekten Beinen ist schwer zu finden, je besser die Beine aber sind, um so geringer ist die Wahrscheinlichkeit, daß Probleme auftreten. Das Pferd sollte auf allen vier Beinen gleichmäßig stehen und die Hinterhand in der Spur der Vorhand gehen. Jedes Beinpaar sollte genau zusammenpassen, die Gelenke sollten dabei gleich groß sein und die Beine senkrecht stehen (abgesehen von der Winkelung des Sprunggelenks). Von der Seite betrachtet, müssen die Beine gerade aussehen. Die Hufe dürfen nicht nach innen oder außen zeigen, und rund um Sehnen und Gelenke darf das Gewebe nicht schwammig oder angelaufen sein.

EXTERIEURMÄNGEL

Vorhand

Exterieurmängel verhindern, daß das Körpergewicht des Pferdes gleichmäßig auf das ganze Bein verteilt wird. Stattdessen wird ein bestimmter Bereich übermäßig belastet. Steht ein Pferd vorbiegig oder rückbiegig, wird das Gewicht nach hinten auf die empfindlichen Ballen verlagert. Eine zehenweite oder zehenenge Stellung bringt eine ungleiche Belastung auf Fesselkopf, Fesselbein und Huf.

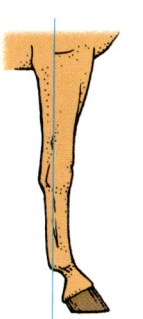
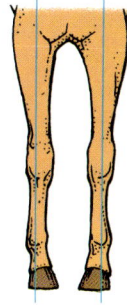
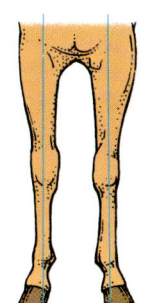

vorbiegig   rückbiegig   zeheneng   zehenweit

Hinterhand

Steht das Sprunggelenk säbelbeinig unter dem Pferd, bringen die Muskeln ihre maximale Leistung zu früh (in der Anfangsphase des Schrittes). Steht das Pferd stuhlbeinig, kommt die maximale Leistung für den richtigen Impuls von hinten zu spät. Kuhhessige oder faßbeinige Sprunggelenke beeinträchtigen die Antriebskraft der Hinterhand, weil sich die Beine verbiegen und nicht fest bleiben.

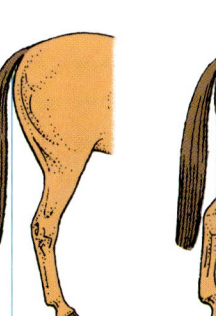
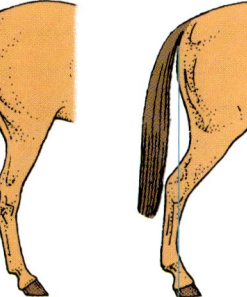
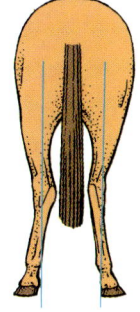
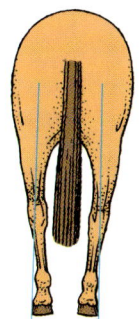

säbelbeinig   stuhlbeinig   kuhhessig   faßbeinig

BEINE UND HUFE

Der Pferdehuf ist die Abwandlung einer Klaue oder eines Fingernagels. Die harte Wand bildet einen Halbkreis, die biegsame Ballengegend verbindet den offenen Bogen. Dadurch ist der Huf in der Lage, seine Form ein wenig an das Gewicht anzupassen, das er trägt. Das Gewicht des Pferdes hängt an den schrägen Hufwänden und wird nicht von der Sohle getragen. Obwohl die Form der Hinterhufe ein wenig von der Form der Vorderhufe abweicht (sie sind eher diamantförmig), sind sie im Aufbau identisch.

AUFBAU

Seitenansicht   Vorderansicht

Kronrand

Hufwand

Zehe

Ballen

Die äußere Oberfläche

Das Hufhorn besteht aus dem Protein Keratin. Es wird von den Zellen im Kronrand gebildet, in röhrenförmigen Strukturen, die in der Hufwand vertikal nach unten gehen. Ein gesunder Huf hat eine weiche Oberfläche, ohne Querrillen oder Längsrisse.

Ballen

Streben stützen den Ballenbereich

Strahl

Der Strahl hat eine gummiartige Konsistenz, die das Rutschen verhindert

Strahlfurche

Die Sohle ist konkav gewölbt, damit der Huf griffiger ist

Strahlspitze

An der weißen Linie verbinden sich Huf und Sohle

Die Unterseite

Das Horn der Sohle sollte hart sein und nicht weich oder flockig. Die Sohle soll leicht gewölbt sein, bei einem frisch ausgeschnittenen Huf liegt die Sohle auf einer Ebene mit der Hufwand. Entgegen der allgemeinen Meinung spielt der Strahl bei der Durchblutung des Hufes keine Rolle – er wirkt mehr wie eine Feder, die die Wucht des Auftretens dämpft.

GRÖSSENVERGLEICHE

Die Größe eines Hufes läßt Rückschlüsse auf die Herkunft des Pferdes zu. Die Araber-/Vollblutnachkommen haben kleine, kompakte Hufe, deren Wände nicht zu steil sein sollten. Schwere Pferde haben große, breite Hufe, damit sie weniger im Boden einsinken; an den Beinen sind oft Kötenhaare (lange Haare am Fesselkopf), sogar bei Kreuzungen. Egal welcher Rasse das Pferd angehört, man sollte mit dem Ausschneiden nicht warten, bis die Hufwand zu lang ist. Zu lange Wände brechen unten aus und kippen an den Trachten nach unten, was den Huf außerordentlich belastet.

Huf eines leichten Pferdes

Kötenhaare

Huf eines schweren Pferdes

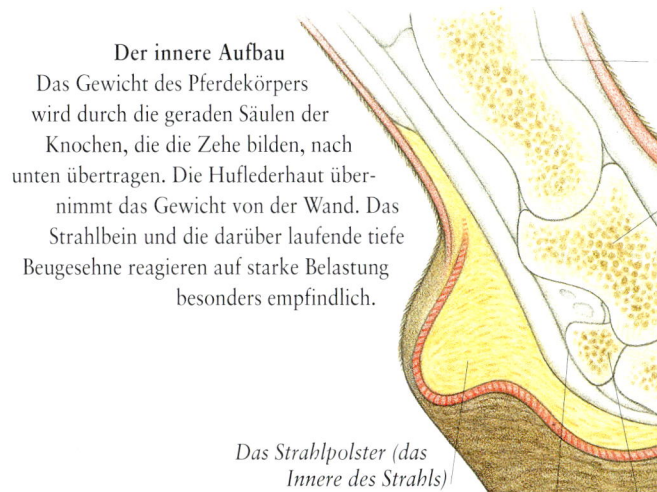

Der innere Aufbau

Das Gewicht des Pferdekörpers wird durch die geraden Säulen der Knochen, die die Zehe bilden, nach unten übertragen. Die Huflederhaut übernimmt das Gewicht von der Wand. Das Strahlbein und die darüber laufende tiefe Beugesehne reagieren auf starke Belastung besonders empfindlich.

Fesselbein

Kronbein

Hufbein

Lamina

Wand

Das Strahlpolster (das Innere des Strahls)

Beuge-sehne

Strahl-bein

Weiße Linie

Nahaufnahme der Wandlederhaut

Die Lamina verbindet das Hufbein mit der Hufwand. Sie besteht aus Tausenden von Blättern oder Fingern, die Knochen und Huf miteinander verbinden und von einem feinem Geäst von Blutkapillaren durchzogen sind.

DIE ZEHE IM GLEICHGEWICHT

Warum die Symmetrie so wichtig ist

Jedesmal, wenn ein Fuß den Boden berührt, sendet der Aufprall kleine Schockwellen durch das Bein nach oben. Wenn der Fuß nicht im Gleichgewicht ist, d. h. nicht so geformt ist, daß die Schockwellen durch die Zehe parallel zu den Knochen nach oben gehen, entsteht eine unnatürliche Belastung für Sehnen, Gelenke und Knochen. Sehr wenige Pferde haben die perfekten Beine, sorgfältige Behandlung kann aber dafür sorgen, daß aus Schönheitsfehlern keine Probleme werden.

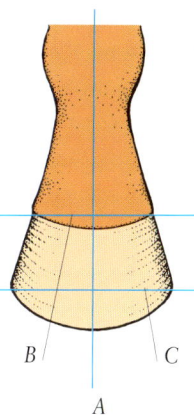

B \ *C*

A

Vorderansicht

Die Linie A ist eine imaginäre Senkrechte vorne durch das Bein, die den Huf in zwei gleiche Hälften teilt. Linie B geht durch den Kronrand und ist zur Linie C parallel, die durch die Hufsohle geht. Diese Hufform bewirkt, daß die Schockwellen gleichmäßig durch die Mitte des Beines nach oben gesandt werden.

Huf mit leichter Schlagseite

B / *C*

A

Die richtigen Proportionen

Linie D geht von der Verbindungsstelle Ballen/Hufwand zur Mitte der Zehe, und die Linie E geht durch den breitesten Teil der Sohle. Diese Linien sollten gleich lang sein. Ist D länger als E, ist die Zehe zu lang; dadurch kommt zusätzlicher Druck auf den Ballen.

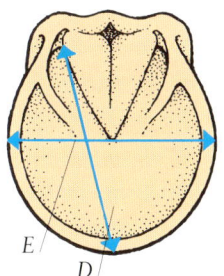

E

D

Seitenansicht

Betrachtet man den Huf von der Seite, läuft eine imaginäre Linie F durch die Mitte der Zehe. Sie sollte zur Linie G, die entlang der Hufwand läuft, parallel sein. Konvergieren oder divergieren die Linien, hat das Pferd eine gebrochene Huf/Zehenachse.

F *G*

F trifft auf halbem Weg nach unten auf den Boden

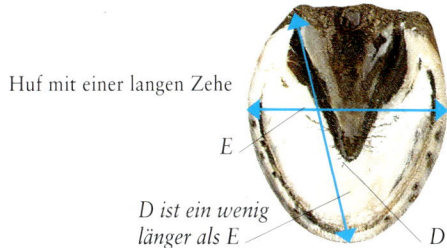

Huf mit einer langen Zehe

E

D ist ein wenig länger als E

D

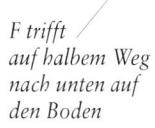

Konvergierende Geraden deuten auf eine lange Zehe und niedrige Trachten hin, das bedeutet, daß zuviel Gewicht auf den Ballen liegt

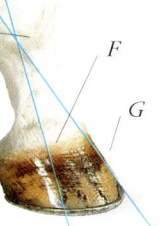

F

G

Gebrochene Huf-Fessel-Achse

GANGARTEN UND BEWEGUNG

Das Pferd wurde nicht für lange Bewegungsperioden geschaffen. Es verbringt den größten Teil das Tages beim Grasen und legt gewisse Strecken normalerweise nur auf der Suche nach Nahrung zurück. Ein wildes Pferd geht oder trabt selten länger als fünf bis zehn Minuten an einem Stück. In zehn Minuten kann ein Pferd eine beachtliche Strecke zurücklegen, mit Sicherheit kommt es zu neuen Weideplätzen. Die Angst läßt ein Pferd im Galopp vor der Gefahr fliehen, es hält den Galopp aber nicht sehr lange durch, und das ist auch nicht nötig. In zehn Minuten ist es der Gefahr (z. B. einem Raubtier) entweder entkommen oder unterlegen.

DER SCHRITT

Der Viertakt
Im Schritt hat das Pferd immer drei Beine auf dem Boden und eines in der Luft. Es setzt einen Fuß nach dem anderen auf den Boden. Zuerst ein Hinterbein, gefolgt vom Vorderbein derselben Seite, anschließend das andere Hinterbein und schließlich das letzte Vorderbein.

DER TRAB

Zweitakt
Im Trab berühren die gegenüberliegenden Vorder- und Hinterbeine im Zweitakt den Boden. Die Tatsache, daß einmal ein einzelnes Bein das Gewicht trägt, macht den Trab zur idealen Gangart, um Lahmheiten zu erkennen. (S. 120)

KÜNSTLICHE GANGARTEN

Der Mensch hat nicht nur das Aussehen des Pferdes verändert, sondern auch seine Gangarten. In den meisten Fällen wurden sie dem Pferd extra beigebracht. Der Paso (Photo unten), ein Paßgang im Viertakt, eine Eigenart des Peruanischen Paso-Pferdes, vermittelt ein außerordentlich angenehmes Reitgefühl.

DER GALOPP

Dreitakt
Beim Galopp berührt ein diagonales Beinpaar gleichzeitig den Boden. Die anderen beiden Beine berühren den Boden einzeln, daraus entsteht der Dreitakt. Einen Moment lang berührt kein Huf den Boden.

DER RENNGALOPP

Der Viertakt
Der Renngalopp folgt demselben Grundmuster wie der Kanter; das gleichseitige Beinpaar berührt den Boden, aber nicht gleichzeitig. Das hintere Bein berührt den Boden einen Moment früher als das Vorderbein auf derselben Seite. Das ergibt den Viertakt. Im Kanter und im Renngalopp kann das Pferd den Galopp wechseln.

ZÄHNE UND KIEFER

D as Pferd ist auf seine Zähne ange-
wiesen. Seine Verdauungssäfte
können die Zellulose im Gras nicht
aufspalten, dieser Vorgang geschieht
mit Hilfe von Bakterien im Dickdarm.
Können die Zähne aber das Gras
nicht zu einem dicken Brei zermal-
men, können die Bakterien nicht
arbeiten. Das Pferd zieht keinen
Nutzen daraus, und das faserreiche
Material kann unter Umständen
das Verdauungssystem verstopfen.
Das Fehlen funktionstüchtiger Zähne
ist wahrscheinlich einer der Haupt-
gründe für die niedrige Lebenserwar-
tung wilder Pferde.

VERSCHIEDENE ZÄHNE

Aufgabe der Zähne
Bei den Zähnen ist der Oberkiefer gewisser-
maßen das Spiegelbild des Unterkiefers.
Jeder Kiefer besitzt sechs Schneidezähne
(drei auf jeder Seite). Diese Zähne
schneiden das Futter ab. Das ausgewachsene Pferd besitzt sechs Prämolaren und sechs Molaren (jeweils
drei auf jeder Seite). Diese Zähne
kauen das Futter. Bei jungen Pferden sind
die drei hinteren Molaren noch nicht
zu sehen. Hengste haben manchmal einen
Wolfszahn, der aber keine Aufgabe hat.

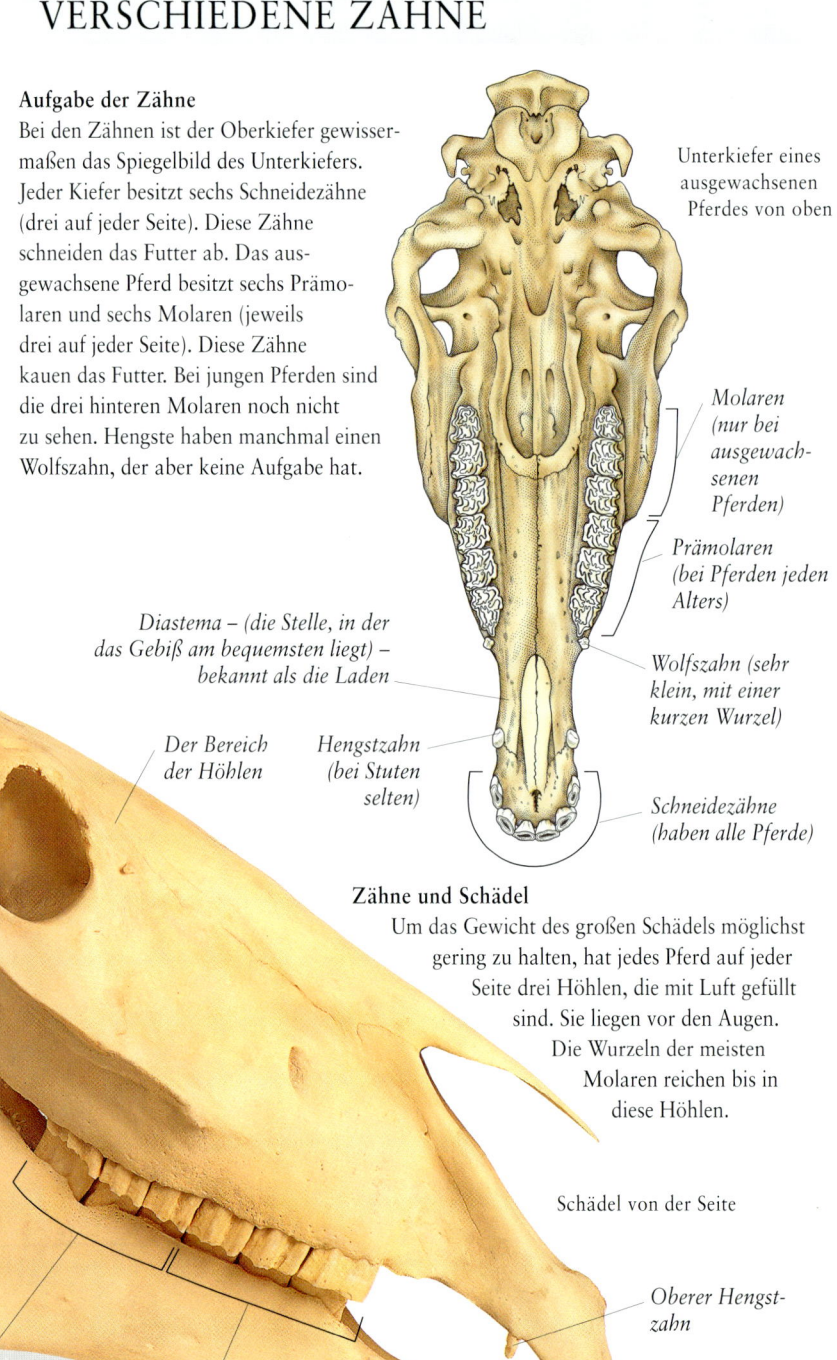

Unterkiefer eines
ausgewachsenen
Pferdes von oben

*Molaren
(nur bei
ausgewach-
senen
Pferden)*

*Prämolaren
(bei Pferden jeden
Alters)*

*Wolfszahn (sehr
klein, mit einer
kurzen Wurzel)*

*Schneidezähne
(haben alle Pferde)*

*Diastema – (die Stelle, in der
das Gebiß am bequemsten liegt) –
bekannt als die Laden*

*Der Bereich
der Höhlen*

*Hengstzahn
(bei Stuten
selten)*

Zähne und Schädel
Um das Gewicht des großen Schädels möglichst
gering zu halten, hat jedes Pferd auf jeder
Seite drei Höhlen, die mit Luft gefüllt
sind. Sie liegen vor den Augen.
Die Wurzeln der meisten
Molaren reichen bis in
diese Höhlen.

Schädel von der Seite

*Oberer Hengst-
zahn*

*Obere Schneide-
zähne*

Untere Schneidezähne

Untere Hengstzähne

Prämolaren

Molaren

DIE SCHNEIDEZÄHNE

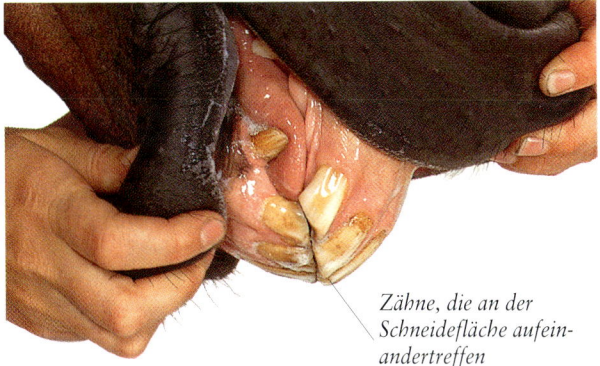

*Zähne, die an der
Schneidefläche aufein-
andertreffen*

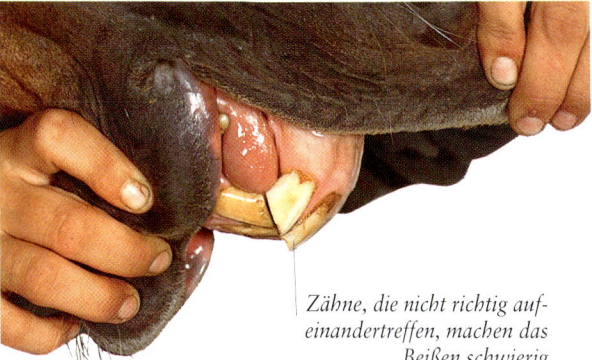

*Zähne, die nicht richtig auf-
einandertreffen, machen das
Beißen schwierig*

Zähne, die aufeinandertreffen

Um richtig schneiden zu können, müssen die Schneidezähne
das Gegenstück des anderen Kiefers richtig treffen. Das ist für Wild-
pferde besonders wichtig. Sie bekommen kein Futter, wenn sie das
Gras nicht richtig abschneiden können. Domestizierte Pferde
werden in so einem Fall mit geschnittenem Gras versorgt.

Zähne, die nicht aufeinandertreffen

Bei manchen Pferden ist der Oberkiefer länger als der Unter-
kiefer, und die oberen Zähne stehen vor den unteren Zähnen.
Ein solches Gebiß bezeichnet man als Überbiß. Steht der
Unterkiefer vor dem Oberkiefer, hat das Pferd einen
Vorbiß.

ALTERSBESTIMMUNG MIT HILFE DER ZÄHNE

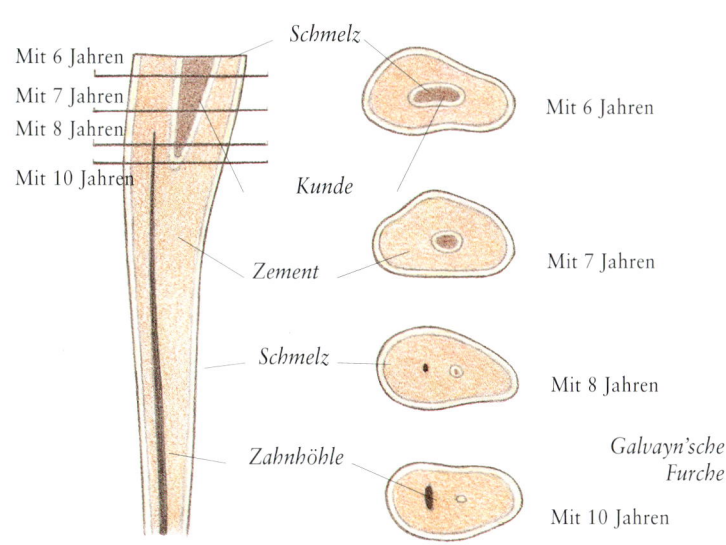

Mit 6 Jahren
Mit 7 Jahren
Mit 8 Jahren
Mit 10 Jahren

Schmelz
Kunde
Zement
Schmelz
Zahnhöhle

Mit 6 Jahren
Mit 7 Jahren
Mit 8 Jahren
Mit 10 Jahren

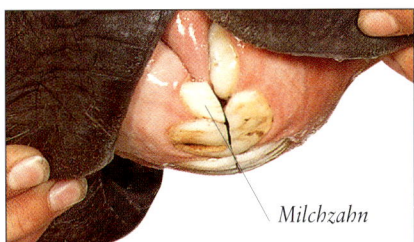

Milchzahn

Das Zangengebiß eines vierjährigen Pferdes

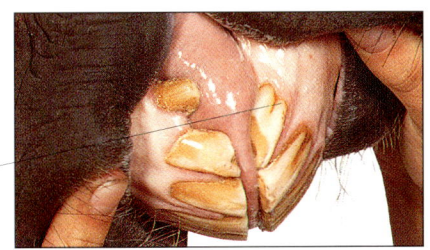

*Galvayn'sche
Furche*

Das Winkelgebiß eines 20jährigen Pferdes

Abnutzung der Zahnoberfläche

Anhand der Zähne bestimmt man das Alter eines Pferdes, man kann aber
nur ungefähr schätzen. Die Schneidefläche der Schneidezähne nutzt sich im
Lauf der Zeit ab, dabei kommt eine andere Schnittfläche zum Vorschein.
Daran kann man erkennen, ob das Pferd älter als acht Jahre ist.
Von diesem Zeitpunkt an bezeichnet man das Pferd offiziell als »älter«. Je
älter ein Pferd ist, um so mehr verändert sich der Winkel der Vorderzähne.
Ab dem 10. Lebensjahr erscheint die sogenannte Galvayn'sche Linie am
Eckzahn der Oberkiefer. Sie wächst langsam nach unten und verschwindet
dann von oben.

Milchzähne und bleibende Zähne

Ein Fohlen hat eine bestimmte Anordnung von Milch-
zähnen, die nach und nach durch die bleibenden Zähne ersetzt werden – dieser Vorgang ist normalerweise
mit fünf Jahren beendet. Gleichzeitig mit den Zähnen
altern die Knochen des Pferdes, deshalb ist die aktu-
elle Anzahl der Milchzähne ein Hinweis darauf, wieviel Arbeit dem Pferd zugemutet werden kann.

DIE KÖRPERSYSTEME

Während sich das Pferd weiterentwickelte, paßten sich die Körperfunktionen den spezifischen Anforderungen an. Als Weidetier mußte z. B. das Verdauungssystem in der Lage sein, Zellulose zu verdauen, deshalb wurde der Dickdarm zu einem Reservoir für die bakterielle Aufspaltung. Beim »Kampf-oder-Flucht-Tier« benötigten die Muskeln manchmal blitzartig zusätzlichen Sauerstoff, deshalb entwickelte die Milz die Fähigkeit, rote Blutkörperchen zu speichern und bei Bedarf ins Blut zu »schießen«.

ATMUNG UND KREISLAUF

Zusammenarbeit

Die Atmungs- und Kreislauffunktionen sind untrennbar miteinander verbunden. Es wäre sinnlos, den Sauerstoff aus der eingeatmeten Luft zu gewinnen (die Aufgabe der Atmung), könnte der Sauerstoff nicht in die Körperzellen transportiert werden (Aufgabe des Kreislaufs). Das Prinzip, das dem Ganzen zugrundeliegt, ist folgendes: Gase, die irgendwo im Körper in hoher Konzentration vorhanden sind, wandern dorthin, wo sie in niedriger Konzentration vorhanden sind. Der Sauerstoff aus der Luft geht durch die Lungenwände ins Blut, von dort wird er vom Herz in den ganzen Körper gepumpt. Gleichzeitig gelangt Kohlendioxyd aus dem Blut in die Lunge und wird dort ausgeatmet.

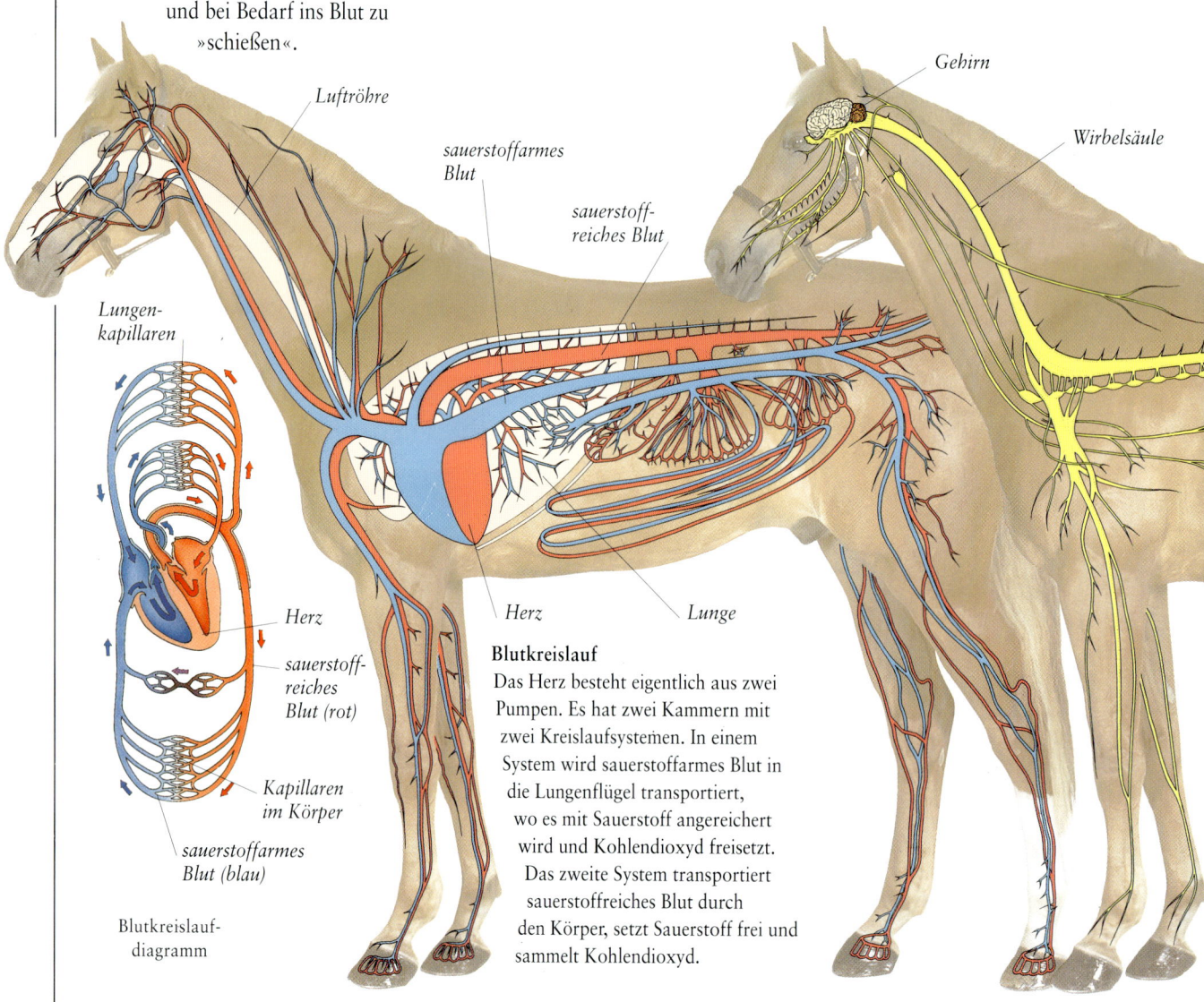

Luftröhre

sauerstoffarmes Blut

sauerstoffreiches Blut

Gehirn

Wirbelsäule

Lungenkapillaren

Herz

sauerstoffreiches Blut (rot)

Kapillaren im Körper

sauerstoffarmes Blut (blau)

Blutkreislaufdiagramm

Herz

Lunge

Blutkreislauf

Das Herz besteht eigentlich aus zwei Pumpen. Es hat zwei Kammern mit zwei Kreislaufsystemen. In einem System wird sauerstoffarmes Blut in die Lungenflügel transportiert, wo es mit Sauerstoff angereichert wird und Kohlendioxyd freisetzt. Das zweite System transportiert sauerstoffreiches Blut durch den Körper, setzt Sauerstoff frei und sammelt Kohlendioxyd.

NERVENSYSTEM

Kommandos an den Körper

Das Nervensystem koordiniert alle Tätigkeiten des Körpers. Es
erhält seine Informationen über die Sinnesorgane, entscheidet über
die notwendigen Handlungen und schickt Kommandos an das entsprechende System, um die Ausführung sicherzustellen. Der
Großteil des Nervensystems funktioniert automatisch (unbewußt)

*Das Kleinhirn steuert die
Bewegungen der Muskeln
und das Gleichgewicht*

*Das Stammhirn über-
wacht die automatischen
Funktionen wie z. B.
das Atmen*

Das Gehirn   Das Cerebrum denkt

Ein Netzwerk von Signalen

Ein Netz sensorischer Nerven im ganzen Körper sendet
Informationen an das Rückenmark. Lebenswichtige Reflexe
wie z. B. die Flucht vor Feuer,
werden vom Rückenmark ent-
sandt, die meisten Signale werden aber an das Gehirn weitergegeben. Umgekehrt laufen
die Kommandos für Ak-
tivitäten innerhalb des
Rückenmarks zurück.

VERDAUUNGSAPPARAT

Der Verdauungsvorgang

Weil das Futter nach der Aufnahme sehr schnell in den Dünndarm
wandert, benötigt das Pferd nur einen kleinen Magen. Unverdaute
Fasern werden in den Blinddarm und in den Dickdarm transportiert und dort aufgespalten. Flüssigkeit wird vom Blut aufgenommen und die trockenen Überreste als Kot ausgeschieden.

*Produkte der
Verdauung werden
im Blinddarm an
das Blut abgegeben*

Der Blinddarm

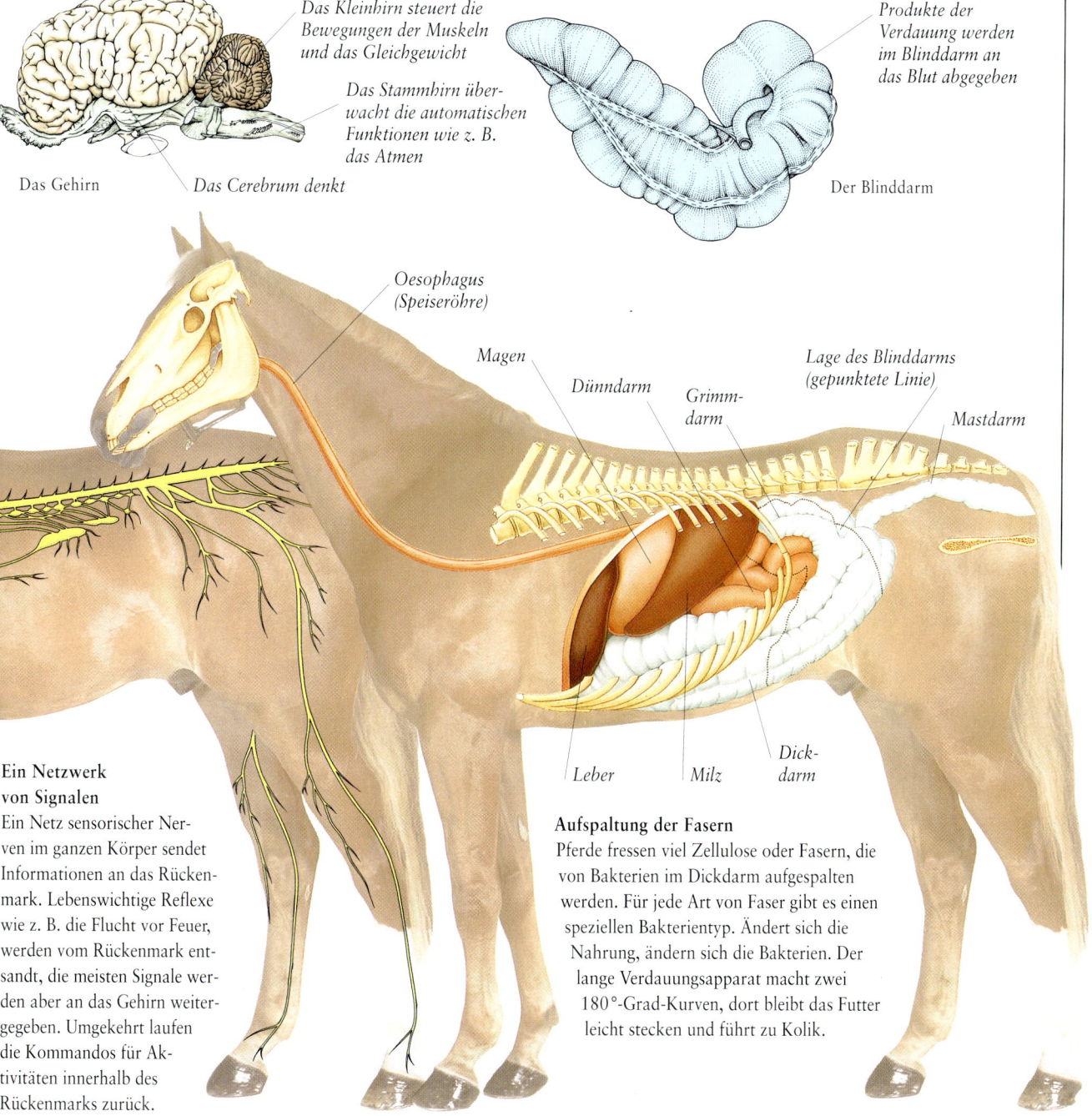

Oesophagus
(Speiseröhre)

Magen

Dünndarm

Grimm-
darm

Lage des Blinddarms
(gepunktete Linie)

Mastdarm

Leber   Milz   Dick-
darm

Aufspaltung der Fasern

Pferde fressen viel Zellulose oder Fasern, die
von Bakterien im Dickdarm aufgespalten
werden. Für jede Art von Faser gibt es einen
speziellen Bakterientyp. Ändert sich die
Nahrung, ändern sich die Bakterien. Der
lange Verdauungsapparat macht zwei
180°-Grad-Kurven, dort bleibt das Futter
leicht stecken und führt zu Kolik.

DAS GESUNDE PFERD

Ein gesundes Pferd ist ein Pferd, dessen angeborene Fähigkeiten weder durch einen Unfall noch durch Krankheiten eingeschränkt sind. In der Wildnis existiert eine scharfe Trennungslinie zwischen einem kranken und einem gesunden Pferd. Die gesunden Pferde überleben, und die anderen erliegen Raubtieren oder ihren Krankheiten. Bei den Hauspferden ist die Trennungslinie stark abgeschwächt; dank tiermedizinischer Behandlungskünste können sogar schwerkranke Pferde überleben. Man darf aber Gesundheit nicht mit Fitness verwechseln; ein gesundes Pferd ist nicht unbedingt gut in Form. Die Leistung eines gut trainierten Pferdes wird nicht durch Müdigkeit eingeschränkt, es gibt aber sehr viele gesunde Pferde, die bei Arbeit schnell müde werden. Ein gesundes Pferd soll weder zu dick noch zu dünn sein (siehe S. 109). Ersteres kann bei alten Pferden, genau wie bei alten Menschen, zu Gesundheitsproblemen führen. Ältere Pferde werden anfälliger für Krankheiten, beobachten Sie Ihr Pferd deshalb sehr sorgfältig, um auch kleinste Veränderungen im Verhalten oder im Aussehen zu registrieren. Hüten Sie sich davor, mögliche Symptome als »reine Alterserscheinung« abzutun.

Temperatur, Pulsschlag und Atemfrequenz

Die Werte sind wichtige Anzeiger für Wohlbefinden oder Krankheit. Merken Sie sich die normalen Werte; messen Sie das Pferd nur, wenn Sie ganz sicher sind, daß es gesund ist (S. 48). Ein gesundes Pferd hat in der Ruhe folgende Werte:

Temperatur: 38,3 – 38,6 °C

Puls: 30–50 Schläge pro Minute

Atmung: 8–16mal Ein- bzw. Ausatmen pro Minute

Der Schweif

Der Schweif muß glänzen und aktiv die Fliegen fernhalten. Er darf nicht zwischen den Beinen eingezwickt oder mit Kot verschmutzt sein. Trabt das Pferd von uns weg, darf der Schweif nicht nach einer Seite hängen, das würde auf Schmerzen hindeuten. Achten Sie auf abgescheuerte oder kahle Stellen auf der Schweifrübe, das kann ein Zeichen für Würmer oder für ein Sommerekzem sein.

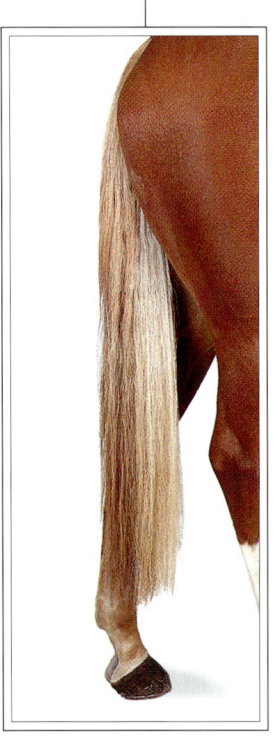

Pferdeäpfel und Urin

Die Pferdeäpfel eines gesunden Pferdes sehen aus wie Bälle, die zerbrechen, wenn sie auf den Boden fallen. Sie enthalten keine Faserbündel oder ganze Getreidekörner und werden in 24 Stunden sechs bis zehnmal abgesetzt. Urin riecht stark und ist dunkelgelb trüb.

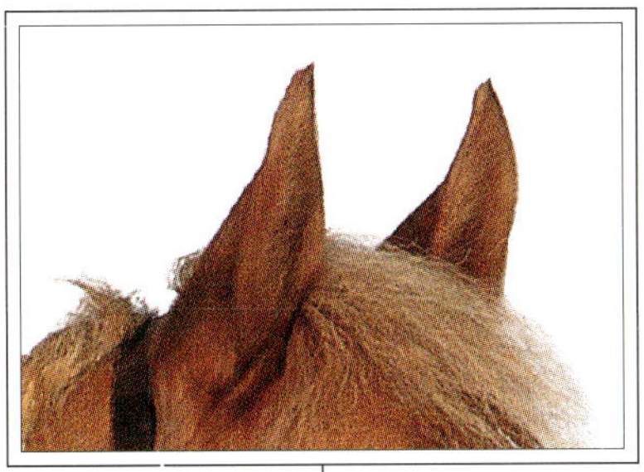

Ohren

Die Pferdeohren sollten gespitzt sein und wie ein zweites Augenpaar herumwandern. Der Hörsinn ist für ein Pferd ebenso wichtig wie der Sehsinn.

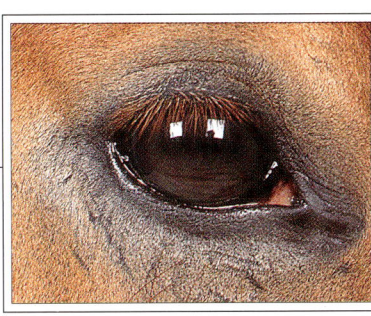

Augen

Die Augen müssen ungetrübt strahlen. Blumenkohlförmige, schwarze Körperchen im oberen Bereich der Iris sind ganz normal, sie werden als corpora nigra bezeichnet. Die Membran rund um Auge und Lid ist lachsrosa.

Maul und Nüstern

Die meisten Pferde haben beim Fressen feste Rituale, die sie nur dann verändern, wenn irgendetwas nicht in Ordnung ist. Beim Fressen darf kein Futter aus dem Maul fallen, dieses Problem wird als Pfriemen bezeichnet (S. 109). In der Ruhe sollen die Nüstern nicht gebläht sein, und es dürfen keine Absonderungen zu sehen sein.

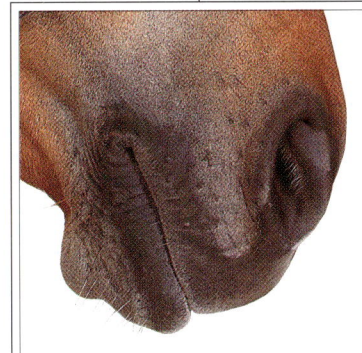

Haut und Fell

Die Haut muß geschmeidig und beweglich sein. Wenn Sie eine Hautfalte am Hals packen, hochziehen und wieder loslassen, muß die Haut danach sofort wieder glatt werden (bleibt sie stehen, ist das Pferd wahrscheinlich ausgetrocknet). Das Fell sollte glänzend und weich sein, nicht stumpf, und ohne lose Haare (außer im Haarwechsel).

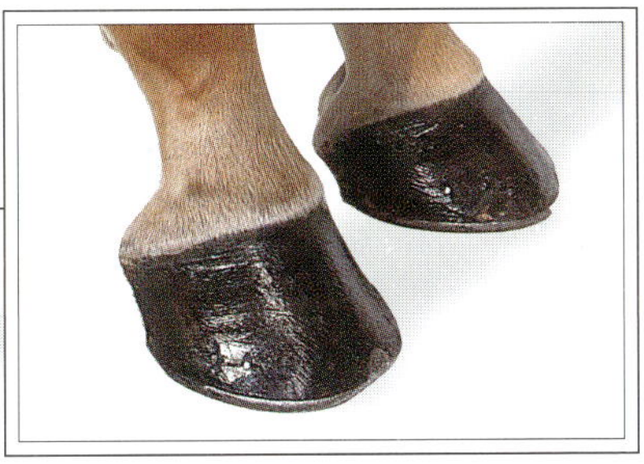

Hufe

Gesunde Pferde nehmen ihr Körpergewicht gleichmäßig mit allen vier Hufen auf, obwohl 60 % ihres Gewichtes auf der Vorhand liegen. Viele Pferde haben die Angewohnheit, ein Hinterbein mehr zu schonen als das andere. Die Hufe sollten keine Längs- oder Querrillen oder Mulden haben, dort wo der Huf auf den Boden tritt, darf nichts ausgebrochen sein.

DIE SINNE DES PFERDES

Um zu überleben, verlassen sich wild lebende Pferde komplett auf ihre Sinne – auf das Sehvermögen, das Gehör, den Tastsinn, den Geruchssinn und den Geschmackssinn. Das Sehvermögen und das Gehör warnen vor Gefahren, der Geschmackssinn und der Geruchssinn erkennen schlechtes Futter. Die Domestikation hat die Reaktion auf einige Sinneswahrnehmungen abgeschwächt, Pferde laufen z. B. nicht mehr davon, wenn sich ein Auto nähert, ihre Sinne sind aber genauso scharf wie früher. Reagiert ein Pferd auf etwas, das wir nicht bemerkt hatten, führen wir es auf seinen sechsten Sinn zurück. In Wirklichkeit sind es aber seine scharfen Sinne, die zusammenarbeiten und die Information wahrnehmen, die wir übersehen hatten.

SEHVERMÖGEN

Bifokales Sehen

Sichtfeld des linken Auges

Sichtfeld des rechten Auges

Das Sichtfeld
Jedes Pferdeauge arbeitet unabhängig vom anderen Auge. Dabei erfaßt es ein breites Sichtfeld innerhalb eines Halbkreises. Vor dem Gesicht überschneiden sich die Felder in einem kleinen Bereich und direkt dahinter liegt ein toter Winkel. Gehen Sie nie von hinten an ein Pferd heran, Sie jagen ihm damit einen Schrecken ein.

Geradeaus Sehen
Beim Schätzen von Entfernungen macht das Pferd von seinem stereoskopischen Sehvermögen wenig Gebrauch, ein einäugiges Pferd kann die Distanzen immer noch einschätzen. Beim Absprung kann das Pferd das Hindernis nicht mehr sehen, aus diesem Grund muß es dem Reiter vertrauen, der ihm sagt, daß der Sprung sicher ist.

DAS GEHÖR

Die beweglichen Ohren, das breite Sichtfeld und der bewegliche Hals erlauben, daß das Pferd immer weiß, was hinter ihm geschieht.

Gebrauch der Ohren
Pferde verlassen sich stark auf ihr Gehör, dabei bewegen sie jedes Ohr einzeln, um Tonwellen einzufangen. Das Ansprechen ist eine gute Möglichkeit dem Pferd zu sagen, wer da ist und daß keine Gefahr besteht.

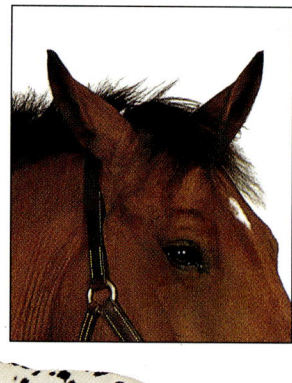

Fluchtbereitschaft
Hört das Pferd ein Geräusch (z. B. Hundegebell), hebt es den Kopf, schaut in die Richtung der Geräuschquelle und versucht, die Ursache des Geräuschs festzustellen. Dabei bewegt es niemals den ganzen Körper, denn dann wäre es nicht in der Lage, bei Gefahr sofort zu reagieren.

DER TASTSINN

Feingefühl
Ein Pferd reagiert auf Berührungen am ganzen Körper sehr sensibel. Es spürt jede Fliege und schlägt sie mit unbeirrbarer Genauigkeit mit dem Schweif weg. Seien Sie deshalb nicht überrascht, wenn Ihr Pferd erschrickt, weil Sie es ohne Vorwarnung berühren.

Tasthaare
Die Barthaare und die langen Haare im Augenbereich sind wichtig, um Dinge, die in unmittelbarer Nähe sind, zu spüren. Beim Scheren dürfen Sie diese Haare niemals entfernen, auch nicht für ein Turnier.

DER GERUCHSSINN

Das Beschaffen von Informationen
Der Geruchssinn läßt das Pferd unerwünschte Gegenstände in seinem Futter erkennen. Er ist auch für den sozialen Kontakt wichtig; Pferde begrüßen Freunde oder identifizieren Fremde mit ihren Nasen.

Geruchsbestimmung
Diese Verhaltensweise, das sogenannte »Flehmen«, entspricht wahrscheinlich dem »Riechen« mit den Nüstern und den empfindlichen Membranen auf der Innenseite der Lippen. Man kann es oft im Bereich sexueller Aktivität beobachten, dabei nimmt das Pferd vielleicht Pheromone (Sexualhormone) in der Luft auf. Viele Pferde flehmen, wenn sie zum erstenmal mit einem für sie unbekannten Duft oder Futter konfrontiert werden.

DER GESCHMACKSSINN

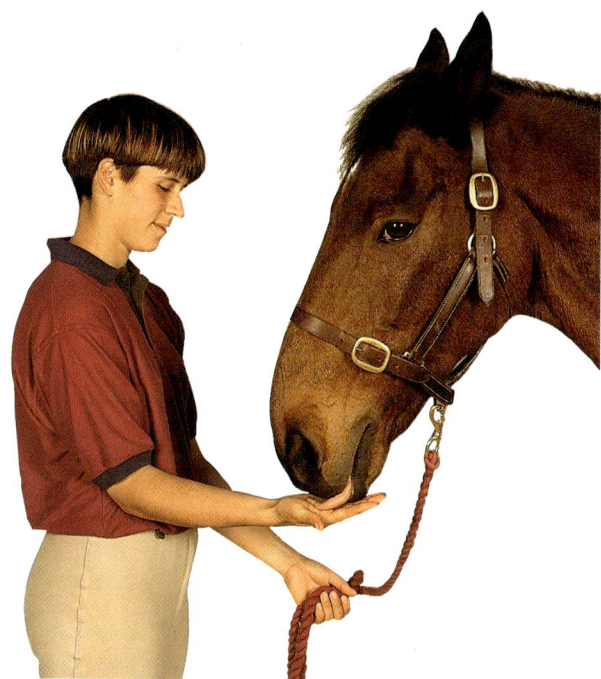

Lieblingsspeisen
Pferde mögen salzige und süße Sachen, aber nichts Saures oder Bitteres. Viele Pferde lieben Pfefferminze. Vielleicht, weil sie einmal eine salzige Hand ableckten, ein Pfefferminz als Belohnung erhielten und daraufhin den Geschmack mit netten Menschen in Verbindung brachten.

KÖRPERSPRACHE

Ein Pferd ist ein Herdentier, das mit anderen Herdenmitgliedern kommunizieren muß. Natürlich führen Pferde keine philosophischen Diskussionen, sie müssen lediglich grundsätzliche Empfindungen (z. B. Angst) mitteilen und eine Hierarchie festlegen, in der bestimmte Tiere dominieren, ohne den Ausweg in der Gewalt zu suchen. Domestizierte Pferde behandeln uns wie Herdenmitglieder, deshalb sprechen sie zu uns in derselben Körpersprache.

ZUFRIEDENHEIT

Zeichen des Glücksgefühls
Ein zufriedenes Pferd läßt sich von den anderen Pferden, die es umgeben, nicht beunruhigen. Es zeigt sich von seiner besten Seite, indem es seinen Schweif und seinen Kopf hoch erhoben trägt und sich extravaganter bewegt als sonst.

Auf der Koppel
Weil Pferde gerne in Gesellschaft sind, freuen sie sich normalerweise, ein menschliches Wesen zu sehen, das sie kennen und dem sie vertrauen. Sie werden ohne Furcht auf Sie zugehen und nicht davonlaufen.

Im Stall
Will sich das Pferd allein ausruhen, wendet es sich von den anderen ab. Im Stall dreht es wahrscheinlich seine Kruppe zur Tür, um Ihnen zu sagen, daß es keine Sprechstunde hat.

UNGEDULD

Ein Schubser mit dem Maul kann ein kräftiger Stoß sein

Kopfbewegungen
Wie Kinder, hassen Pferde das Gefühl, nicht beachtet zu werden. Ein Pferd fordert die Aufmerksamkeit des Menschen, indem es ihn mit der Nase anstupst.

Stampfen
Wenn sie eingesperrt sind oder auf ihr Futter warten, können Pferde sehr ungeduldig werden. Dabei stampfen sie manchmal mit den Hufen oder treten gegen die Stalltür, um sich bemerkbar zu machen.

ÄRGER

Die Ohren zurückgelegt

Die Zähne gezeigt

Das Beißen anderer Pferde

Ist es mit seiner Geduld am Ende, zeigt ein Pferd manchmal seine Wut und beißt. Im Gegensatz zu fleischfressenden Tieren wurden die Pferdezähne nicht dafür konstruiert, richtige Wunden zu verursachen, der Biß sagt aber: »Ich habe innerhalb der Herde eine Position, die mir das Recht gibt, Dich zu beißen, wenn ich will.«

Das Pferd beißt Sie

Ein Pferd kann Sie aus demselben Grund beißen, aus dem es ein anderes Pferd beißt. Lassen Sie es niemals durchgehen. Sie geben ihm sonst zu verstehen, daß Sie es als Chef akzeptieren. Lenken Sie es ab, bevor es zubeißen kann, wenn es schnappt, geben Sie ihm einen Klaps auf die Nase

FURCHT ODER WUT?

Das Weiße des Auges ist sichtbar

Der Körper ist einsatzbereit

Zeichen von Furcht und Aggression

Zwischen einem aggressiven und einem verängstigten Pferd besteht ein großer Unterschied; obwohl in beiden Fällen das Weiß in den Augen zu sehen ist und das Pferd in beiden Fällen schlägt oder beißt. Ein ängstliches Pferd bleibt entweder wie angewurzelt stehen oder es rennt davon. Natürlicherweise zeigen Pferde sehr selten Aggressionen; ist ein Pferd aber aggressiv, wird es auf Sie zugehen. Ein verängstigtes Pferd läuft wahrscheinlich davon: Warten Sie, bis es zu Ihnen kommt, egal wie lange es dauert.

UNGLÜCKLICHSEIN

Zurückgelegte Ohren

Stumpfe Augen

Gründe für das Unglücklichsein

Pferde werden deprimiert, wenn sie lange eingesperrt oder krank waren. Sie machen einen uninteressierten, unglücklichen Eindruck und werden aggressiv. Früher brüsteten sich die Reiter damit, den Willen eines Pferdes gebrochen zu haben, heute ist so etwas nicht mehr zu akzeptieren.

DAS PFERD IN DER FREIZEIT

Selbst wenn das Management eines Stalles vom Feinsten ist, brauchen Pferde Pausen, in denen sie sich von den Menschen erholen können. Dafür kann man sie jeden Nachmittag eine Stunde auf die Koppel bringen oder einige Tage oder Wochen auf der Weide lasssen. Sie sollten den Wechsel von harter Arbeit zum Koppelurlaub nicht übergangslos vornehmen; das Verdauungssystem und der Bewegungsapparat brauchen mindestens eine Woche, um sich daran zu gewöhnen. Die meisten Pferde blühen auf der Koppel auf (abgesehen von einigen Vollblütern, die sich nicht umstellen können; genau wie Workaholics können sie sich im Urlaub nicht entspannen). Viele Pferde bringen ihre besten Leistungen, wenn sie nach der Koppelpause wieder arbeiten. Ob die mentale Entspannung in der Natur oder die gute Nährstoffversorgung durch das frische Gras dafür verantwortlich sind, ist nicht bekannt. Wir rechnen »Dr. Grün« den Verdienst so oder so an.

ENTSPANNUNG

Sonnenbaden
Weidepferde legen sich öfter hin als Stallpferde, vor allem wenn das Wetter schön ist. Wenn sie sich so entspannen, sieht es manchmal aus, als wären sie bewußtlos. Machen Sie aber unvermittelt ein leises Geräusch, dann werden Sie merken, daß die Pferde wach genug sind, um bei eventueller Gefahr sofort reagieren zu können.

Spielen
Junge Pferde erlernen alle ihre kommunikativen Fähigkeiten im Spiel. Wie alle Jugendlichen führen sie Scheinkämpfe und suchen viel körperliche Nähe. Diesen Punkt sollten sie beachten, wenn Sie ein Pferd allein halten; ein Pferdebesitzer muß dem Pferd den gesamten sozialen Kontakt ersetzen.

DAS WÄLZEN

Warum wälzen sich Pferde?
Pferde wälzen sich aus reinem Vergnügen. Sie wälzen sich aber auch, wenn sie Koliken oder Magenschmerzen haben. Wenn Sie Ihr Pferd regelmäßig vor und nach dem Wälzen beobachten, sollten Sie problemlos feststellen können, um welche Art des Wälzens es sich handelt. Beim Wälzen werden alle Muskeln bewegt und die Pferde scheinen es genauso zu genießen, wie die Menschen sich gerne räkeln. Pferde wälzen sich oft, um sich am Rücken zu schubbern oder um ein reinigendes Staubbad zu nehmen.

Wahl des geeigneten Ortes
Viele Pferde wälzen sich immer an derselben Stelle. Wie ein Hund, der sich in sein Nest legt, drehen sie sich ein paarmal auf der Stelle.

Das Hinlegen
Das Pferd geht zuerst mit der Vorhand zu Boden, vielleicht um mit den Hinterbeinen immer noch fluchtbereit zu sein.

STALLUNTUGENDEN

Pferde, die wenig Abwechslung haben, werden schnell gelangweilt und entwickeln Untugenden. Dabei handelt es sich um Bewegungsmuster, die immer wiederholt werden, wie z. B. das Weben (dabei schwingt der Kopf von einer Seite zur anderen) oder das Koppen (Luftschlucken): Manche Pferde setzen ihre Zähne auf einem festen Gegenstand (z. B. Pfosten) auf, biegen ihren Hals und koppen. Dieses Verhalten bezeichnet man als Krippensetzen. Die meisten Untugenden werden im Stall entwickelt und auf der Weide fortgesetzt.

Krippensetzen

Schonen eines Hinterbeins

Viele Pferde stehen auf einem Hinterbein. Das tun sie aber nicht, um das Bein zu entlasten (das meiste Gewicht liegt auf der Vorhand), sondern um den Mechanismus, der das Hinterbein blockiert, zu lockern. Wechselt ein Pferd, das normalerweise immer das gleiche Hinterbein schont, plötzlich auf das andere Bein, kann das auf Schmerzen hindeuten.

Die Ohren sind leicht zurückgelegt

Die Unterlippe hängt locker nach unten

Der Huf ist gekippt, nur die Zehe berührt den Boden

Dösen

Pferde können im Stehen schlafen. Dabei fixieren sie ein oder beide Kniegelenke, um aufrecht stehen zu bleiben. Im Schlaf schließt das Pferd die Augenlider halb und der Kopf sinkt nach unten. In der Gruppe bleibt meistens ein Pferd wach und grast, während die anderen vor sich hindösen.

Das Wälzen

Meistens wälzt sich ein Pferd so lange, bis seine Beine senkrecht in der Luft sind und rollt dann auf die Anfangsseite zurück. Das Ganze wiederholt sich mehrere Male.

Das Aufstehen

Ein Pferd steht immer mit den Vorderbeinen zuerst auf und versucht, den Kopf so hoch wie möglich zu heben, um sehen zu können, ob Gefahr im Anmarsch ist.

Staub aus dem Fell schütteln

Zum Schluß schüttelt sich das Pferd richtig, um den Staub vom Wälzen aus dem Fell zu entfernen.

DIE HERDE

Eine Herde wilder Pferde besteht aus Tieren jeden Geschlechts und jeden Alters. Bei Hauspferden läßt man Wallache (kastrierte Hengste) zusammen mit Stuten auf die Koppel. Wenn es dabei zu Kämpfen um die Führungsrolle kommt, ist es besser, sie zu trennen. In der Regel hält man Hengste getrennt von Stuten und Wallachen. Es liegt in der Natur der Hengste, mit anderen Hengsten zu kämpfen und sich mit Stuten zu umgeben. In jeder Gruppe gibt es eine Rangordnung, und jedes Pferd schützt instinktiv die rangniedrigeren Tiere.

Sicherheit durch die Gruppe

Pferde halten sich gern in der Herde auf, selbst wenn ihnen die anderen Pferde fremd sind. Dieser Drang ist so stark, daß Pferde, die ihren Reiter verloren haben (beim Ausritt oder auf der Rennbahn), mit der Gruppe weitergaloppieren oder verzweifelte Versuche unternehmen, aus der Koppel zu springen, wenn sie dort allein sind, um sich vorbeikommenden Pferden anzuschließen.

Kämpfe

Die meisten Kämpfe werden durch das Bedürfnis, eine bestimmte Stellung innerhalb der Hierarchie zu behaupten, ausgelöst. Manchmal fordern sie auch andere Pferde heraus, um eine bessere Stellung zu erreichen. Daraus resultiert meistens mehr Schau als richtige Verletzungen. Eine neue Intensität bekommt ein Kampf, wenn ein Hengst, der einen Harem von Stuten angesammelt hat, von einem Außenseiter angegriffen wird. Da Pferde von Haus aus nicht aggressiv sind, gilt als Grundregel: Instinktiv ziehen sie die Flucht dem Kampf vor.

Auseinandersetzungen

Sogar in reinen Stuten- oder Wallachherden gibt es Pferde, die ihre Dominanz in Untergruppen demonstrieren. Ein dominantes Pferd versucht, so viele Herdenmitglieder wie möglich in seine Gruppe zu bekommen, deshalb können Streitereien unter den Anführern der Gruppe entstehen.

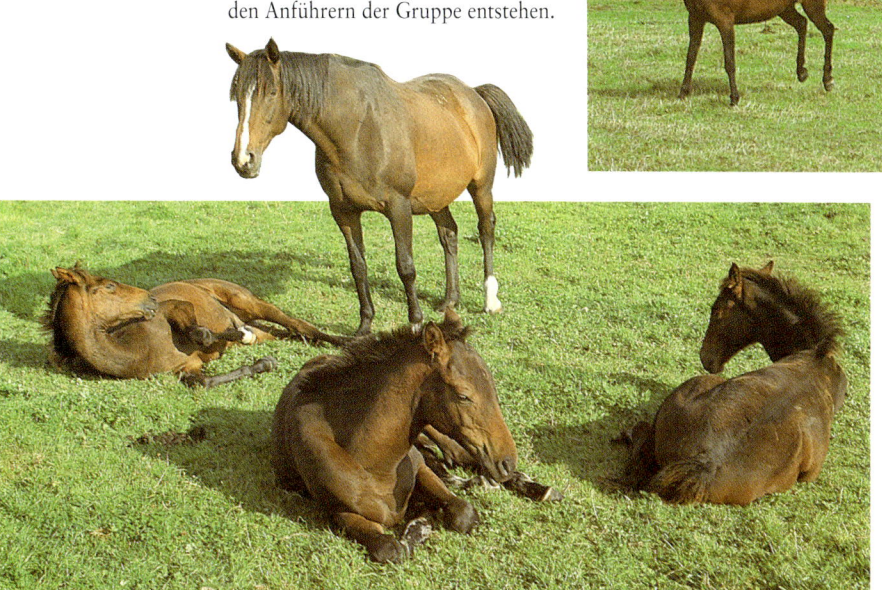

Sorge um die Jüngeren

Die Herde ist eine große Familie, und viele Herdenmitglieder tragen zur Pflege und zur Erziehung der Fohlen bei. Natürlich sammeln sich die jungen Pferde in einer Gruppe, und das Erwachsenentier, das gerade in der Nähe ist, fungiert als »Großmutter«, selbst wenn es sich dabei um einen Wallach handelt. Dieses Verhalten ist nicht so uneigennützig wie es vielleicht erscheinen mag – alle Erwachsenen wollen ihre Dominanz den Jüngeren gegenüber festigen, nicht nur die Mütter.

Freundschaft

Einige Pferde entwickeln innerhalb der Herde Zuneigung zueinander. Bei der Stallhaltung kann das bedeuten, daß sich das im Stall bleibende Pferd furchtbar aufregt, wenn sein Freund z. B. den Stall verläßt. Gehen zwei gute Freunde zusammen auf die Koppel, bleiben sie normalerweise relativ nah beieinander. Wird einer der Freunde verkauft oder er stirbt, trauert das zurückgebliebene Pferd.

Umkreisen

In der Herde umkreisen die Hengste ihre Stuten, um sie vor der geringsten Bedrohung durch einen anderen Hengst zu schützen, und nicht um die Stuten vor anderen Gefahren zu bewahren. In domestizierten Gruppen umrunden Pferde Unterlegene, um ihre Dominanz zu unterstreichen.

Kapitel 2

ALLGEMEINE PFLEGE

WILD LEBENDE PFERDE pflegen einen bemerkenswerten gesellschaftlichen Umgang, bei dem sie oft mit anderen Pferden in Berührung kommen. Stallpferde haben dazu oft sehr wenig Gelegenheit. Als Ersatz braucht das Stallpferd Kontakt zum Menschen, und diesen erfährt es durch Tätigkeiten wie das Pflegen und Reiten. Die Aufgaben im Bereich des Stalles mögen Ihnen vielleicht langweilig erscheinen. Versuchen Sie aber nicht, diese Arbeiten so schnell wie möglich zu erledigen; sie bieten eine willkommene Abwechslung für das Pferd. Stallpferde ohne Abwechslung können schlimme Angewohnheiten entwickeln.

DER BESITZ EINES PFERDES

Der Entschluß, Pferdebesitzer zu werden, bedeutet, daß Sie die vollständige Verantwortung für das Wohlbefinden eines Pferdes übernehmen. Um Ihre Verpflichtung erfüllen zu können, müssen Sie die physischen und psychischen Bedürfnisse des Pferdes verstehen. Die Unkenntnis dieser Beürfnisse kann zu einem Mißbrauch Ihres Pferdes führen, selbst wenn Sie dies nicht mit Absicht tun. Ein eigenes Pferd ist eine teure und zeitaufwendige Aufgabe. Planen Sie das eininhalbfache der zu erwartenden Kosten ein; Sie werden Geld brauchen, wenn ihr Pferd zum Tierarzt muß, neue Eisen oder neue Decken braucht, also nicht nur dann, wenn Sie gerade Geld zur Verfügung haben.

DIE ANGEBORENEN TRIEBE EINES PFERDES

Nahrung

Einer der natürlichsten Triebe ist das Fressen und Trinken. Futter und Wasser versorgen das Pferd mit dem was es braucht, um zu funktionieren. Um genug Nahrung aus dem natürlichen Futtermittel Gras zu gewinnen, grast das Pferd beinahe den ganzen Tag. In der Wildnis frißt es das Futter in seiner Umgebung und macht sich dann auf die Suche nach neuen Weideplätzen.

Überleben

Flieht ein Zebra vor einem Löwen, setzt der angeborene Fluchtinstinkt vor der Gefahr ein. Pferde besitzen denselben Instinkt, und dieser ist auch bei domestizierten Pferden stark ausgeprägt. Seien Sie deshalb nicht überrascht, wenn Ihr Pferd davonlaufen will, weil es vor irgendetwas erschrocken ist.

Fortpflanzung

Die Fortpflanzung ist ein weiterer Trieb des Pferdes. Das Fortpflanzungssystem arbeitet sogar dann, wenn eine domestizierte Stute oder ein Hengst nicht zur Zucht eingesetzt werden. Stuten werden im Sommer alle drei Wochen für fünf Tage rossig und sind dann zur Fortpflanzung bereit. In der Rosse werden Stuten manchmal launisch und schwierig.

DIE GRUNDRECHTE DES PFERDES

Gesellschaft

Das Pferd ist ein Herdentier und braucht Gesellschaft. Halten Sie Ihr Pferd allein, müssen Sie ihm die körperliche Nähe und die geistige Anregung bieten, die es sonst von den anderen Herdenmitgliedern bekommt.

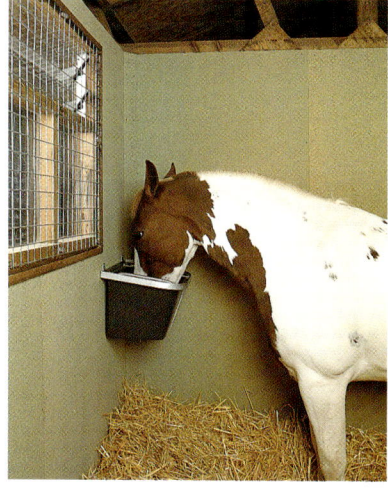

Futter

Ein Stallpferd ist bei der Futterversorgung vollständig von seinem Besitzer abhängig. Wenn Sie von Ihrem Pferd Leistung verlangen, müssen Sie ihm neben dem Gras noch Zusatzfutter geben.

Sorgfältige Behandlung

Ein Pferd akzeptiert die Dominanz eines Menschen als Herdenmitglied und nimmt deshalb sogar Befehle von Kindern an. Auf keinen Fall sollte sich das Pferd aus Angst unterwerfen müssen.

IHRE VERPFLICHTUNGEN

Harte Arbeit

Ein Pferd haben bedeutet harte Arbeit, wie Ausmisten, das Schleppen von Wassereimern und Heu und die Pferdepflege. Ein Stallpferd muß jeden Tag bewegt werden, und ein Weidepferd muß zweimal täglich kontrolliert werden, vor allem bei schlechtem Wetter.

Ausgaben

Pferdehaltung ist mit erheblichen Kosten verbunden. Futter, Decken, Schmied, Tierarzt und eine Koppel oder ein Stall sind Notwendigkeiten.

SO HALTEN SIE DAS PFERD GESUND

Es ist besser, Krankheiten vorzubeugen als sie zu heilen. Man kann Pferde gegen bestimmte Krankheiten wie z. B. Tetanus und Influenza impfen, die beste Prävention ist aber immer noch ein gutes Stallmanagement und ein scharfes Auge für alle Abweichungen vom normalen Gesundheitszustand. Sie müssen herausfinden, wie der Normalzustand bei Ihrem Pferd ist. Machen Sie täglich einen Mini-Gesundheitscheck; dann entdecken Sie Probleme bereits in der Entstehung. Besonders wachsam müssen Sie dann sein, wenn Ihr Pferd mit fremden Pferden in Kontakt kam (z. B. auf dem Turnier). In diesem Fall sollten Sie sich überlegen, das Pferd vielleicht von den anderen Pferden zu isolieren, damit es im Fall einer Infektion nicht den ganzen Bestand ansteckt.

Zeichen von Gesundheit

Sie sollten ein Weidepferd zweimal täglich besuchen. Prüfen Sie seine Beine und den ganzen Körper auf Verletzungen oder Schrammen und checken Sie den Sitz der Decke, um Druckstellen zu vermeiden. Bei schlechtem Wetter sollten Sie Ihr Pferd nach Möglichkeit in den Stall bringen.

Desinfektion des Stalles

Bringen Sie Ihr eigenes Pferd niemals in einen fremden, dreckigen Stall. Der Stall muß zuerst gründlich gereinigt und desinfiziert werden. Dreck, vor allem Mist, machen einige Desinfektionsmittel wirkungslos, das Desinfizieren ist also keine Alternative zum Reinigen – sondern ein wichtiger Bestandteil des Ganzen.

Untersuchen Sie die Farbe der Augen- und Maulmembran

Fassen Sie die Beine an, um eventuelle Entzündungen zu spüren

Kratzen Sie die Hufe mehrmals täglich aus

Kontrollieren Sie das Pferd rundherum

Jeden Tag sollten Sie mit der Hand über jedes Körperteil Ihres Pferdes streichen. Achten Sie auf die klassischen Anzeichen wie Entzündung, Wärme, Schwellung oder Schmerzen. Natürlich sollten Sie mit den vorhandenen Beulen an Ihrem Pferd vertraut sein. Die Haut muß geschmeidig sein und darf keine Schwitzstellen haben. Häufig schonen Pferde ein Bein mehr als das andere, achten Sie deshalb auf Veränderungen in dieser Gewohnheit.

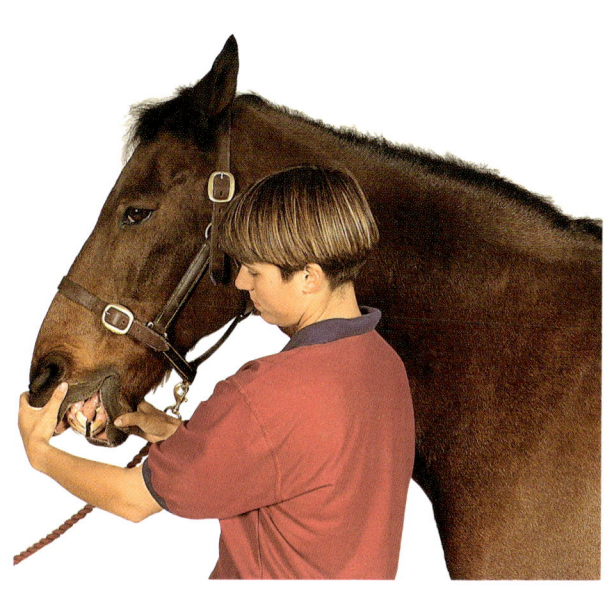

Das Untersuchen des Mauls

Schauen Sie in das Maul und vergewissern Sie sich, ob auf der Zunge oder auf der Innenseite der Backen keine wunden Stellen zu sehen sind, die durch scharfe Kanten an den Zähnen entstanden sind. Beobachten Sie Ihr Pferd beim Fressen. Läßt es beträchtliche Futtermengen aus dem Maul fallen, könnte es Zahnprobleme haben (siehe S. 129).

Entwurmung

Das regelmäßige Entwurmen ist wichtig (S. 134). Das Hauptziel des Entwurmens ist es, die Wurmeier auf ihrer Wanderung in den Kot zu stoppen, damit sich das Pferd zu einem späteren Zeitpunkt nicht wieder infizieren kann.

KONTROLLE VON ATMUNG, TEMPERATUR UND PULS

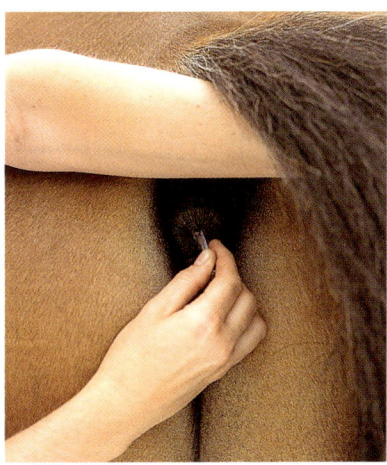

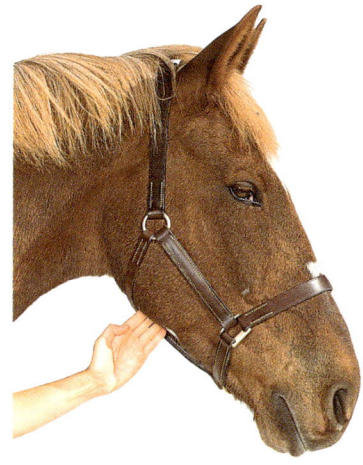

Atmung

Ein Pferd atmet normalerweise in der Ruhe 8–16 mal pro Minute (als Atemwert zählt die Heb- und Senkbewegung des Rippenbogens). Diese langsame Atemfrequenz ist schwer zu erkennen und zu zählen. Stellen Sie sich in sicherem Abstand hinter das Pferd und beobachten Sie, wie sich die Rippen beim Atmen heben und senken.

Temperatur

Ein gesundes Pferd hat eine Temperatur von 38,3 °C – 38,6 °C (101–101,5 °F). Bitten Sie beim Fiebermessen anfangs einen Fachmann um Hilfe. Geben Sie auf das Fieberthermometer ein wenig Vaseline, schütteln es fest, führen es anschließend mit der Spitze zuerst in den After ein und halten es dabei ganz fest. Nach einer Minute können Sie die Temperatur ablesen.

Puls

Die normale Pulsfrequenz beträgt 30 bis 50 Schläge pro Minute. Um die Schläge zu erfühlen, bedarf es einiger Übung. Legen Sie den Finger auf die Arterie, die zwischen den beiden Unterkieferhälften verläuft, und zählen Sie die Schläge. Nach der Arbeit kann man damit rechnen, daß der Pulsschlag das drei- oder vierfache der normalen Atemfrequenz beträgt.

DER UMGANG MIT DEM PFERD

Wie Sie zum erstenmal auf ein Pferd zugehen und mit ihm umgehen, beeinflußt alles weitere. Machen Sie das Pferd nervös, wird es selbst bei ganz normalen Routinehandlungen mißtrauisch. Gehen Sie ruhig auf das Pferd zu, als würden Sie erwarten, daß es stehenbleibt und auf Sie wartet. Dreht sich das Pferd von Ihnen weg, bleiben Sie ruhig stehen und warten bis es sich wieder umdreht und Sie sich ihm nähern können. Sprechen Sie ständig in einem freundlichen Ton mit ihm, damit es hören kann, wer Sie sind und beruhigen Sie es, anstatt Befehle zu geben. Achten Sie darauf, daß Ihre Bewegungen geschmeidig und ohne Eile sind, sonst erschrecken Sie das Pferd. Es entspricht seinem angeborenen Instinkt, möglichst schnell vor vermeintlicher Gefahr zu fliehen, anstatt stehenzubleiben und darüber nachzudenken. Ihr Pferd wird nicht viel Zeit darauf verwenden, Ausreden für Ihre Unerfahrenheit zu finden, oder versuchen zu verstehen, daß Sie es nicht böse meinen.

ANNÄHERUNG AN EIN PFERD

1 Gehen Sie von vorne auf das Pferd zu, leicht versetzt neben seinem Kopf, damit es Sie richtig sehen kann. Achten Sie darauf, daß das Pferd Sie hören kann. Wenn Sie nah genug am Pferd sind, strecken Sie ihm die Hand entgegen, damit es daran riechen kann.

Lassen Sie das Pferd an Ihrer Hand riechen und lecken

2 Klopfen Sie das Pferd vorsichtig am Hals. Dieser Körperkontakt ist für das Pferd sehr angenehm und hilft Ihnen, eine Verbindung zu ihm herzustellen. Damit zeigen Sie dem Pferd auch, daß Sie keine Angst vor ihm haben.

DAS ANLEGEN EINES HALFTERS

1 Stellen Sie sich auf die linke Seite neben den Pferdekopf, legen Sie den Führstrick nach rechts über den Pferdehals. Jetzt haben Sie sofort Kontrolle über das Pferd. Sobald das Pferd den Strick spürt, bleibt es ruhig stehen.

2 Halten Sie beide Seiten des Halfters fest und ziehen Sie den Nasenriemen über die Pferdenase. Hebt das Pferd den Kopf, folgen Sie ihm mit dem Halfter, damit das Halfter auf Nasenhöhe bleibt.

Lassen Sie den Führstrick auf dem Hals liegen

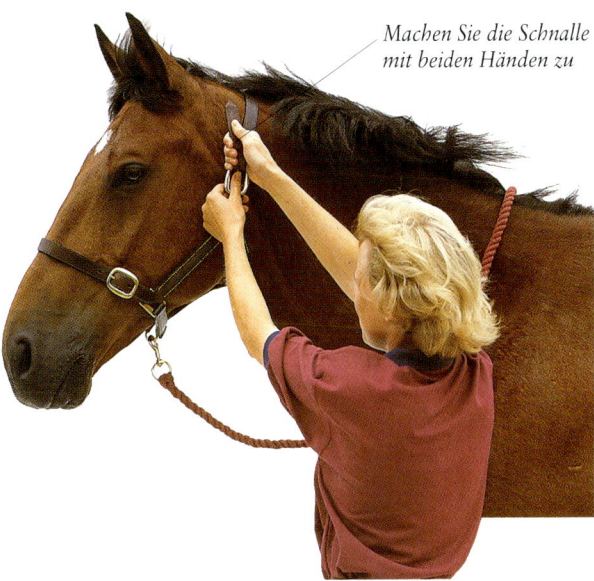

Machen Sie die Schnalle mit beiden Händen zu

3 Mit Ihrer rechten Hand klappen Sie den Riemen in aller Ruhe nach links über das Genick. Einige Pferde erschrecken, wenn Sie plötzlich das Kopfstück auf ihrer linken Halsseite spüren.

4 Achten Sie darauf, daß der Riemen genau hinter den Ohren liegt, bevor Sie es mit der Schnalle am Backenstück befestigen. Aus Sicherheitsgründen sollten Sie die Schnalle immer ganz zumachen und das Ende des Riemens nach innen stecken, damit es nicht aufgehen kann.

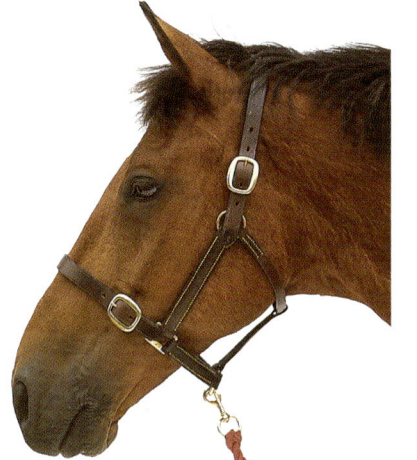

5 Zum Schluß überprüfen Sie noch einmal den Sitz des Halfters und ändern notfalls die Verschnallung. Achten Sie darauf, daß der Karabiner am Führstrick das Pferd nicht in die Haut zwicken kann.

DAS PROVISORISCHE HALFTER

Diese Art von Halfter ist vielfältig verstellbar und besteht aus Nylongewebe oder einem Seil. Der Nasenriemen sollte oberhalb des Nasenrückens liegen, der Verschluß auf der linken Kopfseite. Sie sollten den Strick immer mit einem Knoten am Halfter befestigen, denn sonst könnte sich das Halfter lockern und im schlimmsten Fall aufgehen und über die Pferdeohren rutschen oder zu eng werden.

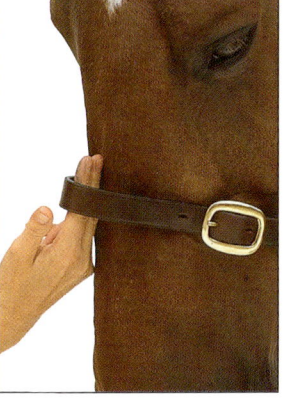

Die richtige Paßform
Sitzt das Halfter zu stramm, ist es unbequem; sitzt es zu locker, bietet es keine sichere Einwirkungsmöglichkeit. Der Nasenriemen liegt auf halber Höhe zwischen Auge und Maulspalte, und Sie sollten zwei Finger darunter schieben können.

Der Strick darf nicht zu stramm angezogen werden

METHODEN DER EINWIRKUNG

Zu Ihrem eigenen und zum Wohle Ihres Pferdes ist es notwendig, seine Freiheit einzuschränken. Wenn Sie z. B. einen Verband anlegen müssen, seine Zähne untersuchen lassen oder eine Wurmpaste verabreichen, können Sie nicht erwarten, daß Ihr Pferd versteht, wann und warum es ruhig stehenbleiben soll. Die natürliche Reaktion eines Pferdes auf alles Unerwartete oder Unangenehme, ist die Flucht. Sie müssen deshalb ein ausreichendes Kontrollinstrument haben, ohne dem Pferd weh zu tun. Versagen die physischen Mittel, hat Ihr Tierarzt die Möglichkeit, das Tier für kurze Zeit zu sedieren.

WARUM EINWIRKEN?

Wirkungsvolle Kontrolle
Ein domestiziertes Pferd muß wissen, daß es seinen Wille nicht durch Steigen oder Schlagen durchsetzen kann. Erreicht es einmal sein Ziel, wird es dieselbe Taktik in anderen Situationen wieder einsetzen. Benutzen Sie lieber Ihren Verstand als Ihre Muskeln, um das Pferd unter Kontrolle zu bekommen; es ist wahrscheinlich größer und mit Sicherheit stärker als Sie. Bei Kraftproben wird Ihr Pferd immer Sieger sein.

DAS ANBINDEN DES PFERDES

Binden Sie den Führstrick an eine Schnurschlaufe, die am Anbindering befestigt ist

Mit einem Halfter
Das einfachste Kontrollmittel ist ein Halfter und ein Führstrick. Befestigen Sie den Führstrick an einer Heuschnur, die abreißt, wenn das Pferd voller Angst nach hinten zieht. Dadurch wird es nicht noch weiter in Panik geraten.

Der Sicherheitsknoten
Beim Anbinden sollten Sie immer einen Sicherheitsknoten machen. Gerät das Pferd in Schwierigkeiten, z. B. wenn es mit dem Bein in einem zu niedrig aufgehängten Heunetz hängenbleibt, ist es wichtig, daß Sie den Knoten auf der Stelle öffnen können. Sicherheitsknoten sind leicht aufzumachen, selbst wenn der Knoten ganz festgezogen ist.

2 Machen Sie mit dem losen Ende eine zweite Schlaufe, die Sie durch die erste Schlaufe durchziehen.

3 Lassen Sie die zweite Schlaufe nach unten hängen, anschließend ziehen Sie den Knoten fest, indem Sie gleichzeitig an dieser Schlaufe und an dem Anbindestrick, der am Pferd befestigt ist, ziehen.

Um den Knoten zu öffnen, ziehen Sie am losen Ende

1 Ziehen Sie den Strick durch die Bindfadenschlaufe und machen Sie mit dem losen Ende eine Schlaufe.

ANDERE MÖGLICHKEITEN, DAS PFERD ZU BEHERRSCHEN

Ablenkung mit Futter

Bei einfachen, schmerzlosen Tätigkeiten können Sie das Pferd vielleicht mit Futter ablenken. Sie geben dem Pferd am besten ein Heunetz, mit dem es lang beschäftigt ist.

Das Anlegen eines Kappzaums

Bei einem sturen Pferd kann ein Kappzaum nützlich sein. Er sieht aus wie ein stabiles Halfter, die Longe wird aber nicht am Unterkiefer, sondern oben auf dem Nasenrücken befestigt. Damit kann man ein Pferd besser am Steigen hindern.

Der Nasenriemen sollte weich gepolstert sein und bequem anliegen

Aufheben eines Beines

Das Aufheben eines Beines stellt das Pferd ruhig, wenn Sie ein anderes Bein behandeln müssen. Pferde können bequem auf drei Beinen stehen, Sie müssen aber auf der Hut sein, weil manche Pferde auf zwei Beinen stehen und mit dem dritten Bein schlagen.

Halten Sie den Fuß so hoch, daß alle Gelenke gebeugt sind

Das Eindrehen der Haut

Hengste packen eine Hautfalte, um Ihre Stuten in den Griff zu bekommen. Sie können die gleiche Taktik anwenden, indem Sie ein Stück lockere Haut am Hals packen und drehen.

Einsatz einer humanen Nasenbremse

Als letzter Ausweg ist die Nasenbremse an der Oberlippe ein Mittel, um ein Pferd bei unangenehmen Tätigkeiten gehorsam zu machen. Sie regt die Freisetzung von Endorphinen, natürlichen Schmerzkillern, ins Blut an. Verwenden Sie immer eine stabile Metallbremse, eine Schnurbremse kann zu stark eingedreht werden und zu Verbrennungen führen.

Legen Sie die Bremse immer nur einige Minuten an

DAS FÜHREN AN DER HAND

Ein gut erzogenes Pferd kann sogar im Straßenverkehr sicher geführt werden, obwohl dies nicht seinem natürlichen Verhalten entspricht. Ein Pferd muß das Führen genauso gründlich lernen wie das Springen. Die meisten Pferde lernen das Führen im Fohlenalter, Sie müssen aber damit rechnen, daß das Pferd jederzeit in seinen Fluchtinstinkt zurückfallen kann. Gehen Sie auf der linken Seite neben dem Pferd, denn die meisten Menschen sind Rechtshänder und haben rechts mehr Kraft. Üben Sie trotzdem das Führen auf beiden Seiten, um das Pferd daran zu gewöhnen. Ist Ihr Pferd nur an das Führen auf der linken Seite gewöhnt, muß es alles von Neuem lernen, wenn Sie auf einmal auf der anderen Seite führen müssen.

FÜHREN MIT DEM HALFTER

Gehen Sie neben der Pferdeschulter; wenn Sie zu weit vorausgehen, am Strick ziehen oder dem Pferd ins Gesicht starren, widersetzt es sich

Festhalten des Führstrickes
Halten Sie den Strick im Abstand von 12–18 cm mit einer Hand und das Ende mit der anderen Hand. So können Sie den Strick auch dann festhalten, wenn das Pferd plötzlich zieht. Wickeln Sie den Strick niemals um Ihre Hand, sonst können Sie sich nicht befreien und sich ernsthaft verletzen, wenn das Pferd steigt.

FÜHREN MIT DEM REITHALFTER

Mehr Kontrolle
Mit einem Reithalfter haben Sie mehr Kontrolle über das Pferd als mit dem Stallhalfter. Zum Führen legt man die Zügel über den Pferdekopf auf den Hals und hält sie wie einen Führstrick in der Hand. Wickeln Sie die Zügel niemals um Ihren Arm oder um Ihr Handgelenk.

Führen auf der Straße
Benutzen Sie immer ein Reithalfter, wenn Sie Ihr Pferd auf der Straße führen. Gehen Sie in der Verkehrsrichtung, zwischen den Fahrzeugen und Ihrem Pferd. Das Pferd soll Sie dabei sehen können, weil es sich dann sicherer fühlt.

DAS UMDREHEN

1 Ein großes vierbeiniges Tier wie das Pferd braucht mehr Platz zum Umdrehen als ein Mensch. Es kann nicht wie ein Soldat auf dem Absatz kehrt machen. Wollen Sie ein Pferd umdrehen, müssen Sie zuerst das Tempo drosseln und anschließend den Pferdekopf von Ihnen wegdrehen. Dabei bleiben Sie immer auf der Außenseite des Kreises.

Die Hinterhand darf nicht herumschwingen, sonst kommt das Pferd aus dem Gleichgewicht

In der Wendung sollten Sie immer auf der Außenseite des Pferdes sein

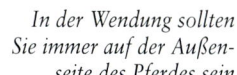

2 Während Sie den Kopf herumdrehen, dreht das Pferd den Hals, Sie müssen es dann nicht herumziehen.

3 In der Drehung ist es unvermeidlich, daß Sie sich ein Stück vor der Pferdeschulter bewegen. Sobald die Wendung beendet ist und das Pferd wieder geradeaus geht, bringen Sie sich wieder in die richtige Position.

UNTERSUCHUNG DER PFERDEBEINE

Ein bekanntes Sprichwort sagt: »Ohne Huf kein Pferd«. Die meisten Lahmheiten haben ihren Ursprung im Huf (siehe S. 122), alles was für die Hufe schlecht ist, ist für das Pferd schmerzhaft und reduziert seine Leistungsfähigkeit. Sie müssen täglich alle vier Hufe gründlich kontrollieren; dazu gehört das Auskratzen, der Blick nach Verletzungen und der Test, ob die Eisen fest sitzen. Der Schmied muß die Hufe regelmäßig ausschneiden und entscheiden, ob die Eisen abgelaufen sind oder nicht. Hat das Pferd ein Eisen verloren, müssen Sie so schnell wie möglich den Schmied bestellen. Arbeiten Sie Ihr Pferd nie mit drei Eisen, sondern entfernen Sie lieber das andere Eisen, damit das Pferd gerade steht.

VERNACHLÄSSIGTE HUFE

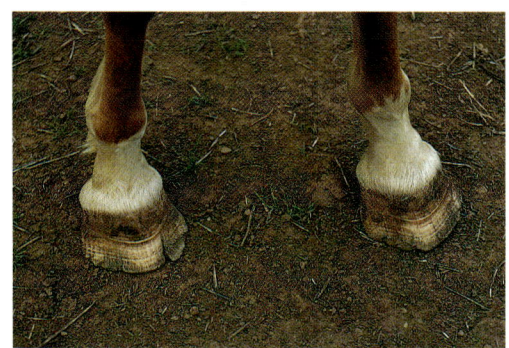

Zeichen der Vernachlässigung
Bei ungepflegten Hufen reißen die Hufwände und beginnen am unteren Rand zu brechen, die Wände biegen sich nach außen und werden hohl. Bestimmte Probleme, wie z. B. Hufrehe oder eine plötzliche Futterumstellung, zeigen sich in horizontalen Ringen in der Hufwand.

DAS AUFHEBEN DES VORDERBEINS

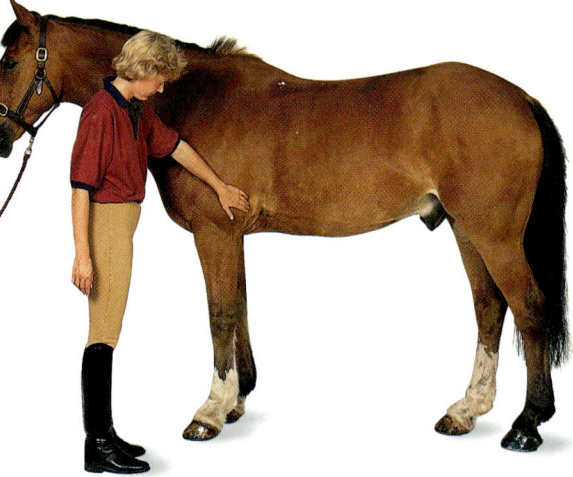

1 Stellen Sie sich dicht neben die Pferdeschulter, mit Blickrichtung zum Schweif. Legen Sie Ihre Hand auf die Pferdeschulter und streichen Sie entlang des Beins nach unten. Damit zeigen Sie dem Pferd, daß Sie sein Bein aufheben möchten.

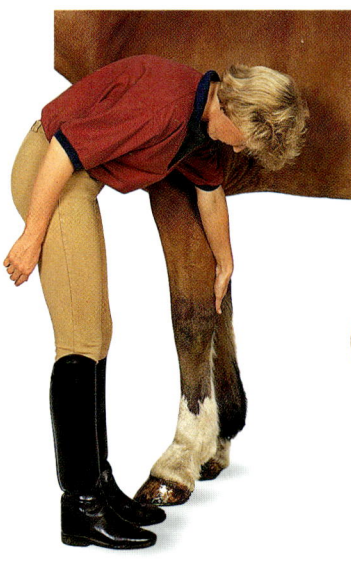

2 Greifen Sie hinten um das Bein herum auf die Innenseite und streichen Sie nach unten. Drücken Sie leicht, aber gleichmäßig auf das Bein.

3 Durch einen Druck hinten auf den Fesselkopf ermuntern Sie das Pferd, den Fuß zu heben. Reagiert es nicht, packen Sie den Fesselkopf und ziehen ihn nach oben.

4 Hebt es den Fuß, unterstützen Sie das Bein, indem Sie Ihre Hand um den Huf legen, mit der Handfläche an der inneren Hufwand. Müssen Sie den Huf untersuchen oder auskratzen, kippen Sie die Sohle nach oben.

DAS AUFHEBEN DES HINTERBEINS

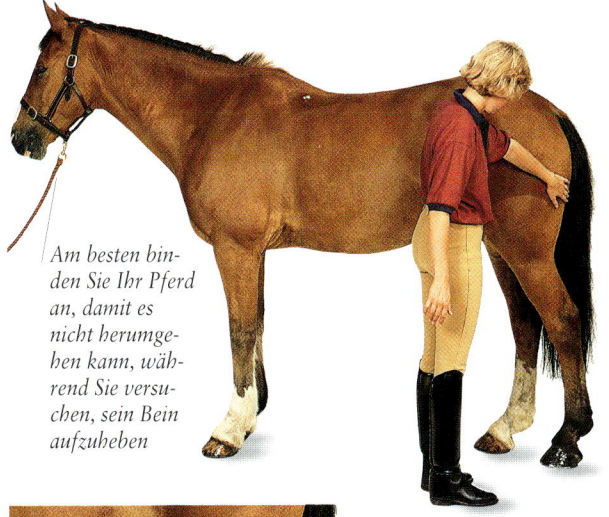

1 Stellen Sie sich dicht ans Pferd, damit es keinen Schaden anrichten kann, sollte es nach Ihnen schlagen. Streichen Sie mit der linken Hand an der Hinterhand nach unten.

Am besten binden Sie Ihr Pferd an, damit es nicht herumgehen kann, während Sie versuchen, sein Bein aufzuheben

2 Legen Sie Ihre Hand unterhalb der Kniescheibe vorne an das Bein, anschließend streichen Sie auf der Innenseite nach unten und üben einen leichten, aber konstanten Druck aus.

3 Packen Sie den Fesselkopf hinten, drücken Sie ihn und ziehen Sie ihn nach vorwärts aufwärts. Das wird das Pferd ermuntern, den Huf vom Boden zu heben.

Gehen Sie in die Knie, um Ihren Rücken zu schonen

4 Heben Sie den Huf so, daß er ein Stück vom Boden weg ist, aber nicht so hoch, daß das Pferd aus dem Gleichgewicht kommt oder es ihm unbequem wird. Halten Sie den Fuß mit der anderen Hand am Huf fest, währenddessen können Sie Ihren Griff am Fesselkopf lockern.

5 Sie unterstützen das Bein, wenn Sie die Zehe auf der Innenseite mit Ihrer linken Hand festhalten. Lassen Sie den Huf in Ihrer Handfläche liegen. Der Hinterhuf läßt sich nicht so leicht abwinkeln wie der Vorderhuf.

DER GEBRAUCH EINES HUFKRATZERS

Kratzen Sie die Hufe zweimal am Tag aus, und untersuchen Sie gleichzeitig den Huf auf eventuelle Erkrankungen. Nehmen Sie keinen zu spitzen Hufkratzer. Zuerst reinigen Sie die Strahlfurche neben dem Strahl, anschließend die Hufsohle. Arbeiten Sie sich immer in Richtung Zehe vor, damit Sie den Strahl oder das Pferdebein nicht verletzen, sollten Sie mit dem Kratzer ausrutschen. Entfernen Sie den ganzen Dreck, Mist und brüchiges Horn.

HUFEISEN

Pferde wurden nicht dafür geschaffen, große Entfernungen zu überwinden. In der Wildnis verbringen sie die meiste Zeit grasend, sie bewegen sich nur auf der Suche nach Futter oder auf der Flucht vor Gefahr. Domestizierte Pferde müssen relativ weite Strecken, oft auf harten Straßen, zurücklegen. Ihre Hufe halten diese Belastung nicht aus und brechen, deshalb werden sie durch Hufeisen geschützt. Pferde, die nicht regelmäßig auf hartem Boden gehen, brauchen manchmal keine Eisen. Suchen Sie Rat bei einem Fachmann, wenn Sie Ihr Pferd unbeschlagen arbeiten möchten.

EISEN UND NÄGEL

Verschiedene Arten von Eisen

Fertigeisen gibt es in verschiedenen Größen. Die meisten Eisen haben auf der Unterseite eine Rille, den sogenannten Falz, um sie griffiger und leichter zu machen. Eisen ohne Falz heißen Stempeleisen. Die Eisen sollten immer auf den geplanten Verwendungszweck des Pferdes abgestimmt sein.

Eisen mit Falz

Falz

Nagelloch

Nägel
Die Nägel gibt es in den verschiedensten Größen, achten Sie auf die richtige Größe, die zum Eisen paßt

Stempeleisen für die langsame Arbeit

STOLLEN

Stollen werden in vorgebohrte Löcher in den Schenkelenden des Eisens eingedreht, um die Griffigkeit zu verbessern. Um die Stollen richtig festzuziehen, braucht man einen Stollenschlüssel. Vor dem Reiten auf der Straße oder auf hartem Boden müssen Sie die Stollen herausdrehen, weil der Huf sonst kippt und die Trittfläche reduziert wird.

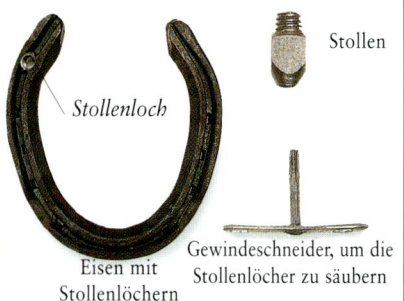

Stollenloch

Stollen

Eisen mit Stollenlöchern

Gewindeschneider, um die Stollenlöcher zu säubern

»Kreisförmiges« Vordereisen

»Diamantförmiges« Hintereisen

WANN MUSS DAS PFERD BESCHLAGEN WERDEN?

Kontrollieren Sie die Eisen

Achten Sie auf Anzeichen, die Ihnen zeigen, daß das Pferd neue Eisen braucht: Ist ein Eisen so locker, daß Sie es mit den Fingern leicht bewegen können, sind die Nägel locker oder fallen heraus, oder ist das Eisen durchgelaufen. Warten Sie nicht, bis die Eisen abgelaufen sind, bevor Sie den Schmied rufen, die Hufe müßten vielleicht schon lange vorher ausgeschnitten werden.

Schlecht sitzendes Eisen

Die Schenkelenden des Eisens drücken auf den Strahl

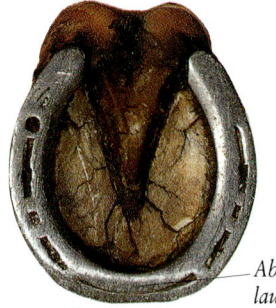

Das Eisen ist zu früh oder ungleich abgelaufen

Abgelaufene Zehe

Aufgebogene Niete (nach außen gebogener Nagel)

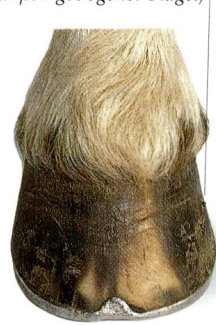

Eisen mit lockeren oder fehlenden Nägeln

ENTFERNEN EINES EISENS

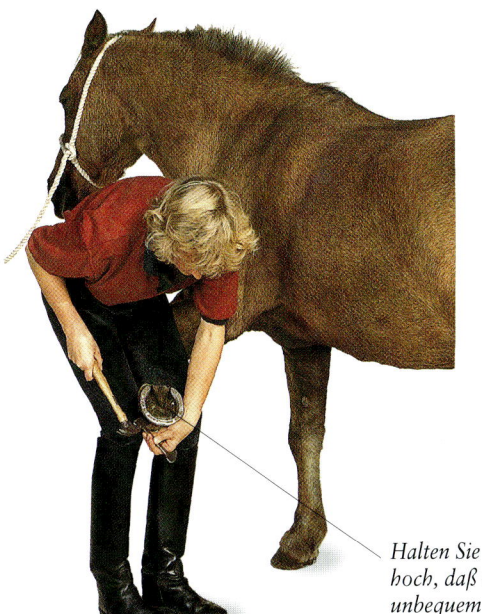

1 Im Notfall, wenn der Schmied nicht sofort kommen kann, ist es besser, ein lockeres Eisen selbst zu entfernen, als es halblocker am Huf hängen zu lassen und eine Verletzung zu riskieren. Um ein Vordereisen abzunehmen, hält man den Huf mit den Knien fest, damit man beide Hände frei hat. Lockern Sie die Nieten mit einem Hammer und einer Nietklinge (S. 54).

Halten Sie den Fuß nicht so hoch, daß es für das Pferd unbequem wird

FESTKLOPFEN EINER NIETE

Eine Niete, die nach oben gebogen ist, können Sie vielleicht selbst festklopfen, damit das Eisen hält, bis der Schmied kommt. Stellen Sie das Pferd auf einen harten Untergund, anschließend klopfen Sie die Niete mit einigen kräftigen Hammerschlägen fest.

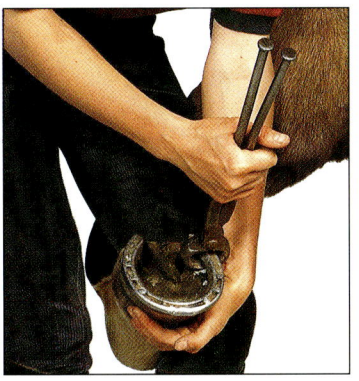

2 Mit der Abnehmzange packen Sie ein Ende so, daß die Kneifer zwischen Huf und Eisen greifen. Lockern Sie das Eisen mit einem kräftigen Zug in Richtung Zehe. Am zweiten Schenkel gehen Sie genauso vor.

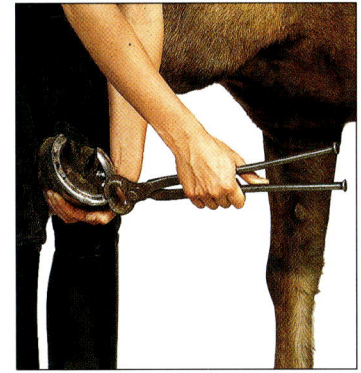

3 Haben Sie beim Abnehmen Schwierigkeiten, entfernen sie ein oder zwei Nägel. Das geht mit der Abnehmzange am leichtesten. Sie können aber auch eine ganz normale Kneifzange verwenden. Lockern Sie das Eisen gleichmäßig auf beiden Seiten, und ziehen Sie es immer in Richtung Zehe ab.

4 Sind Sie an der Zehe angelangt, entfernen Sie das Eisen ganz. Hebeln Sie es zur Seite, um den Huf nicht einzureißen, und vergewissern Sie sich, daß keine Nägel mehr in der Sohle stecken, die das Pferd verletzen könnten.

Entfernen eines Hintereisens
Müssen Sie ein Hintereisen herunternehmen, halten Sie das Bein oberhalb Ihres Knies, und nicht zwischen Ihren Knien, fest. Stellen Sie sich mit dem Rücken zum Pferdekopf und legen Sie den Huf auf die Innenseite Ihres Knies. Drücken Sie mit Ihrem Körper gegen das Sprunggelenk, damit das Pferd nicht schlagen kann. Ein Hinterbein ist schwieriger festzuhalten und erfordert einige Übung.

DAS BESCHLAGEN

Richten Sie es so ein, daß Ihr Pferd regelmäßig beschlagen wird. Im Durchschnitt braucht man alle vier bis sechs Wochen den Schmied. Selbst wenn die Eisen nicht abgelaufen sind, ist das Horn nachgewachsen und muß geschnitten werden. Das regelmäßige Beschlagen ist teuer, lassen Sie die Eisen aber nicht drauf, um Geld zu sparen. Schlecht sitzende Eisen sind für das Pferd sehr schmerzhaft und können bleibende Schäden verursachen. Man kann kalt oder heiß beschlagen. Beim warmen Beschlag erhitzt der Schmied die Eisen und paßt sie dem Huf an. Beim kalten Beschlag sind nur noch kleine Veränderungen an der Form des Eisens möglich. Versuchen Sie niemals, Ihr Pferd selbst zu beschlagen, auch wenn Sie nur einen Nagel ersetzen müßten. Das Beschlagen ist eine Handwerkskunst, die man dem Pferd zuliebe den Schmieden überlassen sollte.

DIE AUSRÜSTUNG EINES SCHMIEDES

Einige Schmiedewerkzeuge sind ganz spezielle Werkzeuge, die nur zum Beschlagen benutzt werden. Man nimmt einen Nagellochdorn, um das glühende Eisen von der Esse zum Pferd zu tragen. Mit der Nietzange biegt man die Nagelenden, die sogenannten Nieten um, um das Eisen zu befestigen. Eine Nietklinge wird zusammen mit dem Hufbeschlagshammer benutzt, um die Nieten aufzubiegen, wenn man das Eisen herunternehmen möchte. Mit dem Rinnhufmesser schneidet man das Horn in der Strahlfurche und am Strahl.

Nagellochdorn

Nietklinge

Feuerzange

Nietzange

Abnehmzange

Nagelzange

Hufschneider

Hammer

Rinnhufmesser

Feile

DER HEISSE BESCHLAG

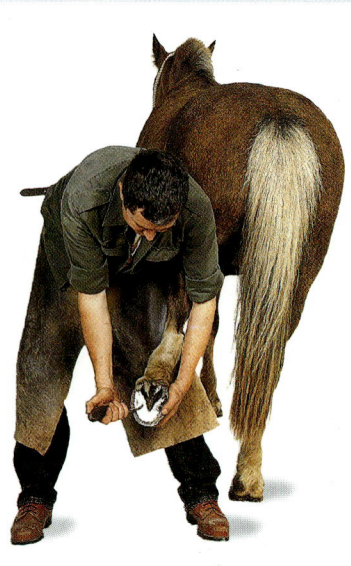

1 Nachdem er das alte Eisen heruntergenommen hat, entfernt der Schmied zuerst das alte Horn an der Sohle. Dann kann er die Länge der Hufwand in der Relation zur Sohle abschätzen.

2 Mit dem Hufschneider schneidet der Schmied das entsprechende Stück der Hufwand ab. Er versucht dabei, zu der Länge zurückzukommen, die die Hufwand beim letzten Beschlagen hatte. Meistens muß an den Zehen mehr Horn weggeschnitten werden als an den Trachten, denn dort wächst es am schnellsten.

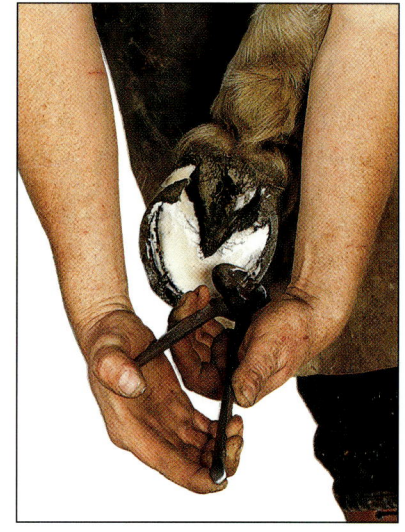

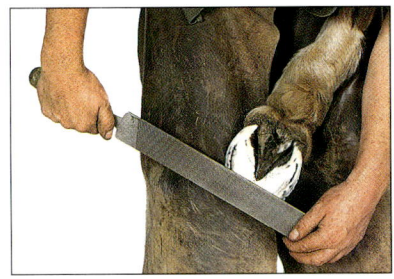  

3 Die unebene Fläche, die durch das Abzwicken mit der Hufschneidezange entsteht, wird mit der Feile glattgeraspelt. Der Schmied sollte nicht zuviel von der Zehe wegfeilen; zu starkes Raspeln bezeichnet man als »Abstumpfen«.

4 Das Eisen wird erhitzt, bis es rotglühend ist und anschließend mit dem Hammer in die richtige Form gebracht. Während des Formens muß man das Eisen nochmals zum Erhitzen ins Feuer legen. Bearbeitet man ein Eisen, das nicht heiß genug ist, mit dem Hammer, greift man das Material an.

5 Hat das Eisen die richtige Paßform, drückt es der Schmied vorsichtig auf den Huf. Damit will er keine ebene Auflagefläche auf den Huf brennen, sondern erhabene Stellen markieren, auf denen das Eisen nicht richtig liegt. Diese Stellen werden anschließend glattgefeilt.

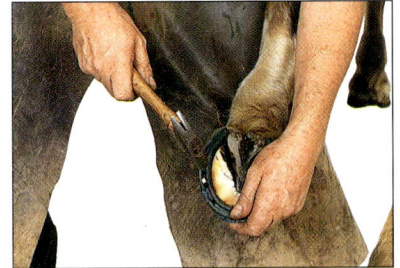 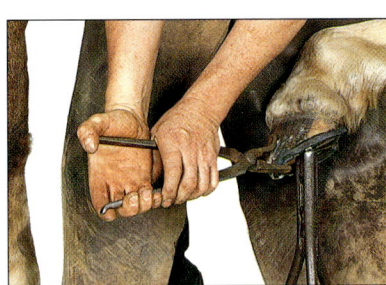 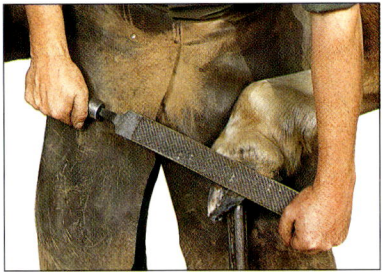

6 Ist der Schmied mit dem Ergebnis zufrieden, legt er das Eisen zum Abkühlen ins Wasser und nagelt es dann fest. Es gibt keine Vorschriften über die Anzahl der Nägel, man nimmt so wenig Nägel wie möglich, um das Eisen sicher zu befestigen – in der Regel sind es vier Nägel an der Außenseite und drei an der Innenseite.

7 Mit der Nietzange biegt der Schmied die Nagelenden um, dabei legt er den Huf auf einen dreibeinigen Bock. Dadurch kann er die Nietzange mit beiden Händen anfassen.

8 Der Huf erhält jetzt den letzten Schliff. Die scharfen Enden der Nieten werden abgefeilt, ebenso die Hufwand am Übergang zum Eisen. Damit reduziert man die Gefahr, daß der Huf einreißt, ohne dabei den Huf an das Eisen anzupassen. Die Aufzüge/Kappen werden vorsichtig festgeklopft.

ZEICHEN EINES GUTEN BESCHLAGS

Das Endergebnis

Der richtige Beschlag schafft einen symmetrischen Huf, bei dem die inneren und die äußeren Hufwände gleich lang sind. Die Schenkelenden des Eisens sollten der Form der Hufwand folgen. Um die Sohle zu schützen, müssen die Schenkelenden lang genug sein. Das Eisen kann etwas größer als der Huf sein, er wird sich entsprechend dehnen, auf keinen Fall darf es kleiner als der Huf sein. Lassen Sie sich einen guten Hufschmied empfehlen. Ein guter Beschlag dauert seine Zeit, und der schnellste und billigste Schmied ist wahrscheinlich nicht der Beste.

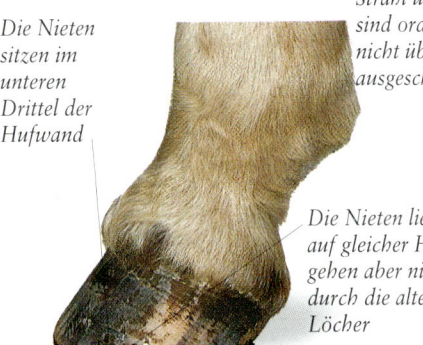

Die Nieten sitzen im unteren Drittel der Hufwand

Strahl und Sohle sind ordentlich, aber nicht übermäßig ausgeschnitten

Die Nieten liegen auf gleicher Höhe, gehen aber nicht durch die alten Löcher

Das Eisen ist mit dem Huf bündig

Die Zehe ist nicht abgestumpft

Die Kappe an der Zehe paßt genau in den Huf

Die Trachten werden durch das Eisen geschützt

Die Nägel passen in der Größe genau zum Eisen

DAS PUTZZEUG

Ein Putzzeug ist keine zufällig zusammengewürfelte Sammlung von Bürsten, sondern eine Sammlung spezieller Pflegegeräte. Jedes Teil wurde für einen bestimmten Verwendungszweck entwickelt. Benutzen Sie zu irgendeinem Zeitpunkt die falsche Bürste, können Sie dem Pferd damit wehtun und vergeuden außerdem Ihre Zeit. Das Putzzeug muß immer sauber sein, sonst bürsten Sie den Schmutz aus der Bürste in winzig kleine Verletzungen in der Haut, was zu Infektionen führen kann.

Ein eigenes Putzzeug

Jedes Pferd muß sein eigenes Putzzeug haben, auf dem sein Namen steht. Man vermeidet dadurch die Übertragung von Krankheiten (z. B. der Glatzflechte) von einem Pferd auf das andere. Es ist eine große Auswahl verschiedener Putzkästen auf dem Markt, in denen Sie Ihr Putzzeug aufbewahren können.

Sie können einen Plastikbehälter aus dem Haushalt für Ihr Putzzeug verwenden

Feste Borsten aus Synthetik

Weiche Borsten aus Fasern

Die Metallkardätsche

Diese Kardätsche darf niemals am Pferd verwendet werden, sondern nur zum Reinigen der Kardätsche. Sie muß immer frei von Haaren sein.

Kardätschen

Mit diesen Bürsten entfernt man Staub und Schuppen aus dem Fell von Stallpferden. Sie haben kurze dicke Borsten in verschiedenen Härtegraden. Je feiner das Pferdefell ist, um so weicher muß die Bürste sein. Im Sommer verwendet man normalerweise eine weichere Bürste als im Winter, weil das Fell im Sommer dünner ist.

Der Plastikstriegel

Mit Plastik- und Gummistriegeln entfernt man den groben Schmutz, vor allem den angetrockneten Dreck bei Koppelpferden. Man kann die Striegel direkt am Pferd benutzen, bei Pferden mit dünnem Fell oder empfindlicher Haut muß man aber sehr vorsichtig sein.

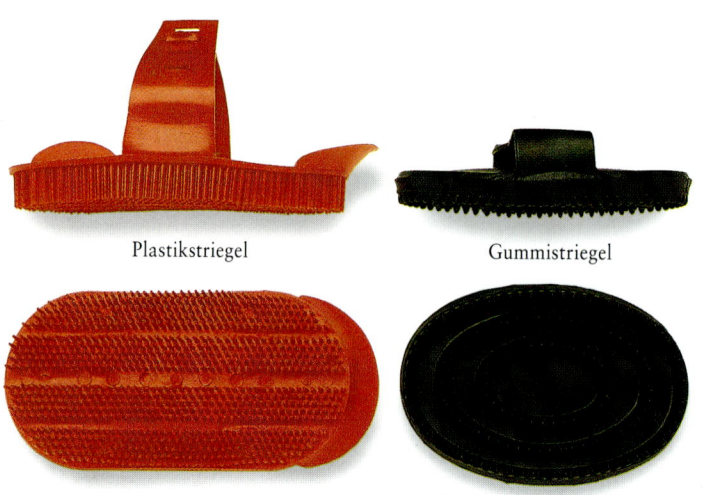

Plastikstriegel

Gummistriegel

Kaktustuch

Man kann das Tuch trocken oder feucht verwenden, um getrockneten Schmutz oder Schweiß zu entfernen.

Wurzelbürste

Diese Bürste nimmt man bei einem dreckigen Fell zuallererst. Putzen Sie mit der Wurzelbürste nicht an empfindlichen Stellen oder dort, wo das Pferd geschoren ist.

Waschbürste

Mit der Waschbürste kann man die Mähne und den Schweif frisieren. Sie ist auch nützlich, um hartnäckige Flecken aus einem hellen Fell zu entfernen. Feuchten Sie die Bürste leicht an, ohne sie ganz naß zu machen.

Hufauskratzer

Ein Hufauskratzer muß eine stumpfe Spitze haben. Ist das Ende zu scharfkantig, können Sie die Sohle verletzen oder ein Loch hineinstechen. Ein Hufkratzer ist ein wichtiger Gegenstand, der immer parat liegen sollte.

Schwämme

Sie brauchen zwei gute Schwämme – einen für Augen, Schweif und Maul und einen für den Bereich unter der Schweifrübe. Benutzen Sie keinen kaputten Schwamm, weil sonst kleine Schwammstückchen in die Augen kommen können.

Massagekissen

Dieses Kissen benützt man bei einem sauberen Pferd, das geritten wird; es hilft beim Aufbau von Muskeln und bringt den Kreislauf in Schwung. Diese Massage nennt man »wisping«

Stalltuch

Mit einem Leinentuch bringt man den letzten Schliff oder Glanz auf das Fell. So ein Tuch sollte regelmäßig gewaschen werden.

BAU EINES STROHWISCHES

Üblicherweise massiert man das Pferd mit einem Wisch aus Heu oder Stroh. Für einen Wisch feuchtet man Stroh oder Heu an und flechtet daraus ein »Seil« (2–2,5 m lang). Machen Sie zwei Schlaufen an ein Strickende, eine Schlaufe größer als die andere. Ziehen Sie das längere Ende in engen Achtern durch die Schlaufen bis zum Ende. Flechten Sie das Seil durch jede Schlaufe und machen Sie das Seilende fest.

Machen Sie die Schlaufen so groß, wie Sie den Wisch haben möchten, er sollte bequem in der Hand liegen

Machen Sie die Achter so eng und ordentlich wie möglich

Verstauen Sie die Enden im Wisch

Huföl

Es gibt farbloses und schwarzes Huföl. Man trägt das Öl auf den gereinigten, trockenen Huf auf, um ihn zu schützen und zu verschönern (S. 61). Das Auftragen von Huföl verbessert die Qualität des Hornes nicht.

DIE PFLEGE DES PFERDES

Wilde Pferde überleben wunderbar, ohne jemals geputzt zu werden, domestizierte Pferde sollten aber schmutz- und staubfrei im Stall stehen. Man sollte Koppelpferde nicht übertrieben viel putzen, das Fett in ihrem Fell hält sie warm und trocken. Sie müssen lediglich die Hufe auskratzen und den gröbsten Schmutz entfernen, vor allem in der Sattellage. Die meisten Pferde genießen die Pflege, manche sind aber an einigen Stellen sehr kitzlig. Putzen Sie möglichst im Freien, damit die Haare nicht überall verteilt werden, sondern wegfliegen.

PFLEGE FÜR DAS WOHLBEFINDEN

Gegenseitige Pflege
Pferde pflegen sich gegenseitig mit den Zähnen, um soziale Bindungen zu knüpfen und um sich zu kratzen. Sie rollen sich auch im Staub wie in einem Trockenshampoo und scheuern sich an Bäumen, als Equivalent zum Geputztwerden.

VIERTELN

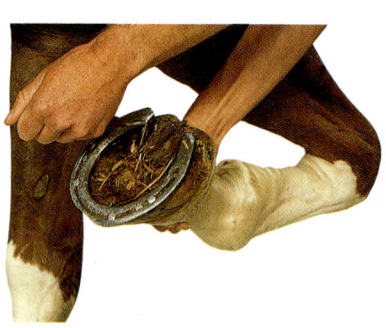

Morgens vor dem Reiten putzen Sie das Pferd nur kurz über, damit es sich wohlfühlt und sauber ist. Kratzen Sie die Hufe aus, schwammen Sie Gesicht und After ab, bürsten Sie einmal über das Fell, und entfernen Sie den größten Schmutz mit der Waschbürste oder einem Schwamm. Diese Prozedur nennt man Vierteln, weil man bei einem eingedeckten Pferd immer ein Viertel putzt und die Decke währenddessen nach hinten oder vorne faltet.

DAS ENTFERNEN DES SCHMUTZES

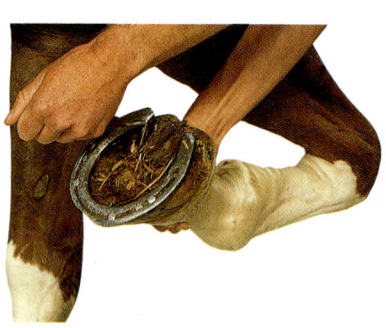

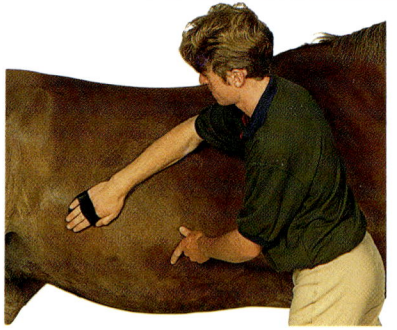

Verwendung eines Gummistriegels

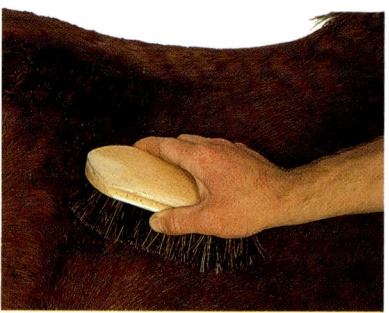

Verwendung einer Wurzelbürste

1 Kratzen Sie zuerst die Hufe aus. Dabei ziehen Sie den Hufkratzer am Strahl entlang in Richtung Zehe, um den Schmutz oder Mist herauszuräumen. Vielleicht müssen Sie auch entlang der Innenseite des Eisens den Dreck herauskratzen.

2 Entfernen Sie den angetrockneten Schmutz mit dem Gummistriegel oder der Wurzelbürste. Putzen Sie mit geraden Strichen, immer in Fellwuchsrichtung. Die Wurzelbürste ist ziemlich hart, bürsten Sie nicht über empfindliche Körperteile wie den Bauch oder dort, wo das Pferd geschoren ist.

EINSATZ DER KARDÄTSCHE

Klappen Sie die Mähne auf die andere Seite.

1 Sobald der Dreck entfernt ist, massieren und reinigen Sie das Fell mit der Kardätsche. Beginnen Sie am Hals und bürsten Sie mit kleinen, kreisförmigen Strichen in der Wuchsrichtung des Fells.

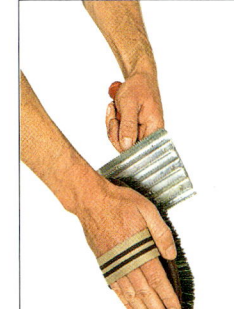

So machen Sie die Kardätsche sauber
Man reinigt die Kardätsche mit einem Metallstriegel. Immer nach vier bis fünf Putzstrichen fährt man mit der Kardätsche über die Rillen des Striegels. Von Zeit zu Zeit klopft man den Striegel auf einer harten Oberfläche aus.

2 Ist der Mähnenkamm gründlich geputzt, klappen Sie die Mähne nach hinten, und bürsten Sie Strähne für Strähne. Mit den Fingern entwirren Sie alle Haarknäuel und bürsten anschließend von der Haarwurzel nach unten.

Achten Sie darauf, daß Sie die Haare nicht ausreißen, während Sie die Knäuel entwirren.

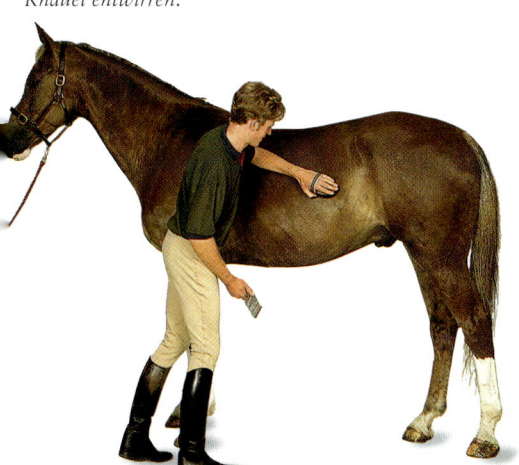

3 Bürsten Sie alle Körperteile, und arbeiten Sie sich zum Schweif vor. Wenn Sie an empfindliche Stellen wie die Innenseite der Beine oder die Nierenpartie kommen, stellen Sie sich am besten dicht ans Pferd, damit es nicht nach Ihnen schlagen kann.

4 Putzen Sie eine Seite nach der anderen zu Ende, benutzen Sie auf der rechten Seite Ihre rechte Hand und auf der linken Seite Ihre linke Hand. Legen Sie Ihr Gewicht in die Bürstenstriche, wenn Sie nicht müde werden, bürsten Sie nicht kräftig genug.

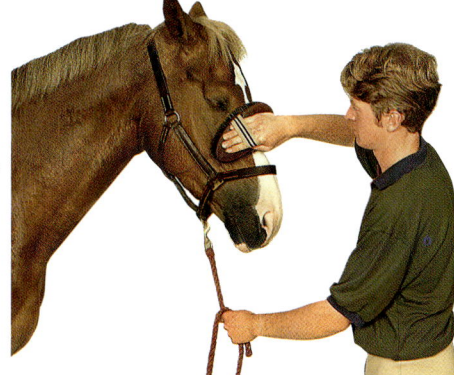

5 Für das Gesicht legen Sie den Gummistriegel zur Seite. Binden Sie das Pferd los, und halten Sie es am Führstrick, während Sie mit einer weichen Bürste das Gesicht putzen. Um das ganze Gesicht putzen zu können, schieben Sie das Halfter nach hinten oder nehmen Sie es ab und legen das Kopfstück um den Hals.

BÜRSTEN DES SCHWEIFES

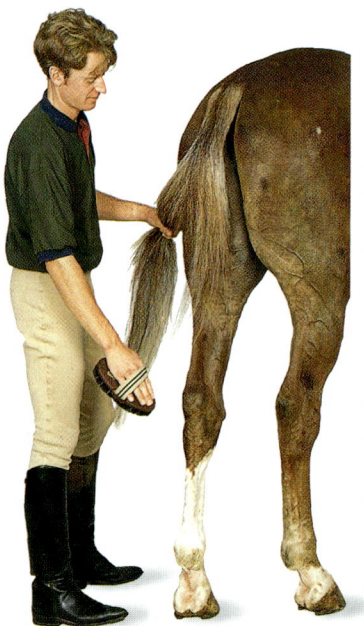

Entfernen von Knötchen
Entwirren Sie die Knäuel mit Ihren Fingern und bürsten Sie den Schweif anschließend mit der Kardätsche. Reißen Sie keine Haare heraus, benutzen Sie für den Schweif niemals einen Gummistriegel oder eine Wurzelbürste. Halten Sie den Schweif mit einer Hand fest, und schütteln Sie einen kleinen Teil der Haare heraus, diesen Teil bürsten Sie mit langen, fließenden Strichen. Nach und nach bürsten Sie immer mehr Haare hinein, bis Sie den ganzen Schweif gebürstet haben.

»WISPING«

Beginnen Sie mit fünf Schlägen in jedem Bereich, und steigern Sie die Anzahl allmählich

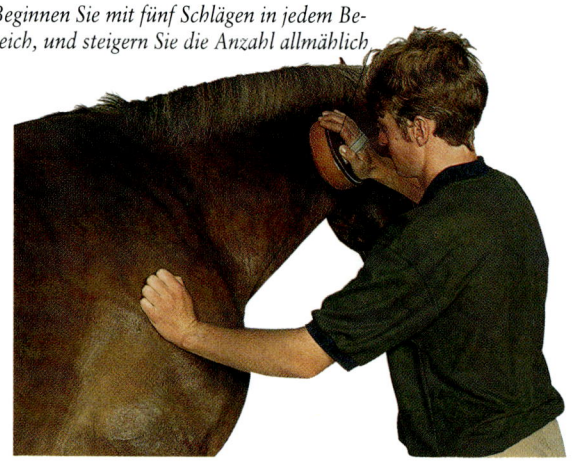

Muskelbildung (»Wisping«)
Klopfen Sie mit dem Strohwisch oder einem Polster kräftig auf die Muskulatur und machen Sie anschließend eine kurze, streichende Bewegung mit dem Fellstrich.

DAS ABSCHWAMMEN VON AUGEN, NÜSTERN UND AFTER

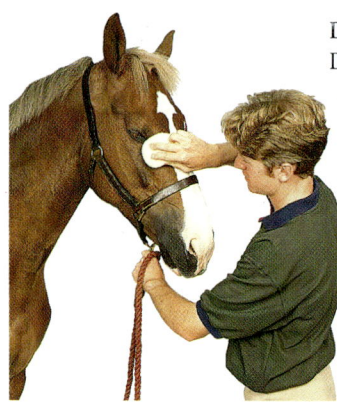

Die Augen
Der Schwamm sollte feucht, aber nicht so naß sein, daß Wasser in die Augen kommt. Versuchen Sie nicht, das Auge zu öffnen, reinigen Sie lediglich das Augenlid. Beginnen Sie am äußeren Rand und reiben Sie nach innen, um den schmutzigsten Bereich zum Schluß zu säubern.

Die Nase
Wischen Sie rund um die Maulspalte, anschließend die Nüstern aus. Sie können mit dem Schwamm richtig in die Nüstern hineingehen, um sie sauberzumachen. Anschließend entfernen Sie alle Verunreinigungen an der Außenseite der Nüstern.

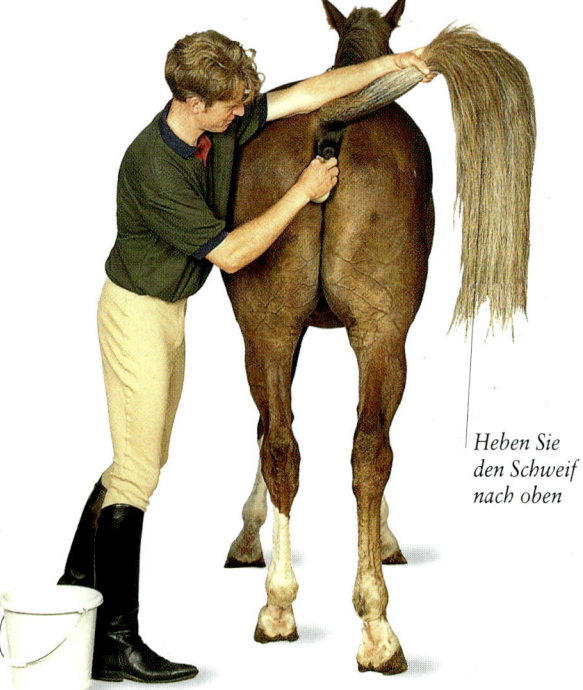

Heben Sie den Schweif nach oben

Der After
Für den Bereich unterhalb der Schweifrübe müssen Sie einen anderen Schwamm verwenden. Schwammen Sie die Schweifrübe und den After vorsichtig ab.

LEGEN DER MÄHNE

Die Mähne liegt traditionell auf der rechten Seite

Das Glätten der Mähne
Das Legen der Mähne läßt die Haare flach liegen und ordentlicher aussehen. Machen Sie die Waschbürste naß, und schütteln Sie überschüssiges Wasser heraus. Legen Sie die Bürste auf den Mähnenkamm und bürsten Sie von der Haarwurzel nach unten.

LEGEN DES SCHWEIFS

Das Glätten des Schweifs
Glätten Sie die Haare an der Schweifrübe mit der Waschbürste. Schenken Sie den kurzen Haaren besondere Aufmerksamkeit, sie stehen sonst ab. Wenn Sie fertig sind, können Sie den Schweif einbandagieren, dann bleibt er sauber (S. 174).

VERWENDUNG DES STALLTUCHS

Legen Sie Ihre freie Hand dort aufs Pferd, wo es nicht kitzlig ist

Polieren des Fells
Feuchten Sie das Tuch an und falten Sie es zu einem flachen Kissen. Wischen Sie mit dem Strich über das Fell, um den restlichen Staub wegzunehmen.

EINÖLEN DER HUFE

Reinigen Sie die Hufe vor dem Einölen. Bei schlammigem Boden muß man sie wahrscheinlich abwaschen. Sind die Hufe abgewaschen, müssen sie gründlich trocknen, sonst ist das Öl wirkungslos. Tragen Sie das Öl nie auf dreckige Hufe auf, sonst wird der Dreck versiegelt. Bedecken Sie den ganzen Huf, von den Trachten bis zum Kronrand, mit einer dünnen, gleichmäßigen Ölschicht. Ölen Sie auch die Hufsohle ein, das verhindert ein Festkleben von Schmutz, Eis und Stroh im Huf.

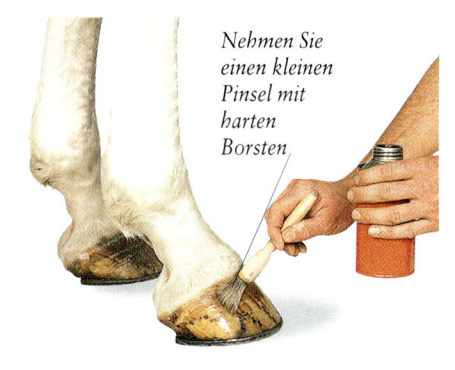

Nehmen Sie einen kleinen Pinsel mit harten Borsten

VORBEREITUNG AUF EIN TURNIER

Wahrscheinlich spürt Ihr Pferd schon bevor es auf den Turnierplatz kommt, daß es ein ganz besonderer Tag ist und ist vielleicht ab dem Moment, indem Sie den Stall betreten, aufgeregt. Diese Erwartung kann durch kleinste Abweichungen von der täglichen Routine ausgelöst werden, oder aber es spürt Ihre Stimmung. Sie werden früh aufstehen müssen, denn es gibt eine Menge zu tun. Es wäre sinnlos, die ganze Arbeit am Abend vorher zu erledigen, weil sich das Pferd beim Schlafen hinlegt und Sie alles noch einmal machen müssen.

WASCHEN

Waschen der Mähne

1 Machen Sie die Mähne mit einem Schwamm und warmen Wasser naß, bringen Sie aber kein Wasser in die Pferdeohren. Denken Sie an den Schopf; legen Sie ihn hinter die Ohren zur Mähne. Achten Sie darauf, daß das Wasser die Mähne bis zu den Haarwurzeln durchweicht.

Beginnen Sie oben am Hals

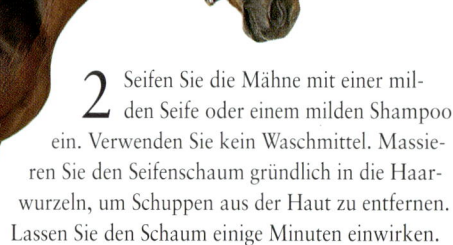

2 Seifen Sie die Mähne mit einer milden Seife oder einem milden Shampoo ein. Verwenden Sie kein Waschmittel. Massieren Sie den Seifenschaum gründlich in die Haarwurzeln, um Schuppen aus der Haut zu entfernen. Lassen Sie den Schaum einige Minuten einwirken.

3 Spülen Sie die Mähne gründlich mit klarem Wasser aus, anschließend drücken Sie das Wasser mit der Hand heraus. Ziehen Sie den Hals mit einem Schweißmesser ab, damit Ihr Pferd nicht auskühlt.

Schweifwaschen

Sie können den größten Teil des Schweifs im Eimer naß machen, für die Rübe brauchen Sie einen Schwamm. Denken Sie auch an die Unterseite und waschen Sie bis zu den Haarwurzeln. Nehmen Sie einige Eimer klares Wasser zum Spülen, es ist wichtig, daß keine Reste des Shampoos im Schweif bleiben.

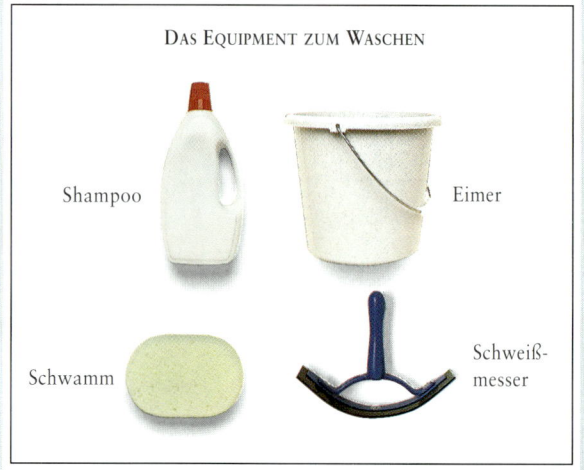

DAS EQUIPMENT ZUM WASCHEN

Shampoo

Eimer

Schwamm

Schweißmesser

DAS VERZIEHEN

Frisieren der Mähne
Packen Sie einige Haare von unten, wickeln Sie das Büschel um einen Kamm und reißen Sie die Haare mit einem kräftigen Ruck aus, dadurch wird die Mähne dünner und kürzer.

Frisieren des Schweifs
Das Verziehen des Schweifs kann für ein Pferd schmerzhaft sein. Wenn Sie den Schweif frisieren müssen, nehmen Sie jedesmal nur einige Haare von unten und reißen sie aus. Beginnen Sie rechtzeitig vor dem Turnier damit.

ZUBEHÖR ZUM FRISIEREN

Kamm

DAS EINFLECHTEN

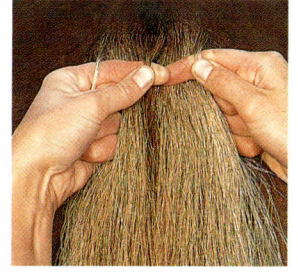

Der Schweif
1 Sie können nicht einfach die Haare in Gruppen unterteilen und flechten, weil die Haare rund um die Schweifrübe wachsen. Nehmen Sie stattdessen ein paar Haare aus der Mitte und von den beiden Seiten.

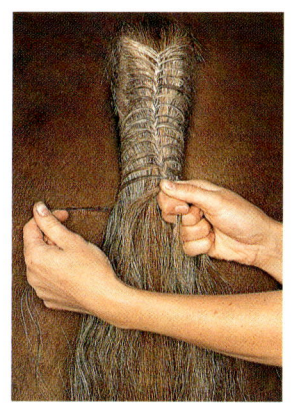

2 Flechten Sie nach unten, und nehmen Sie dabei immer kleine Haarsträhnen von den Seiten und flechten Sie sie mit ein.

3 Flechten Sie ein Drittel der Schweiflänge nach unten, anschließend machen Sie den Zopf weiter, ohne neue Haare dazuzunehmen. Klappen Sie das Ende um, und nähen Sie es fest.

ZUBEHÖR ZUM EINFLECHTEN

Nadel und Faden

Schere

Gummiringe

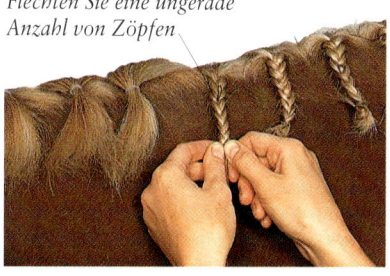

Flechten Sie eine ungerade Anzahl von Zöpfen

Die Mähne
1 Unterteilen Sie die Mähne in Büschel. Flechten Sie jedes Büschel, und arbeiten Sie im unteren Drittel ein doppeltes Stück Zwirn ein (ca. 30 cm lang). Lassen Sie beim Abschneiden ein 8 cm langes Ende übrig.

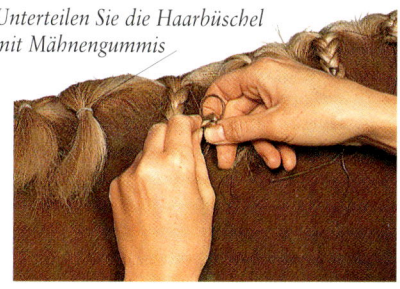

Unterteilen Sie die Haarbüschel mit Mähnengummis

2 Ziehen Sie den Zwirn durch die Nadel, anschließend um das Zopfende, und dann nähen Sie das Ende um. Genauso verfahren Sie bei allen Zöpfen, bevor Sie den nächsten Schritt tun.

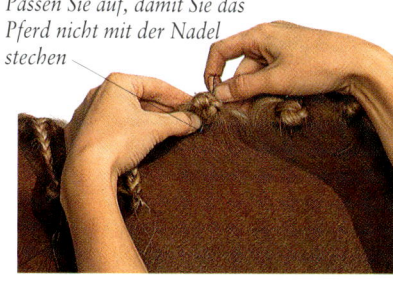

Passen Sie auf, damit Sie das Pferd nicht mit der Nadel stechen

3 Nähen Sie von unten durch das Oberteil des Zopfes, um den Zopf zu halbieren, anschließend noch einmal. Ziehen Sie den Zwirn fest, wickeln ihn um den Zopf und stechen danach noch einige Male durch den Zopf, um ihn zu befestigen.

SCHEREN UND FRISIEREN

Durch das Scheren verliert das Pferd mehr Körperwärme während des Reitens, als es mit dem Winterfell verlieren würde. Schwitzt ein Pferd zuviel, verliert es an Kondition und wird anfälliger für eine Erkältung. Der Schnitt, den Sie Ihrem Pferd verpassen, hängt von der Menge der Arbeit ab, die es leisten muß. Wenn es nie schwitzt, muß es auch nicht geschoren werden. Nur wenige Pferde mögen das Scheren; alle haben ihre empfindlichen Stellen, wie z. B. den Bauch, und einige brauchen Zeit, um sich an das Geräusch der Messer zu gewöhnen. Bitten Sie am Anfang einen Fachmann, Ihnen das Scheren zu zeigen. In jedem Fall brauchen Sie einen Helfer, um das Pferd zu beruhigen. Ein geschorenes Pferd muß eine Decke tragen, um die Isolation zu ersetzen, die ihm durch das Scheren entfernt wurde.

DAS NATÜRLICHE FELL

Winterschutz
Die Natur läßt dem Pferd ein dickes Fell wachsen, um es vor der Kälte zu schützen. Diese Isolation ist äußerst wirkungsvoll.

Schneeflocken, die auf den Pferderücken fallen, schmelzen nicht, weil das Fell die Körperwärme speichert.

SCHERMASCHINEN

Strombetriebene Schermaschine

Spannungsschraube für die Messer

Loch für das Schmieröl

Bewegliches Messer

Festes Messer

Batteriebetriebene Schermaschine

Reinigungspinsel

Betriebsschalter

Reinigungspinsel

Strombetriebene Schermaschinen
Schermaschinen haben zwei Schermesser. Ein Messer ist fest, das andere Messer bewegt sich von einer Seite zur anderen – gerade so weit, daß die Haare zwischen die einzelnen Schneidezähne kommen. Nehmen Sie eine Schermaschine, die leise ist, aber so stark wie möglich, damit sie nicht heiß läuft. Überprüfen Sie, ob die Elektrik sicher ist.

Batteriebetriebene Schermaschinen
Die meisten batteriebetriebenen Schermaschinen sind leiser als die strombetriebenen Maschinen, deshalb sind sie an den empfindlichen oder heiklen Stellen, wie z. B. am Kopf, sehr praktisch. Außerdem besteht keine Gefahr, daß das Pferd über ein Kabel stolpert.

DER GEBRAUCH DER SCHERMASCHINE

Verstellen der Spannung

Lockere Schneidemesser rasseln und ziehen das Fell heraus, statt es abzuschneiden. Sitzen die Messer zu stramm, belasten sie den Motor und laufen heiß. Zum Festziehen dreht man leicht an der Schraube. Ändert sich das Motorengeräusch, weil die Messer nicht mehr frei laufen, lockern Sie die Spannung ein wenig.

Ölen der Schermesser

Beim Scheren müssen Sie die Schermesser so oft wie möglich ölen, damit sie nicht heißlaufen und die Haut des Pferdes verbrennen. Dafür stellen Sie zuerst die Maschine ab.

Sprühen oder tropfen Sie das Schmieröl in das Loch

VERSCHIEDENE SCHNITTE

Geschirr-Schnitt

Hier werden nur die Stellen geschoren, an denen das Pferd schwitzt, man entfernt nur die Haare am Bauch und an der Halsunterseite. Wenn es nicht sehr kalt ist, kann das Pferd mit einer Decke auf der Koppel leben.

Man schert nur den Bauch, das obere Stück der Beine, die Brust und die Halsunterseite

Hier liegen normalerweise bei Fahrpferden die Stränge – daher der Name

Das Fell in der Sattellage schützt die Haut vor Reibung durch den Sattel und Schweiß

Man schert das Haar am Kopf, am Hals, an den Schultern, am Bauch und genau unter dem Schweif

Hunter-Schnitt

Bei einem Hunter clip läßt man nur die Sattellage und die Beine ungeschoren. Ein Pferd mit diesem Schnitt muß immer eingedeckt sein, außer beim Reiten. Es sollte immer nur kurze Zeit auf der Koppel bleiben, es sei denn, Kopf und Hals sind ebenfalls durch eine Decke geschützt (S. 171).

Das Haar auf den Beinen schützt vor Schmutz und Kälte

Decken-Schnitt

Bei diesem Schnitt kann der Schweiß verdampfen, ohne daß z. B. bei langer Schrittarbeit die lange Muskelpartie in der Hinterhand völlig auskühlt. Wie der Name andeutet, hat dieser Schnitt die gleiche Wirkung wie eine Nierendecke, die man zum Reiten auflegt.

DAS SCHEREN

1 Zeichnen Sie die Umrisse des Schnittes mit Kreide auf das Fell. (Dieses Pferd bekommt einen »blanket clip«). Legen Sie nicht einfach los, in der Hoffnung, daß der Schnitt gleichmäßig und gerade wird.

Folgen Sie den Muskeln am Bein, um eine schöne Linie zu bekommen

Bandagieren Sie den Schweif, damit er nicht im Weg ist

Stellen Sie sich zwischen Pferd und Stromkabel, damit das Pferd nicht draufsteigen kann

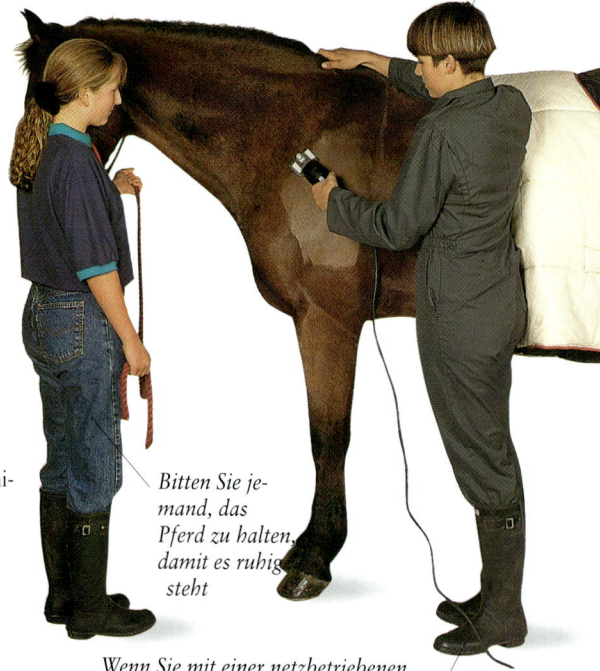

2 Zum Anfangen ist die Schulter am besten geeignet, die meisten Pferde akzeptieren die Maschine hier. Gehen Sie mit sanften Bewegungen gegen die Wuchsrichtung des Fells. Halten Sie die Messer immer parallel zur Haut. Wenn Sie die Messer nach unten neigen, zwicken Sie in die Haut, neigen Sie die Messer nach oben, schneiden sie nicht richtig.

Bitten Sie jemand, das Pferd zu halten, damit es ruhig steht

Wenn Sie mit einer netzbetriebenen Schermaschine scheren, sollten Sie aus Sicherheitsgründen Gummisohlen oder Gummistiefel tragen

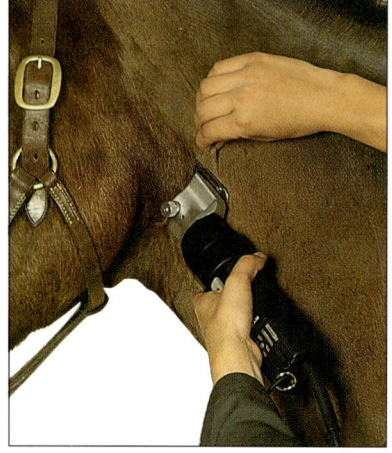

Wenn Ihr Helfer das Pferd nicht festhält, geben Sie ihm ein Heunetz, damit es beschäftigt ist

3 An manchen Stellen ist die Haut sehr locker, oder je nach Körperbau gewölbt. Es ist schwierig, an diesen Stellen ordentlich zu scheren, ohne das Pferd zu zwicken. Am besten ziehen Sie die Haut mit der anderen Hand glatt, damit Sie wieder auf einer festen Oberfläche scheren können.

4 Ein ähnliches Problem tritt am Ellenbogen auf. Bitten Sie Ihren Helfer, den Fuß aufzuheben und in dieser Stellung zu halten. Damit zieht man die Haut glatt und Sie können scheren. Das Scheren in der »Achselhöhle« kann für das Pferd sehr kitzelig sein, seien Sie darauf vorbereitet, daß es pötzlich mit dem Bein zuckt.

FRISIEREN

Ohren

Halten Sie das Ohr mit einer Hand so fest, daß sich die beiden Ränder berühren, dann schneiden Sie die überstehenden Haare ab. Benützen Sie dafür eine Fesselschere. Schneiden Sie niemals die Haare in den Ohren, sie schützen das Innere des Ohrs vor Schmutz und Infektionen. Schneiden Sie immer vom Pferdeauge weg nach oben, damit Sie nicht ins Auge stechen, wenn es den Kopf bewegt.

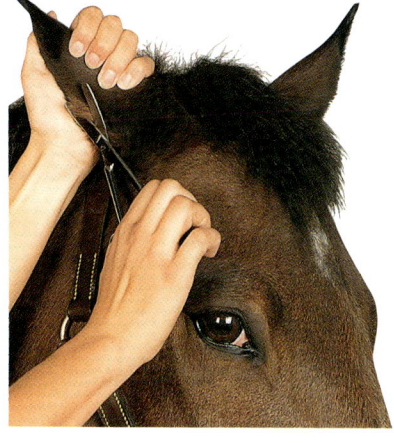

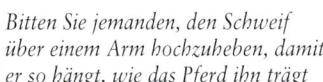

DAS ZUBEHÖR ZUM FRISIEREN

Kamm

Gebogene Schere mit abgerundeten Spitzen

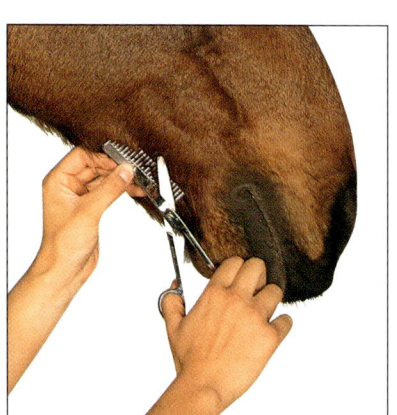

Gesicht

Die langen Haare in der Kinngrube und am Unterkiefer, nicht aber die Tasthaare, sollten abgeschnitten werden. Sie sind ein wichtiger Teil des Tastsinns. Heben Sie die Haare zum Schneiden mit einem Kamm an, um auf keinen Fall die Tasthaare zu erwischen.

Bitten Sie jemanden, den Schweif über einem Arm hochzuheben, damit er so hängt, wie das Pferd ihn trägt

Schweif

Sie begradigen den Schweif, indem Sie ihn parallel zum Boden abschneiden. Trägt das Pferd seinen Schweif richtig, sollte er eine Handbreit unterhalb des Sprunggelenks enden.

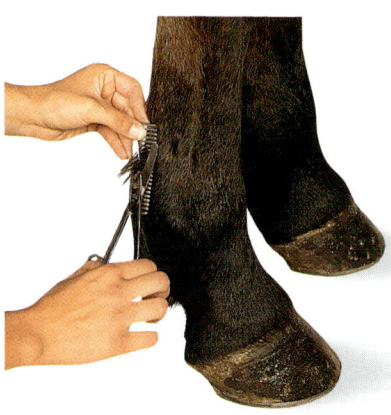

Fesseln

Um die Haut leicht sauber und trocken halten zu können, muß man wahrscheinlich die Kötenhaare abschneiden (die langen Haare hinten am Bein, am Fesselkopf und in der Fesselbeuge). Dadurch wird das Entstehen von Mauke verhindert. Fahren Sie mit dem Kamm von unten nach oben durch die Haare und schneiden Sie die Haare ordentlich, aber nicht zu kurz ab.

DER TRANSPORT VON PFERDEN

Es gibt zwei verschiedene Fahrzeugtypen, die speziell für den Transport von Pferden auf der Straße entwickelt wurden. Ein Pferdetransporter ist eigentlich ein geschlossener LKW, ein Pferdeanhänger wird, wie der Name sagt, von einem PKW gezogen. Einige Pferdetransporter können 10 Pferde oder noch mehr transportieren, ein Anhänger nur zwei Pferde. In vielen Ländern braucht man für den Transporter einen speziellen Führerschein. Die Belüftung ist wichtig; achten Sie darauf, daß genug Frischluft im Raum ist, aber keine Zugluft entsteht. Bei jeder Pause sollten Sie alle Türen und Rampen öffnen, um die ganze Luft auszutauschen. Beide Fahrzeugtypen müssen regelmäßig gewartet werden, eine Tatsache, die vor allem von Hängerbesitzern gerne übersehen wird.

Stauraum für Futter und Sattelzeug

Eingang für den Pfleger

Anbindering

Pferdetransporter

Beim Kauf eines Transporters sind viele Dinge zu beachten. Das Gewicht des Transporters kann einen LKW-Führerschein erforderlich machen. Der Transporter kann so eingeteilt sein, daß die Pferde längs oder quer zur Fahrtrichtung stehen; beide Richtungen haben ihre Verfechter. Manchmal steigen die Pferde von hinten ein, manchmal von der Seite. Kaufen Sie keinen Transporter, der ein luxuriöses Wohnabteil hat, für die Pferde aber schlecht ausgestattet und eng ist.

Anhänger

Überprüfen Sie die zulässige Anhängelast Ihres Autos. Ihre Autonummer muß am Hänger sichtbar sein. Fahren Sie nie in einem Hänger mit, es ist zu gefährlich.

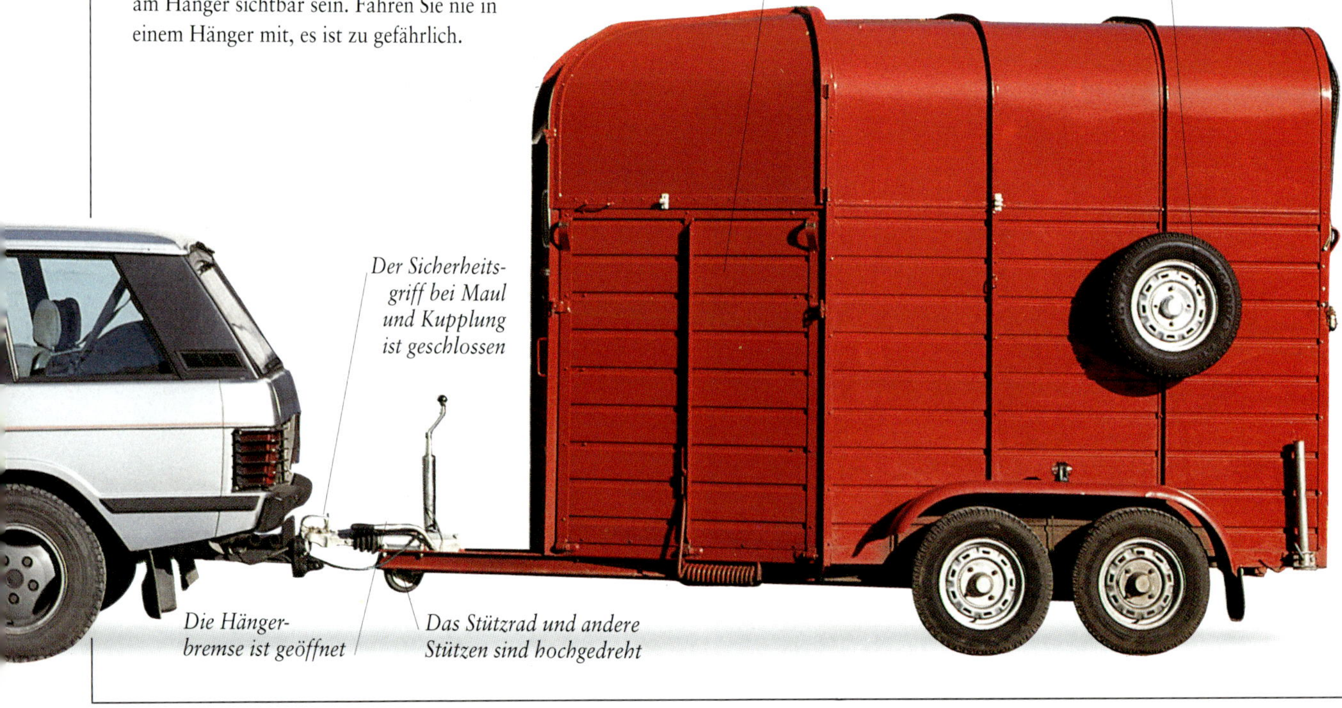

Vorderausgang

Der Reservereifen muß immer einsatzbereit sein

Der Sicherheitsgriff bei Maul und Kupplung ist geschlossen

Die Hängerbremse ist geöffnet

Das Stützrad und andere Stützen sind hochgedreht

Checkliste

Vor dem Kauf eines Transporters oder Anhängers müssen Sie prüfen, ob die beweglichen und unbeweglichen Einrichtungsgegenstände praktisch sind. Sie tun sich beim Verladen wesentlich leichter, wenn alle Türen, Riegel und anderen Teile leicht zu bewegen und nicht zu schwer sind. Der Boden muß leicht zu reinigen und rutschfest sein. Transportieren Sie die Pferde nur dann in der Nacht, wenn das Fahrzeug gut beleuchtet ist, um richtig ein- und auszuladen oder die Pferde kontrollieren zu können.

Die Wände und die Trennwand müssen so gepolstert sein, daß sich das Pferd anlehnen kann

Hinten ist eine Stange, eine Kette oder ein Band nötig

Ein Vorderausstieg ist zum Ausladen praktisch

Stützen sind beim Ein- und Ausladen notwendig

Die Plane sollte nur bei sehr schlechtem Wetter heruntergezogen werden, sie verringert den Luftaustausch

Die Absperrungsstange an der Brust muß stabil und gepolstert sein, weil sich die Pferde beim Bremsen dagegenlehnen

Die Trennwand muß während der Fahrt befestigt sein

Die Rampe muß eine griffige Trittfläche haben, auf der das Pferd gut gehen kann

Nach der Ankunft

Nach der Ankunft am Turnierplatz drehen Sie die hinteren Stützen heraus und ziehen die Bremsen an. Laden Sie die Pferde aus und gehen Sie fünf Minuten spazieren. Das lockert die Muskeln, die das Pferd anspannen mußte, um sich im Hänger auszubalancieren. Binden Sie die Pferde im Schatten am Fahrzeug an, geben Sie ihnen Wasser und nach Möglichkeit ein Heunetz.

VORSICHTIGES FAHREN MIT DEM ANHÄNGER

Sollten Sie jemals versucht haben, freihändig stehend in einem Bus mitzufahren, dann können Sie sich vorstellen, wie sich ein Pferd beim Transport fühlt. Sie müssen immer vorausdenken und ganz allmählich beschleunigen oder abbremsen. Fahren Sie langsam durch Kurven, bei Nässe oder Glätte kommt ein Hänger leicht ins Schleudern. Üben Sie das Rückwärtsfahren, bevor Sie ein Pferd transportieren. Halten Sie in regelmäßigen Abständen an, um nach den Pferden zu sehen. Sie sollten niemals länger als acht Stunden am Tag fahren, selbst wenn Sie Pausen machen.

DAS VERLADEN

Pferde gehen von Natur aus nicht besonders gern in einen so engen Raum wie einen Anhänger oder einen Transporter. Bleiben Sie ruhig und immer darauf gefaßt, daß das Pferd plötzlich stehenbleibt, steigt oder rückwärts geht. Benützen Sie einen langen Führstrick, damit Sie das Pferd auch dann im Griff haben, wenn das Unerwartete eintritt. Ein Helfer erleichtert das Verladen. Die meisten Pferde steigen aber ohne Schwierigkeiten in den Hänger oder Transporter ein, wenn sie keine schlechten Erfahrungen damit verbinden und Vertrauen haben.

WAS DAS PFERD TRAGEN SOLLTE

Um effektiv zu sein, muß der Kopfschutz aus dickem Schaumstoff sein

Ein Schweifschoner schützt den Schweif vor dem Scheuern

Wenn Sie das Pferd für die Fahrt ausrüsten, sollten Sie immer daran denken, daß plötzliche Bewegungen des Hängers das Pferd aus dem Gleichgewicht bringen. Die Beine müssen deshalb bis über das Sprung- und Karpalgelenk geschützt werden. Zusätzlich sollte man das Genick mit dickem Schaumstoff oder einem Genickschutz schützen.

Eine Sommerdecke schützt vor Kratzern, ohne daß das Pferd schwitzt

DAS EINLADEN

Gehen Sie vertrauensvoll auf die Rampe

Der Helfer sollte seitlich hinter dem Pferd stehen, gerade in seinem Sichtfeld

1 Nähern Sie sich dem Hänger aus ausreichendem Abstand, damit das Pferd sich mit der neuen Situation vertraut machen kann, bevor es auf die Rampe steigt. Gehen Sie gerade auf die Mitte der Rampe, bitten Sie nach Möglichkeit jemanden, ein kleines Stück hinter dem Pferd herzugehen, dann bleibt es nicht so leicht stehen. Treten Probleme auf, befestigen Sie ein langes Seil oder eine Longe an den beiden Seitenwänden und bitten zwei Personen, die beiden Seile hinter dem Pferd zu überkreuzen.

2 Wenn Sie ein Pferd in einem Zwei-Pferdehänger fahren, laden Sie es am besten auf der linken Seite ein, auf der Straßeninnenseite steht es ruhiger. Sobald Sie im Hänger sind, bitten Sie Ihren Helfer, die Stange oder Kette hinter dem Pferd zu schließen und die Rampe hochzuklappen. Anschließend binden Sie das Pferd so lang an, daß es sich während der Fahrt an der Trennwand anlehnen kann. Gegen die Langeweile während der Fahrt hilft ein kleines Heunetz.

DAS AUSLADEN

1 Wenn Sie das Pferd bei Ihrem Anhänger vorwärts ausladen können, sollten Sie immer diesen Ausgang nutzen. Als erstes räumen Sie die Sachen weg, die Sie vor dem Pferd verstaut haben. Achten Sie darauf, daß die Gegenstände im Stauraum nicht herumrutschen können. Binden Sie das Pferd los und öffnen Sie dann die vordere Absperrungsstange. Sind mehrere Pferde im Fahrzeug, lädt man zuerst das Pferd aus, das in der Nähe der Rampe steht.

Der Helfer sollte rechts neben der Rampe stehen, damit das Pferd nicht neben die Rampe tritt

2 Führen Sie das Pferd heraus und lassen Sie sich nicht von ihm herausziehen. Ist noch ein zweites Pferd im Hänger, müssen Sie das erste Pferd am Hänger anbinden, dann das zweite losbinden, die Trennwand verschieben, um den Ausgang breiter zu machen, und dann das zweite Pferd herausführen.

Ein Helfer, der seitlich hinter der Rampe steht, kann dabei helfen, das Pferd gerade zu halten

Das Ausladen nach hinten
Das rückwärtige Ausladen kann schwierig sein. Pferde tun sich beim Rückwärtsgehen schwer, und die Transportgamaschen schränken es noch zusätzlich ein. Sobald Sie auf einer Höhe mit ihm sind, binden Sie das Pferd los. Bitten Sie einen Helfer, die Rampe herunterzulassen und die Stange zu öffnen, und sich für den Fall, daß das Pferd rückwärtsrennen sollte, bereit zu halten. Lotsen Sie das Pferd heraus, Sie können nicht erwarten, daß es dies alleine kann.

DAS PFERD IN DER ARBEIT

Der Übergang vom Urlaub zur normalen Arbeit muß allmählich erfolgen. Als Richtschnur kann gelten, daß das Pferd mindestens eine Woche Schritt gehen muß, dann eine Woche Schritt und Trab mit zunehmender Distanz und eine Woche galoppieren. Um ein Pferd für ein Turnier fit zu machen, dehnen Sie das Programm in jeder Gangart aus. Der Wechsel von der Arbeit zum Urlaub sollte ebenso allmählich erfolgen. Das plötzliche Nichtstun ist für das Pferd nicht gut.

DAS AUFWÄRMEN

Das Aufwärmen

Vor dem Reiten führt man ein Stallpferd einige Minuten im Schritt und Trab, um es ein wenig zu lockern. Vor der schnellen Arbeit sollten Sie mindestens 20 Minuten gegangen und getrabt sein, um die Durchblutung der Muskeln zu beschleunigen. Ermüdung führt zur Produktion von Milchsäure im Muskel, die schnellstmöglich abtransportiert werden muß.

NACH DER ARBEIT

Das Abkühlen

Ein Pferd muß nach der Arbeit langsam heruntergekühlt werden. Reiten Sie nach einer schnellen Arbeitseinheit mindestens 10 Minuten Schritt. Anschließend waschen Sie den Schweiß ab, damit sich das Pferd wohlfühlt.

1 Schwammen Sie die verschwitzten Stellen ab, vor allem in der Sattellage, zwischen den Beinen und unter dem Bauch. Achten Sie darauf, daß das Pferd bei kaltem Wetter keine Zugluft bekommt.

FUTTER UND WASSER

Pferde müssen sich daran gewöhnen, während der Arbeit zu trinken. Werden sie über einen längeren Zeitraum geritten, ohne ihr Flüssigkeitsreservoir wieder aufzufüllen, können sie austrocknen. Nach einer anstrengenden Arbeitseinheit sollten Sie dem Pferd zuerst eine kleine Menge Wasser mit Elektrolyten geben. Geben Sie dem Pferd nach dem Reiten nicht viel Futter; sein Verdauungsapparat kann damit nicht fertigwerden, weil das Blut immer noch in den Muskeln angesammelt ist.

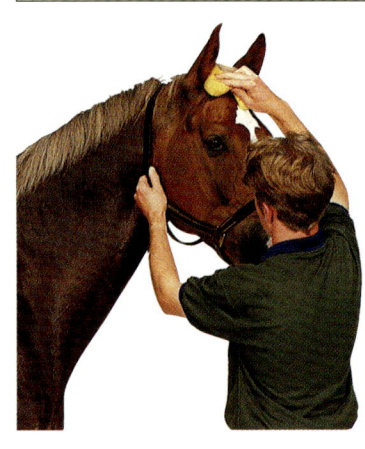

2 Binden Sie das Pferd los und verschieben Sie das Halfter so weit nach hinten, daß Sie den Schweiß überall dort abwaschen können, wo die Trense auflag. Trensen Sie beim nächsten Mal wieder auf, ohne vorher den Schmutz entfernt zu haben, scheuert das Salz auf der Haut.

3 Mit einem Schweiß-
messer nehmen Sie
überschüssiges Wasser
aus dem Fell. Bei heißen
Temperaturen müssen
Sie das Pferd langsam
abtrocknen lassen, die
Verdunstungskälte kühlt
zusätzlich.

4 Waschen Sie Fesselkopf und
Fesselbeuge gründlich und trocknen Sie beides anschließend mit einem
Handtuch. Diese Stellen sind besonders anfällig für Mauke (S. 130: Eine
schmerzhafte Infektion, die durch
die nasse Haut eindringt).
Weiße Beine sind besonders
gefährdet.

*Halten Sie die Fliegendecke
mit einem Deckengurt fest*

5 Führen Sie das Pferd so lange, bis der Schweiß oder
das Wasser vollständig verdunstet ist und das Pferd
trocken ist. Stellen Sie es nicht naß in den Stall.

*Sie müssen unbe-
dingt kontrollieren,
ob das Pferd unter
der Decke noch
nachgeschwitzt hat*

6 Im Winter
müssen Sie
sicherstellen, daß
das Pferd nicht abkühlt.
Eine Lage Stroh unter
der Abschwitzdecke hält
das Pferd warm und läßt
die Feuchtigkeit gut
verdunsten.

AUF DEM TURNIER

Pferdepflege
Wärmen Sie das Pferd vor jedem Start gründlich auf.
Stellen Sie es zwischen den einzelnen Wettbewerben nicht
einfach ab und lassen es dann allein; kontrollieren Sie,
ob es sich wohlfühlt, ob es genug zu
trinken und ein
Heunetz hat.

Auswaschen des Mauls
Auf dem Turnier hat das Pferd das
Gebiß wahrscheinlich länger im
Maul als sonst. Wischen Sie deshalb
vor jedem Start das Maul mit einem
Schwamm aus.

Das Abkühlen
Nach dem Wettbewerb müssen Sie sich um
Ihr Pferd kümmern. Führen Sie es mit einer
Abschwitzdecke so lange herum, bis es
sich entspannt hat und sich seine Temperatur soweit beruhigt hat, daß Sie es verladen
und nach Hause fahren können.

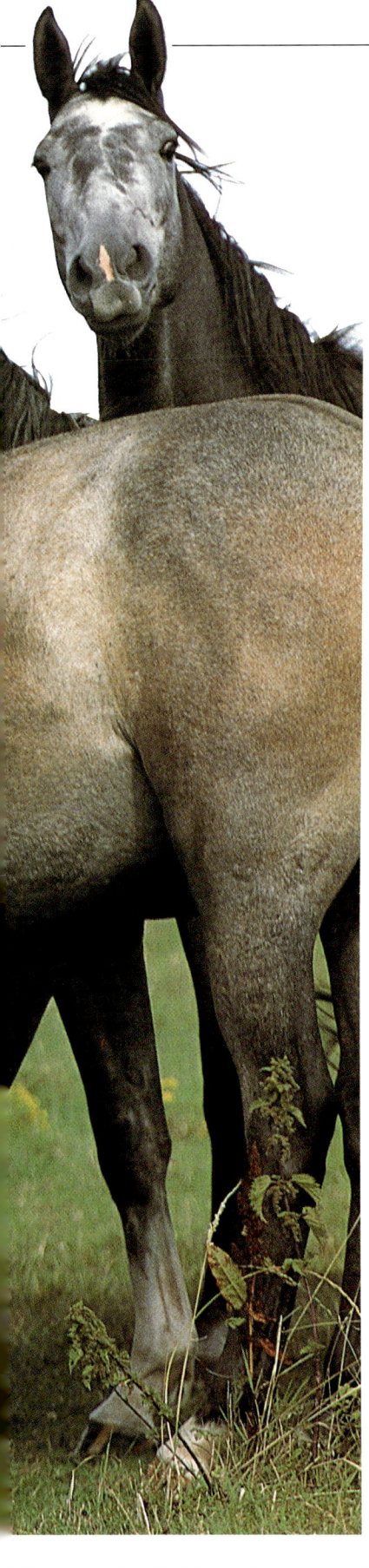

Kapitel 3

DAS PFERD AUF DER WEIDE

PFERDE SIND WEIDETIERE, aus diesem Grund entspricht eine große Grasfläche ihrer natürlichen Umgebung. In der Wildnis haben sie genug Platz, um herumzuwandern und einen Freß- und Schlafplatz zu suchen. Ist das Pferd durch einen Koppelzaun eingeschränkt, kann es das alles nicht mehr tun. Achten Sie deshalb darauf, daß die Koppel, die Sie Ihrem Pferd anbieten, sicher und attraktiv ist.

Eine sichere Koppel, die Bereitstellung von genügend Futter und einem Unterstellplatz sowie der richtige Umgang beim Hinausführen und Hereinholen sind wichtige Gesichtspunkte bei der Weidehaltung.

DIE WEIDE/KOPPEL

Pferde sind beim Grasen sehr wählerisch. Sie fressen manche Stellen bis zur Grasnarbe kahl (den Rasen), andere Stellen lassen sie völlig unberührt (die sogenannten Gailstellen) und legen dort nur ihren Mist ab. Das Gestrüpp wächst immer höher und ist immer mehr von Unkraut durchsetzt. Überläßt man die Koppelpferde sich selbst, wird das Gestrüpp immer mehr, die Koppel wird unansehnlich und nicht mehr benutzbar. Das Geheimnis einer gepflegten Koppel ist das Mähen, damit der Unterschied zwischen Gestrüpp und Gras möglichst gering ist. Das Mähen können entweder Tiere, wie Schafe oder Kühe, oder Maschinen übernehmen. Am besten unterteilt man den zur Verfügung stehenden Platz in zwei oder drei Koppeln auf, die man abwechselnd beweidet. Dadurch ahmt man die Natur nach und hat die Möglichkeit, eine gute Grasqualität zu erhalten.

Eine hohe Hecke bietet Schutz und zusätzliche Sicherheit

Die Weidehütte ist so positioniert, daß das Pferd nicht zwischen Hütte und Zaun steckenbleiben kann

Die Zubringerstraße hat eine harte, ebene Oberfläche, die im Winter so bleibt

Frisches Trinkwasser wird in einem Trog angeboten

Ideale Bedingungen

Das Gras hat die gleiche Höhe und ist unkrautfrei

Ein giftiger Baum ist eingezäunt, damit die Pferde nicht daran knabbern

Die Koppel trocknet gut ab, das Wasser läuft von der Hütte und von der Wassserstelle weg

Die geeignete Koppel

Suchen Sie eine Wiese, die nicht zu steil liegt. Sie sollte weder in exponierter Höhenlage, noch in einer Senke liegen, wo es im Winter schlammig wird. Die Mindestgröße für eine Koppel beträgt 0,4 Hektar pro Pferd.

KOPPELPFLEGE	
Jahreszeit	**Pflegemaßnahmen**
Frühling	In dieser Zeit wächst das Gras am schnellsten, manchmal wächst so viel Gras, daß die Pferde nicht mehr alles fressen können, dann muß man mähen. Am Frühlingsanfang wachsen die Giftpflanzen, die die Pferde in Versuchung bringen zu fressen; beobachten Sie die Koppel genau und entfernen Sie potentielle Gefahren.
Sommer	Der Graswuchs ist stark vom Niederschlag abhängig. Bewässerung kann nötig werden, damit sich die Koppel von Trockenheit erholt, bevor sie wieder beweidet wird. Das Eggen verteilt den Mist und verringert die Ansammlung von Wurmlarven. Man kann unter Umständen auf einer der Koppeln Heu machen.
Herbst	Zeit der Zaunpflege – das Anpflanzen von Hecken und das Streichen der Zäune und der Weidehütte mit Holzschutzmitteln. Achten Sie auf Eicheln und andere giftige Samen und Früchte, die Sie einsammeln müssen, damit das Pferd sie nicht fressen kann.
Winter	Behalten Sie die Hecken im Auge, sie können Löcher bekommen, wenn die Blätter herunterfallen. Am Anfang der Weidesaison ist es besser, zusätzlich Heu zu füttern, damit die Pferde nicht alles kurzfressen. Achten Sie auf die Stellen, die zertrampelt und schlammig werden und tun Sie etwas dagegen.

Ungeeignete Bedingungen

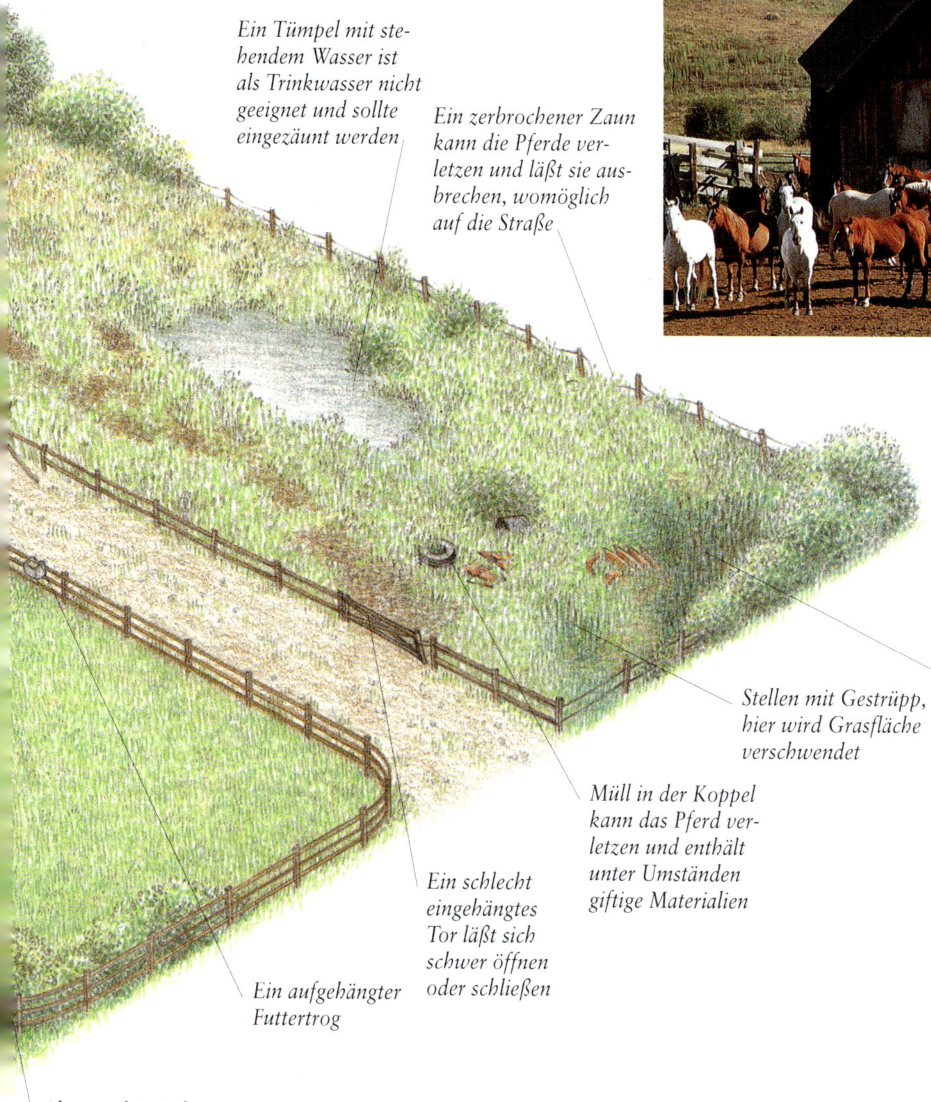

*Ein Tümpel mit ste-
hendem Wasser ist
als Trinkwasser nicht
geeignet und sollte
eingezäunt werden*

*Ein zerbrochener Zaun
kann die Pferde ver-
letzen und läßt sie aus-
brechen, womöglich
auf die Straße*

Pferde auf dem Paddock

Sollten Sie keine Möglichkeit haben,
Ihr Pferd auf die Weide zu lassen,
bietet sich als Alternative ein
großer Paddock an, auf den die
Pferde stundenweise gehen.
Sie werden ihre Freiheit und den
Umgang mit anderen Pferden
genießen.

*Weicher Boden lockt
die Pferde bei schö-
nem Wetter an.
Das frische Gras
wird dann zertram-
pelt und schlammig*

*Stellen mit Gestrüpp,
hier wird Grasfläche
verschwendet*

*Müll in der Koppel
kann das Pferd ver-
letzen und enthält
unter Umständen
giftige Materialien*

*Ein schlecht
eingehängtes
Tor läßt sich
schwer öffnen
oder schließen*

*Ein aufgehängter
Futtertrog*

*Abgerundete Ecken
verhindern, daß
ein Pferd hängen-
bleiben und sich
verletzen kann,
wenn es mit den
anderen Pferden
auf der Koppel
herumläuft*

WURMBEKÄMPFUNG

Wenn Schafe oder Rinder mit auf der Koppel
grasen, verringert sich die Gefahr, daß die Pferde
Würmer bekommen. Würmer befallen normalerweise eine Rasse, und die Wurmlarven, die für
Pferde gefährlich sind, sterben, wenn sie von Scha-
fen oder Rindern aufgenommen werden. Mähen
hilft auch, weil sich die Larven immer auf dem
Grashalm nach oben bewegen, um dort vom Pferd
aufgenommen zu werden. Das Eggen verteilt den
Mist, aber auch die Larven. Es ist besser,
jede Woche den Mist und damit auch die Larven
abzusammeln.

ZÄUNE UND TORE

Der richtige Zaun schützt das Pferd und hindert es am Ausbrechen. In vielen Ländern verlangt die Gesetzgebung, daß Pferdebesitzer ihre Pferde mit angemessenen Umzäunungen in der Koppel halten. Der erforderliche Zauntyp ist vom Pferd abhängig. Unter einem hohen Zaun, der z.B. für ein Jagdpferd geeignet ist, kann ein Shetlandpony durchmarschieren. Genauso schiebt ein Kaltblüter einen Zaun, der für ein Pony ein beträchtliches Hindernis darstellt, einfach weg. Eine dichte Hecke ist die beste Umzäunung, es dürfen aber keine Giftpflanzen darin wachsen (S. 84). Zusätzlich bietet sie Schutz vor schlechtem Wetter. Denken Sie daran, daß eine Hecke im Winter ihre Wirkung verlieren kann, der Schneefall verringert die Höhe und es können Löcher erscheinen, durch die sich ein Pferd hindurchzwängen kann.

ZÄUNE

Pfosten und Stangen
Dieser Zaun ist nach der Hecke das Beste. Er ist stabil, sieht gut aus, kann aber teuer werden. Verwenden Sie gutes, witterungsbeständiges, imprägniertes Holz, sonst ist es nicht robust genug.

Drahtzaun
Ein gut gebauter Zaun mit einem straffgezogenen, glatten, runden Draht kann sehr praktisch sein. Ziehen Sie fünf oder sechs Reihen, die unterste muß mindestens 30 cm über dem Boden sein. Es besteht die Gefahr, daß die Pferde die Drähte nicht sehen und in den Zaun galoppieren. Markieren Sie den Zaun deshalb mit weißen Stoffetzen, um ihn sichtbar zu machen.

GEFÄHRLICHE ZÄUNE

Stacheldraht mag für Kühe oder Schafe akzeptabel sein, ist für Pferde mit ihrer dünnen Haut aber zu gefährlich. Jedes Jahr verletzen sich viele Pferde scheußlich an Stacheldrähten. Reißt ein solcher Draht ab, ist es besonders gefährlich, weil er sich von selbst um das Pferdebein wickeln kann. Jeglicher Draht ist aus diesem Grund gefährlich. Ein Schafdraht ist ebenfalls ungeeignet, weil sich das Pferd nicht mehr unverletzt daraus befreien kann, wenn es mit dem Fuß darin steckenbleibt.

Elastikbänder

Sie bestehen aus stabilem Plastikband, das zwischen hölzerne Pfosten gespannt ist. Er sieht nicht so schön aus wie ein Holzzaun, ist aber billiger und genauso wirkungsvoll. Das weiße Band ist für das Pferd gut sichtbar. Weil das Band nicht verrottet, ist es langlebig.

Elektrozaun

Dieser Zaun ist sehr wirkungsvoll, vor allem in Verbindung mit einem anderen Zaun. Das Pferd bekommt einen leichten elektrischen Schlag, wenn es den Zaun berührt. Machen Sie ihn sichtbar; ist der Strom abgeschaltet, stellt er keine Begrenzung dar. Die Pferde finden schnell heraus, daß sie nur dann einen Schlag bekommen, wenn sie das charakteristische Ticken hören.

PFLEGE

Kontrollieren Sie Zaun und Tore regelmäßig, und bringen Sie die Sachen in Ordnung, bevor ein Pferd ausbricht oder sich verletzt. Die Drähte können sich dehnen und müssen nachgespannt werden. Die Pfostenenden, die in der Erde stecken, verfaulen schneller als die in der Luft; aus diesem Grund müssen sie besonders sorgfältig begutachtet werden. Lagern Sie Ihre Reservepfosten im Trockenen, sonst sind sie verfault, bevor sie in den Boden kommen. Streichen Sie die hölzernen Pfosten alle zwei Jahre mit ungiftigem Holzschutzmittel.

TORE

Holztore

Ein Tor sollte immer in die Koppel hinein geöffnet werden, damit es das Pferd nicht selbst aufschubsen kann. Genau wie Zäune, müssen sie regelmäßig mit Holzschutzmitteln gestrichen werden. Es lohnt sich, gute Riegel und Bolzen zu verwenden, weil man das Tor dann wesentlich leichter auf- und zumachen kann.

Metalltore

Belastbare Metalltore, die wirklich rostgeschützt sind, sind stabil und langlebig, aber teuer. Sie können sehr schwer und schwierig zu bedienen sein; zusätzlich kann sich ein Pferd ernsthaft verletzen, wenn es versucht, über das Gatter zu springen oder mit dem Bein in den Stäben hängenbleibt und die Stangen nicht brechen.

WASSERVERSORGUNG UND UNTERSTAND

Das Fehlen von Wasser oder einer geeigneten Schutzhütte kann bei einem Pferd zu Gesundheitsschäden führen. Ohne Wasser kann ein Pferd austrocknen; stechende Sonne, strömender Regen und Fliegen sind für ein Pferd sehr unangenehm und können Hautkrankheiten hervorrufen. Egal, welche Art der Wasserversorgung und welchen Unterstand Sie anbieten, sie muß ausreichend für alle Pferde sein. Das Wasser darf nicht durch Rückstände aus Industrie oder Landwirtschaft verschmutzt sein, sonst müssen Sie die Wasserstelle mit einem Zaun absperren.

WASSER

Natürliche Wasserquellen
Ein sauberer, fließender Bach mit einem guten Zugang am Ufer ist die ideale Tränke. Der Bach muß ein Kiesbett haben, weil das Pferd sonst beim Trinken Sand mit aufnimmt und eine Kolik bekommen kann. Ein großer Teich mit einem Zulauf ist ebenfalls gut, Tümpel und Entwässerungsgräben dagegen völlig ungeeignet.

Tränke mit fließendem Wasser
Tränken sollten aus einem Material bestehen, das kein Eisen enthält und nicht rostet. Im Idealfall ist der Trog mit einer Selbsttränke ausgestattet, die das Wasser nur bei Bedarf pumpt. Reinigen Sie die Tränke von Zeit zu Zeit, damit das Wasser sauber bleibt. Die Tränke sollte dort stehen, wo das Wasser gut abläuft, damit der Boden rundherum nicht schlammig wird. Die Wasserversorgung unter einem Baum ist ungeeignet, weil das herabfallende Laub die Tränke verstopft und verunreinigt.

IM WINTER

Kontrollieren Sie die Tränke im Winter zweimal täglich. Dazu gehört aber mehr als das Zerschlagen des Eises auf der Oberfläche, auch der Zulauf kann einfrieren. Sollte das passieren, müssen Sie unbedingt Wasser in anderer Form bereitstellen.

Eimer und Reifen
Wenn Sie Ihrem Pferd einen Wassereimer hinstellen, dürfen Sie keinen Eimer mit Henkel nehmen, Ihr Pferd könnte mit dem Fuß darin hängenbleiben. Damit es den Eimer nicht umwerfen kann, stellen Sie ihn am besten in einen Autoreifen. Sie müssen ihn mindestens zweimal täglich auffüllen und kontrollieren.

DER UNTERSTAND

Das Zusammenstellen
Bei Unwettern benutzen sich die Pferde gegenseitig als Schutzschild. Oft stellen sie sich Kopf an Schweif und wedeln sich gegenseitig die Fliegen weg. Normalerweise stellt sich ein einzelnes Pferd immer mit der Hinterhand in den Wind, weil die großen Muskelpartien der Hinterhand gut durchblutet sind und leichter warm bleiben.

Bäume und Hecken
Ein Baum oder eine Hecke bieten Sommer wie Winter Schutz, Bäume schützen vor der Sonne und Hecken vor dem Wind. Bei starkem Wind müssen die Pferde im Windschatten einer Hecke stehen können.

Weidehütte
Eine Weidehütte bietet guten Schutz. Legen Sie Einstreu (z. B. Stroh) auf den Boden, damit er nicht schlammig wird. Eine Weidehütte wird unter Umständen sehr wenig benützt, ihr Sinn besteht aber darin, daß die Pferde hineingehen können, wenn sie wollen. Sie können sicher sein, daß der Schutz wirklich nötig war, wenn die Pferde Unterschlupf suchen.

Die Rückwand sollte im Wind stehen

Weil der Unterstand vorne offen ist, kann kein Pferd in die Ecke gedrängt werden oder sich verletzen

Offene Stadel
Ein großer Stadel hat den Vorteil, daß sich viele Pferde zusammen unterstellen können und unter dem Dach in ihrem sozialen Gefüge bleiben. Er soll im Sommer vor der Sonne schützen, während eine kühle Brise durch den Stadel weht. Auch im Winter bietet ein Stadel Schutz, er muß aber so groß sein, daß alle Pferde darin Platz haben.

GRÄSER UND UNKRÄUTER

Eine mit grünen Pflanzen bewachsene Wiese garantiert noch lange nicht, daß ein Pferd gcnug Futter findet. Der Nährstoffgehalt ist zuerst einmal von den Pflanzen abhängig, denn ein Feld voller Disteln bringt als Futter gar nichts. Desweiteren hängt der Nährwert vom Alter der Pflanzen ab, die meisten Pflanzen sind kurz vor dem Aussamen am nahrhaftesten. Pferde grasen lieber auf Wiesen mit kurzem als mit langem Gras.

WEIDEFLÄCHEN

Gestrüpp und Rasen
Pferde grasen am liebsten auf Wiesen, auf denen viele Gräser stehen, diese Wiesen werden zu Rasenflächen. Flächen mit vielen Unkräutern werden zu Gestrüpp. Die Pflanzen, die nicht gefressen werden, produzieren Samen und vermehren sich, und das Gestrüpp wird immer schlimmer.

GRÄSER

Poa annua (Rispengras)
Das Rispengras wächst auf feuchten Wiesen in gemäßigtem Klima, ist ein guter Bodendecker und wird gern gefressen.

Festuca (Schwingel)
Die Stengel des Schwingelgrases sind relativ hart und nicht so schmackhaft wie andere Gräser. Wenn sich eine Alternative bietet, wird der Schwingel verschmäht.

Lolium (Weidelgras)
Das Weidelgras wächst schnell und ist in den meisten europäischen Grasmischungen enthalten. Es ist nicht sehr widerstandsfähig gegen Trockenheit und wächst sehr gut am Anfang des Frühjahrs.

Phleum pratense (Wiesenlieschgras)
Das Wiesenlieschgras ist nicht besonders robust, aber sehr schmackhaft und bei den Pferden sehr begehrt. Dem Heu gibt es den Geschmack und viele Nährstoffe.

Dactylis glomerata (Wiesenknäuel)
Der Wiesenknäuel hat den Vorteil, daß er Dürreperioden während der Wachstumszeit übersteht. Er enthält nicht viele Kohlehydrate.

Cichorium intybus (Gemeine Wegwarte)

Dem menschlichen Geschmackssinn erscheint die Weg- warte ziemlich bitter, sie wird aber von Tieren gern gefressen. Weil sie sehr mine- ralstoffreich ist, ist sie für Pferde sehr nahrhaft.

Trifolium repens (Weißklee)

Klee enthält sehr viel Stärke und kann unglücklicherweise, weil er so reichhaltig ist, Hufrehe verursachen (S. 122). Eine Weide mit hohem Kleeanteil ist für Ponys unerwünscht.

Taraxacum officinale (Löwenzahn)

Löwenzahn ist auf einer Wiese sehr praktisch, seine breiten Blätter schmecken den Pferden gut, sind aber nur im kurzen Gras zu finden.

UNKRÄUTER

Carduus (Distel)

Disteln schmerzen beim Fressen, und ihre Stacheln können die Maulhöhle des Pferdes verletzen. Sie wachsen sehr hoch und verbreiten ihre Samen weit und vermehren sich schnell.

Holcus lanatus (Wolliges Honiggras)

Diese Pflanze ist für Pferde nicht schädlich, hat aber einen niedrigen Nährwert. Es ist eine Plage, weil es die guten und nahrhaften Pflanzen unterdrückt.

Urtica dioica (Brennessel)

Brennesseln werden von den Pferden nicht gern gefressen, weil sie ihnen im Maul brennen. Sie wachsen schnell und kön- nen zu einem Pro- blem werden, weil sie die erwünschten Pflanzen verdrängen.

Agropyron repens (Gemeine Quecke)

Die Quecke hat einen ziemlich geringen Nähr- wert. Sie vermehrt sich schnell und wächst von unten durch die Vegetation in der Umgebung und überwuchert und zerstört die schmack- haften Pflanzen.

GIFTPFLANZEN

Die meisten Giftpflanzen haben einen unangenehmen Geschmack. Hat das Pferd aber erst einmal an einem Geschmack Gefallen gefunden, wird es sich sogar auf die Suche danach machen. Auch nach mehreren Monaten im Stall gehen einige Pferde direkt auf diese Pflanze zu. Sie müssen Ihre Koppel einmal wöchentlich auf Giftpflanzen untersuchen. War das Pferd vor Ihnen dort, werden Sie wahrscheinlich wenige entdecken. Sie müssen sich also einen genauen Blick aneignen. Wenn es nur wenige Pflanzen sind, gräbt man sie am besten aus und verbrennt sie. Sie können auch ein Unkrautvernichtungsmittel verwenden, nach dem Auftragen kann die Koppel aber einige Wochen nicht beweidet werden.

Pflege der Koppel
Je mehr giftige Pflanzen auf einer Koppel wachsen, um so weniger kann man vermeiden, daß das Pferd davon frißt. Wachsen die Pflanzen über das kurze Gras hinaus, kommt das Pferd in Versuchung.

Quercus (**Eiche**)
Eichenblätter und Eicheln sind giftig, weil sie Gerbsäure enthalten. Sie können Verstopfungen oder einen Nierenschaden verursachen.

Blätter des Goldregens

Laburnum vossii (**Goldregen**)
Am Goldregen ist alles giftig, vor allem aber die Samen, deren Verzehr zum Tod führen kann. Vergiftete Pferde entwickeln nervöse Funktionsstörungen und fallen ins Koma.

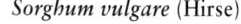
Goldregen in der Blüte

Senecio jacobaea (**Kreuzkraut**)
Das Kreuzkraut ist auch in getrocknetem Zustand giftig, aber schmackhaft. Es hat eine kumulative Wirkung und verursacht Leberstörungen bis hin zum kompletten Leberversagen.

Sorghum vulgare (**Hirse**)
Der hohe Cyanid- und Nitratgehalt der Hirse kann schädlich sein und Atemprobleme hervorrufen, die zum Tod führen. Junge Hirsepflanzen sind nicht giftig.

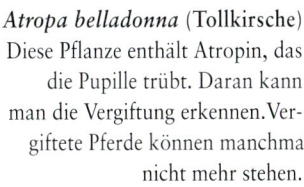

Atropa belladonna (**Tollkirsche**)
Diese Pflanze enthält Atropin, das
die Pupille trübt. Daran kann
man die Vergiftung erkennen. Vergiftete Pferde können manchmal
nicht mehr stehen.

Die Tollkirsche ist hochgiftig

*Die glänzenden
Blütenblätter der
Butterblume
warnen das Pferd
vor dem Verzehr*

Ranunculus (**Butterblume**)
Frische Butterblumen sind nur
leicht giftig, getrocknete Butterblumen
völlig ungiftig.

Pteridium (**Adlerfarn**)
In großen Mengen ist der Adlerfarn giftig
und bleibt auch im Heu gefährlich. Ein
vergiftetes Pferd macht einen Katzenbuckel,
streckt die Beine auseinander und wird
immer müder.

Oxytropis splendens (**Spitzkiel**)
Die ganze Pflanze ist giftig. Vergiftete
Pferde werden unberechenbar und gefähr-
lich und mit der Zeit gelähmt.

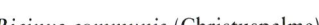

Acer rubrum (**Roter Ahorn**)
Die schönen Blätter sind im Sommer
und im Herbst giftig, die Pferde bekommen
Gelbsucht und Anämie.

Ricinus communis (**Christuspalme**)
Eine einzige Beere ist tödlich, weil
sie aber so scheußlich schmeckt, wird
sie nur aus Versehen gefressen.

*An der Eibe ist
alles giftig, sogar
die getrockneten
Nadeln*

Hypericum (**Johanniskraut**)
Johanniskraut macht weißes Fell
sehr lichtempfindlich und führt zu
schmerzhaften Sonnenbränden.

Equisetum
(**Schachtelhalm**)
Der Schachtelhalm wächst
auf fetten, feuchten Böden.
Ein Pferd, das Schachtel-
halm gefressen hat, be-
ginnt zu taumeln und fällt
nach einer Weile um.

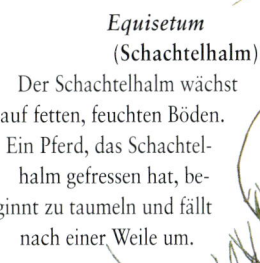

Taxus baccata (**Eibe**)
Die Eibe ist die giftigste
Pflanze und führt augen-
blicklich zum Tod – ein Pferd
stirbt mit den Nadeln im Maul.

*Die Blätter haben
eine unverwechsel-
bare, fedrige Form*

BRINGEN SIE DAS PFERD AUF DIE KOPPEL

Eine Koppel bietet dem Pferd nicht nur Nahrung und Bewegung, sondern auch den nötigen sozialen Kontakt. Es ist wichtig, daß ein Pferd zu bestimmten Zeiten sein eigener Herr ist – als Ausgleich zur Disziplin, die Sie von ihm verlangen. Sie können viel mehr über den Charakter Ihres Pferdes erfahren, wenn Sie es auf der Koppel im Umgang mit anderen Pferden beobachten. Dabei sehen Sie, welche Pferde seine Freunde sind, neben welchen Pferden es gerne im Stall steht oder geritten werden möchte, und welche Herdenmitglieder Ihr Pferd ignorieren oder piesacken.

AUFREGUNG

Freudensprünge
Manche Pferde regen sich auf, wenn sie auf die Koppel kommen – behalten Sie die Pferde so lange im Auge, bis sie sich beruhigt haben, falls sich eines dabei verletzen sollte. Wenn Sie das Pferd hungrig auf die Koppel bringen, wird es zuerst Gras fressen, anstatt herumzugaloppieren.

DAS TREFFEN MIT ANDEREN PFERDEN

Das Pferd streckt seinen Kopf nach vorne und hält seinen Körper möglichst weit von den Hufen des anderen Pferdes fern

Annäherung an Fremde
Ein Pferd begrüßt ein fremdes Pferd mit vorgestrecktem Kopf. Dabei wollen sich beide Pferde möglichst genau ansehen und sicher gehen, daß der andere nicht schlagen kann.

Begrüßung von Freunden
Wenn sich zwei Freunde begrüßen, machen sie sich nicht die Mühe, sich erst umzudrehen, um sich ins Gesicht schauen zu können. Sie stellen sich dicht nebeneinander und liebkosen sich mit dem Maul oder berühren sich mit den Nasen.

DAS SCHIKANIEREN

Die angelegten Ohren zeigen die Spannung

Das unerwünschte Pferd wird von der Herde weggedrängt

Demonstrieren von Dominanz . . .

In jeder Herde, und sei sie noch so klein, existiert eine Rangordnung. Am Anfang wird der Platz jedes Pferdes durch Körpereinsatz, wie Beißen oder Schlagen, festgelegt. Später wird die Stellung mit Hilfe der Körpersprache behauptet.

. . . und Feindseligkeit

Manchmal suchen sich einige Pferde gemeinsam ein einzelnes Pferd aus, das sie ununterbrochen ohne ersichtlichen Grund schikanieren. In einem solchen Fall nimmt man das Pferd am besten aus der Herde raus und versucht, es in einer freundlicheren Herde unterzubringen. Schikaniert ein Pferd ein anderes, kann es auch ein Kampf um Dominanz sein, weil das tyrannisierte Tier die Dominanz des anderen nicht akzeptiert.

SAISONALE BEDÜRFNISSE

Sommer

Bei Hitze können die Fliegen ein Pferd wirklich plagen. Am Kopf saugen sie die Feuchtigkeit rund um die Augen auf, dagegen hilft ein Fliegennetz. Ein Pferd lernt schnell, daß es mit den Fransen die Fliegen verscheucht, wenn es den Kopf schüttelt.

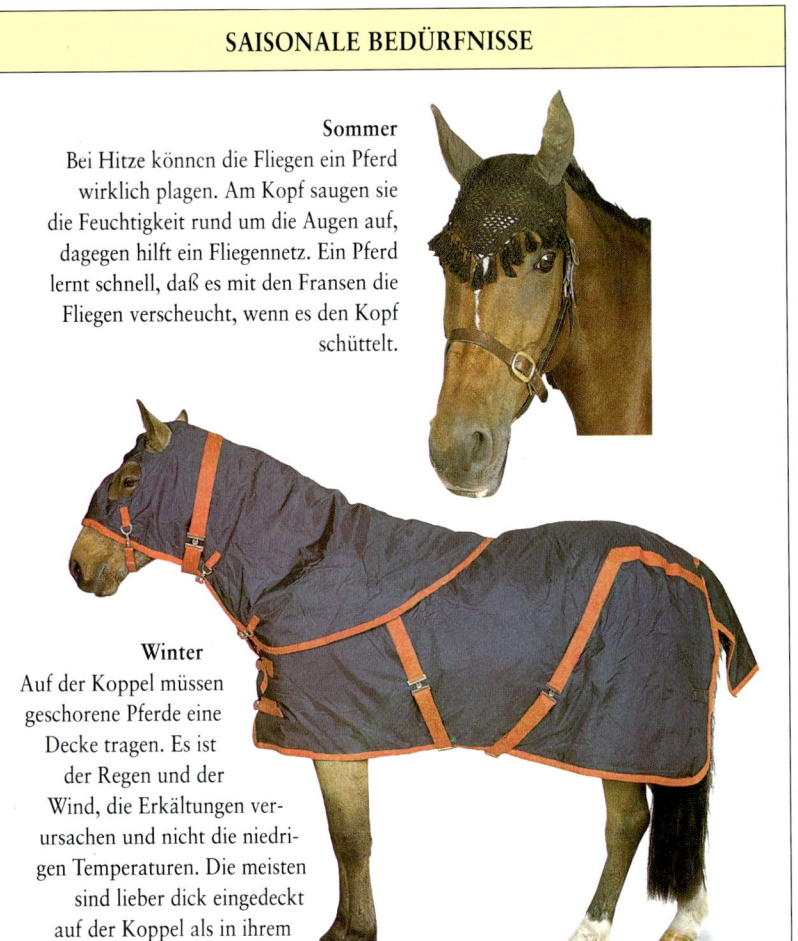

Winter

Auf der Koppel müssen geschorene Pferde eine Decke tragen. Es ist der Regen und der Wind, die Erkältungen verursachen und nicht die niedrigen Temperaturen. Die meisten sind lieber dick eingedeckt auf der Koppel als in ihrem Stall eingesperrt.

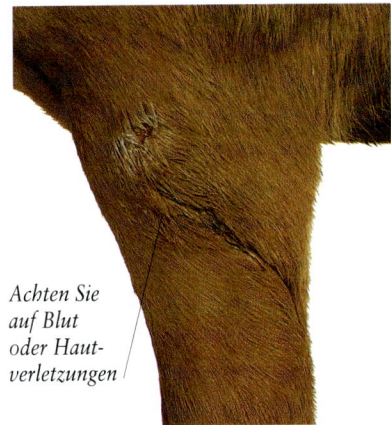

Achten Sie auf Blut oder Hautverletzungen

Kampfwunden

Das Schlagen ist die natürlichste Art der Verteidigung für ein Pferd. Schlagverletzungen entstehen vor allem, wenn die Pferde frisch beschlagen sind. Während Ihrer Kontrollgänge müssen Sie jedes Pferd auf Verletzungen untersuchen, vor allem wenn eines abseits steht. Nehmen Sie bei Ihren Besuchen immer eine Erste Hilfe-Ausrüstung mit.

SO FÜHRT MAN EIN PFERD AUF DIE WEIDE

Für einen unerfahrenen »Pferde-pfleger« mag das Hinausführen eines Pferdes auf die Koppel beängstigend sein. Das Pferd ist aufgeregt, freut sich auf seine Freiheit und möchte nicht mehr Zeit verlieren als unbedingt nötig. Gleichzeitig spürt es Ihre Unsicherheit oder Nervosität ganz genau. Pferdebesitzer machen sich das Leben oft unnötig schwer, weil sie die Weidetore nicht in Schuß halten, das Öffnen eines verklemmten Tores kann Ihre ganze Kraft und Aufmerksamkeit fordern, dabei bleibt nichts für die Kontrolle über das Pferd übrig. Oftmals fehlt einfach nur ein Tropfen Öl! Sie müssen das Hinausführen immer selbst bestimmen und nicht das Pferd sich selbst überlassen. Wenn Sie das Pferd kurz vor dem Tor loslassen, galoppiert es hinein, Pferde können aber auch rückwärts in eine Koppel gehen. Lassen Sie das Pferd erst dann los, wenn Sie selbst in der Koppel sind und das Tor geschlossen ist. Vielleicht glauben Sie, Sie müßten dieser Aufgabe nicht viel Aufmerksamkeit schenken, doch wenn Sie es nicht tun, kann dies schlimme Folgen haben.

WAS SIE NICHT TUN DÜRFEN!

Der Umgang mit zwei Pferden
Es ist mehr als doppelt so schwierig, zwei Pferde auf die Koppel zu bringen, wie ein einzelnes Pferd. Die Pferde scheinen instinktiv den unglücklichsten Moment zu erkennen, um in zwei verschiedene Richtungen auseinander zu gehen. Es ist besser, eine zweite Person um Hilfe zu bitten, oder zweimal zu gehen.

KORREKTES VORGEHEN

1 Stellen Sie sich zwischen Tor und Pferd, damit das Tor nicht an das Pferd stößt. Halten Sie das Pferd fest und öffnen Sie das Tor. Machen Sie das Tor so weit auf, daß Sie bequem mit dem Pferd hineingehen können.

2 Führen Sie das Pferd auf die Koppel, und lassen Sie sich nicht von ihm hineinziehen. Drehen Sie sich um und schließen Sie das Tor, halten Sie das Pferd aber immer noch fest.

3 Führen Sie Ihr Pferd auf die Koppel, ein gutes Stück vom Eingang weg. Halten Sie Abstand zu den anderen Pferden, und drehen Sie das Pferd mit dem Kopf zum Tor.

4 Sehen Sie das Pferd an, und nehmen Sie ihm in aller Ruhe das Halfter ab. Halten Sie das Halfter und den Führstrick gut fest, damit Ihr Pferd nicht erschrickt. Streicheln Sie das Pferd und entfernen Sie sich, klopfen Sie aber nicht zu fest auf Hals oder Bauch, es könnte dies als Aufforderung zum Herumgaloppieren verstehen.

5 Drehen Sie sich nicht um, sobald Sie das Pferd losgelassen haben. Gehen Sie rückwärts Richtung Tor, und lassen Sie Ihr Pferd dabei nicht aus den Augen. Dadurch bleibt es, wo es ist oder geht weiter in die Koppel hinein, statt Ihnen zum Tor hinterherzulaufen. Sie können das Tor leichter öffnen und sehen außerdem, wenn das Pferd nach Ihnen schlagen will, und Sie können leichter ausweichen.

DER UMGANG MIT EINEM SCHWIERIGEN PFERD

Treffen Sie Vorkehrungen, wenn Ärger zu erwarten ist. Tragen Sie einen Helm und Handschuhe, legen Sie dem Pferd Gamaschen an, damit es sich beim Herumgaloppieren nicht verletzt. Niemals dürfen Sie Ihr Pferd vor der Koppel loslassen. Benutzen Sie zum Führen eine Longe, damit können Sie mehr Abstand zum Pferd halten, sollte es steigen oder buckeln. Manchmal macht ein Pferd, das bereits auf der Koppel ist, Schwierigkeiten, wenn ein anderes Pferd dazukommt. Ist dies der Fall, gehen Sie am besten zuerst hinein und streuen eine Handvoll Futter auf den Boden. Dadurch verhindern Sie ein gefährliches Aufeinandertreffen am Tor.

DAS PFERD VON DER KOPPEL HOLEN

Jedes Pferd ist wild geboren, und es entspricht seinem Instinkt, sich von vermeintlicher Gefahr fernzuhalten. Auch der Mensch stellt eine potentielle Gefahr dar. Um ein Pferd auf der Koppel einfangen zu können, müssen Sie zuerst seine angeborene Vorsicht besiegen. Es ist frustrierend, wenn man zum Reiten gehen möchte und nicht in der Lage ist, sein Pferd einzufangen. Das Einfangen kann lebenswichtig werden, wenn es vom Tierarzt behandelt werden muß. Leider verbinden einige Pferde das Einfangen mit einer unangenehmen Erfahrung und lassen sich nicht mehr fangen. Um dieses Problem zu lösen, ist es am besten, wenn Sie Ihr Pferd manchmal nur einfangen, um es zu streicheln oder ihm eine Belohnung zu geben. Es wird das Einfangen dann mit einem angenehmen Ereignis in Verbindung bringen.

EINE BEWÄHRTE METHODE

Gehen Sie in einem leichten Winkel auf das Pferd zu

1 Gehen Sie langsam seitlich von vorne auf das Pferd zu, verstecken Sie das Halfter hinter Ihrem Rücken und sprechen Sie die ganze Zeit mit Ihrem Pferd. Bemerkt Sie das Pferd erst, wenn Sie vor ihm stehen, erschrickt es und läuft davon.

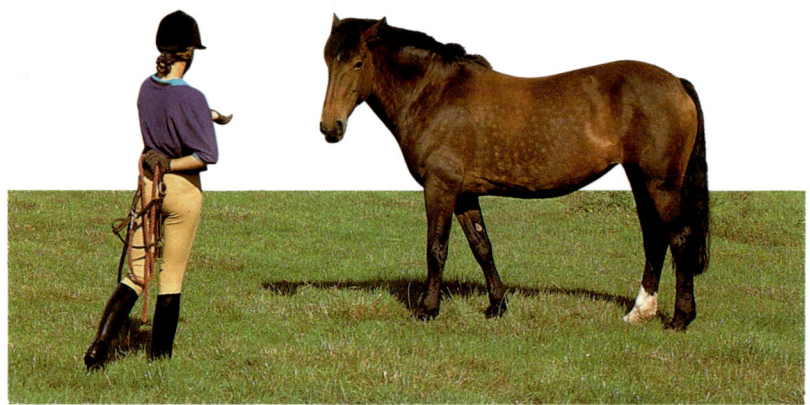

2 Ein Pferd ist von Natur aus neugierig und wird deshalb aufschauen, wenn Sie sich ihm nähern. Blickt es auf und realisiert Ihre Anwesenheit, bleiben Sie stehen und wecken damit seine Aufmerksamkeit, bis es auf Sie zugeht. Zeigen Sie ihm Ihre geöffneten Handflächen, und geben Sie ihm ewas zu fressen. Wenn es sich von Ihnen weg bewegt, machen Sie einen kleinen Bogen, um wieder in die richtige Position zu kommen und nähern Sie sich nochmals.

3 Lassen Sie sich zuerst vom Pferd berühren (am besten das Futter aus der Hand nehmen), statt es gleich am Hals zu streicheln. Versuchen Sie nicht, seine Mähne oder seinen Schopf zu packen, sondern zeigen Sie ihm ganz allmählich sein Halfter, um es nicht zu beunruhigen. Wenn Sie den Führstrick über seinen Hals legen, fühlt es sich beherrscht und bleibt stehen.

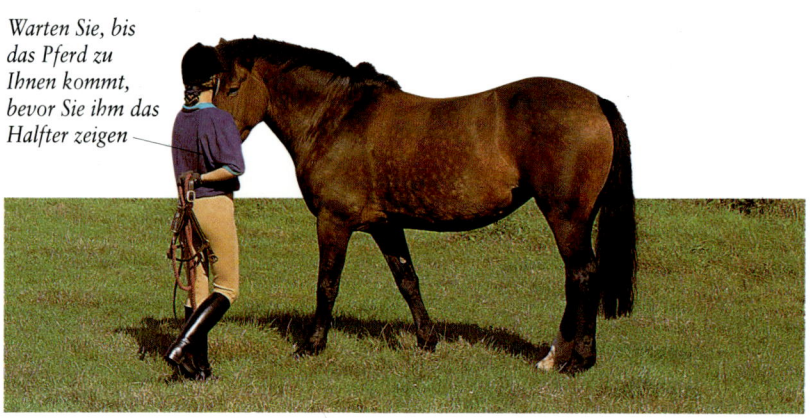

Warten Sie, bis das Pferd zu Ihnen kommt, bevor Sie ihm das Halfter zeigen

*Stellen Sie sich nah an das Pferd,
um sein Halfter anzulegen*

*Sobald das Halfter rich-
tig sitzt, führen Sie
das Pferd ruhig davon*

4 Halten Sie das Halfter mit beiden Händen fest und ziehen
es über die Pferdenase in die richtige Höhe. Dabei halten Sie die
linke Hand ruhig und arbeiten sich mit dem Kopfstück nach
oben vor. Klappen Sie das Kopfstück nach links und ziehen es
durch die Schnalle. Anschließend klopfen Sie das Pferd
am Hals.

5 Ruhen Sie sich jetzt nicht aus, weil das Pferd immer noch versuchen kann, von Ihnen wegzulaufen. Wenn es Ihnen jetzt davonläuft, ist es noch schwieriger zu fangen als beim ersten Mal. Sie dürfen den Führstrick niemals um Ihre Hand wickeln. Wenn Sie die
Befürchtung haben, daß Ihnen das Pferd den Strick aus der Hand ent-
reißt, machen Sie einen Knoten in das Ende des Strickes. Tragen
Sie Handschuhe, damit Sie sich die Hände nicht verbrennen.

DAS EINFANGEN EINES SCHWIERIGEN PFERDES

Was Sie dürfen und was nicht
Bitten Sie jemand um Hilfe, dann nähern Sie
sich dem Pferd von beiden Seiten. Bewegen
Sie sich nicht unvermittelt von hinten auf das
Pferd zu, sonst erschrickt es. Läuft es vor
Ihnen davon, jagen Sie es nicht, sondern ge-
hen wieder hin und beginnen von Neuem.
Befestigen Sie niemals einen Strick an seinem
Hals; wenn es davonläuft, bringt es sich in
Gefahr. Wenn Sie das Pferd dann gefangen
haben, dürfen Sie auf keinen Fall Ihren Ärger
an ihm auslassen, belohnen Sie es stattdessen.

*Wenn der Freund weg-
geführt wird, beginnt das
andere Pferd hinter ihm
herzugehen*

1 Grast Ihr Pferd zusammen mit einem
Kumpel, möchte es wahrscheinlich lieber
bei seinem Freund bleiben als eingefangen
werden. Läßt sich das andere Pferd leichter
einfangen, versuchen Sie es zuerst bei ihm.

2 Führen Sie das andere Pferd Richtung
Ausgang, bis Ihr Pferd ihm folgt. Bitten Sie
nach Möglichkeit einen Helfer, Ihr Pferd einzufangen. Sind Sie allein, binden Sie ein Pferd
an und fangen sich dann das andere Pferd.

Kapitel 4

DAS PFERD IM STALL

DAS LEBEN in einem Stall entspricht nicht der Natur eines Pferdes. Im Gegensatz zur Wildnis kann es nicht 24 Stunden am Tag grasen und lebt getrennt von den anderen Pferden. Das widerspricht seinem natürlichen Gemeinschaftsgefühl. Wenn Sie ein Pferd in den Stall stellen, tun Sie es Ihrer eigenen Bequemlichkeit und nicht dem Wohlbefinden des Pferdes zuliebe. Deshalb müssen Sie versuchen, ihm eine Umgebung zu bieten, die so gut wie möglich für das Pferd ist. Dabei müssen Sie die psychologischen Aspekte genauso berücksichtigen, wie Wasser, Futter und einen Schlafplatz.

DIE STALLANLAGE

Im Laufe der Jahrhunderte entwickelten sich verschiedene Formen der Pferdehaltung, am häufigsten sind die Ställe mit Boxen- oder Ständerhaltung. Einzelboxen sind eigene »Zimmer« für jedes Pferd, die entweder nach außen offen oder in einem großen Stall untergebracht sind. Ständer haben feste Trennwände und meist an der Stirnseite eine Querstange. Sie sind relativ schmal, die Pferde sind angebunden und können sich nicht umdrehen. Die Ständerhaltung ist für »gemütliche/ruhige« Arbeits- oder Zugpferde geeignet, nicht aber für Pferde, die 24 Stunden am Tag im Stall stehen.

Lageplatz und Gebäude

Der ideale Stall hat überdachte Bereiche, in denen die Pferde, das Futter und das Sattelzeug untergebracht sind sowie einen Stauraum für andere Sachen. Er hat die Form eines »L« und sollte so stehen, daß der Wind an die Rückwand der Gebäude bläst und der Hof geschützt ist. Die Anlage muß auf ebenem Boden stehen. Wenn der Boden hängt, darf die Senke nicht bebaut werden, sonst kann das Wasser nicht ablaufen. Die Paddocks sollten leicht erreichbar sein.

Eine Alarmanlage sollte so angebracht sein, daß sie von möglichst vielen Personen gehört wird

Die Futterkammer muß abschließbar sein, die Tür aber so breit, daß ein Schubkarren durchpaßt. Die Tür muß auch die Nagetiere vom Futter fernhalten

Ein Bewegungsmelder ist praktisch und sicher

Ein Feuerlöscher ist lebenswichtig

Die Sattelkammer muß so groß sein, daß man die Sachen darin putzen kann, außerdem sollte sie mit Sicherheitsschlössern ausgestattet sein

Ein überdachter Bereich ist praktisch, weil man dort scheren und putzen kann.

Eine Wasserleitung muß am Stall sein

Der Hof muß gut drainiert sein, damit das Wasser vom Stall wegläuft, ein Gully ist aber notwendig

Die Tore müssen gut in Schuß und immer geschlossen sein, damit ein Pferd, das aus seinem Stall ausgebrochen ist, nicht aus dem Hof laufen kann

Der amerikanische Stall

Bei diesem Stalltyp stehen sich die Pferde, durch einen Mittelgang getrennt, gegenüber. Der gesamte Stall ist überdacht. Diese Haltungsform ist für die Pferde anregend, weil sie sich sehen und am Geschehen teilhaben können. Ein Nachteil stellt der gemeinsame Luftraum und das Lüftungsproblem dar, weil sich Infektionskrankheiten der Atemwege schnell ausbreiten können.

Die Lampe sollte wasserdicht abgedeckt sein und der Schalter »pferdesicher« geschützt. Sie muß so angeschlossen sein, daß sie am Eingang bedient werden kann

An einer Wand sollte ein kleines Vordach angebracht sein, unter dem Sie Gabel, Schaufel und andere Geräte nach dem Gebrauch sicher aufbewahren können

Der Misthaufen muß so angelegt sein, daß der Wind nicht den Gestank und die Fliegen in den Stall weht, und die Feuergefahr im Stall möglichst gering ist

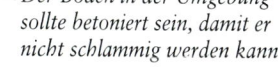

Der Boden in der Umgebung sollte betoniert sein, damit er nicht schlammig werden kann

Gesundheit und Sicherheit

Der Stall muß immer sauber sein. Nicht nur aus optischen Gründen, sondern vor allem aus Gründen der Sicherheit und Gesundheit. Verfaulter Mist, Urin und Einstreu stellen ein Gesundheitsrisiko für das Pferd dar und machen den Stallboden rutschig und gefährlich. Für den Notfall (z. B. Feuer) müssen Sie Verhaltensregeln aufstellen, die Sie gut sichtbar, zusammen mit der Telefonnummer Ihres Tierarztes, aufhängen.

DER STALL

Ein aufgestalltes Pferd hat keine Entscheidungsfreiheit darüber, wann es in seine Weidehütte gehen oder fressen oder trinken möchte. Aus diesem Grund sind Sie dafür verantwortlich, daß Ihr Pferd bekommt, was es täglich braucht. Es ist unverantwortlich, Ihr Pferd in einem Stall zu halten, in dem es sich verletzen kann oder in dem die Luft so schlecht ist, daß die Luft- und Atemwege erkranken. Obwohl Sie Ihr Pferd in einer unnatürlichen Umgebung halten, sollten Sie versuchen, es so glücklich wie möglich zu machen. Wenn ein Pferd die ganze Zeit im Stall stehen muß, wird es ihm langweilig – achten Sie deshalb darauf, daß es immer sehen kann, was draußen passiert.

Die Größe des Stalles

Die Mindestgröße für eine Box beträgt normalerweise 3,6 m im Quadrat und 2,7 m Höhe. Jede Seite sollte mindestens 1,5 mal so lang sein, wie das Pferd.

Fenster

Fenster sind eine Lichtquelle und ein wichtiger Bestandteil des Lüftungssystems. In vielen Fällen reichen Fenstergitter und man kann sich das Fensterglas sparen. Wenn Sie die Fenster verglasen möchten, empfiehlt sich Plexiglas, das weniger Schaden anrichtet, wenn es zerbricht. Lüftungsschlitze/Fensterschlitze sind unter Umständen besser als ganze Fenster.

DIE AUSSTATTUNG IM STALLINNEREN

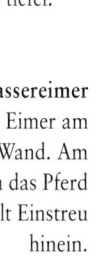

Anbinderinge

Die Ringe müssen gut befestigt sein – ein Ring für das Heunetz in Augenhöhe und der Ring zum Anbinden etwas tiefer.

Wassereimer

Hängen Sie den Eimer am besten an die Wand. Am Boden wirft ihn das Pferd um oder es fällt Einstreu hinein.

Futtertrog

Der Futtertrog sollte auf der Höhe der Pferdenase hängen, die Ecken müssen abgerundet sein, damit sich dort kein Futter sammelt. Zwei Eisenstangen verhindern das Herauswerfen des Futters.

Der Boden muß belastbar sein, er darf die Feuchtigkeit nicht aufsaugen, muß eine rutschfeste Oberfläche haben und so geneigt sein, daß das Wasser ablaufen kann

Belüftung

Auf dem Dach oder in der Nähe des Daches sollte sich eine Lüftung befinden, damit Frischluft durch den Stall fließen kann. Sie darf auf keinen Fall so angebracht sein, daß Zugluft entsteht.

Der Dachbelag darf nicht laut klappern, wenn der Wind pfeift und sollte unter Sonneneinstrahlung nicht zu sehr aufheizen

Die Türen müssen mindestens einen Meter breit und zwei Meter hoch sein

Das Pferd muß sich umdrehen und hinlegen können

Die untere Türhälfte muß mindestens 1,2 m hoch sein

Vordach und Regenrinne

Eine gute Regenrinne, durch die das Wasser in eine Regentonne laufen kann, ist wichtig. Ist keine Rinne vorhanden, verwandelt sich der Hof in eine Schlammfläche, und Pferde und Menschen müssen durch die Pfützen waten. Ein Vordach schützt das Pferd in seiner Box vor Regen und Schnee.

Haken an der oberen Klappe

Die obere Hälfte der Stalltür sollte immer offen sein, aber gut befestigt und nicht frei beweglich, da sie sonst das Pferd am Kopf treffen könnte.

Pferdesicherer Verschluß

Die untere Hälfte der Stalltür muß oben und unten verschlossen sein. Der obere Riegel muß gesichert werden, weil viele Pferde lernen, die Riegel zu öffnen.

Trittverschluß

Der untere Riegel verstärkt die Tür gegen Huftritte. Man kann den Riegel mit dem Fuß öffnen, das ist natürlich praktisch, weil man sich nicht bücken muß, wenn man ein Pferd führt oder einen schweren Eimer schleppt.

Der Sicherheitshaken dieses Türriegels muß nach oben gedrückt werden, sonst kann man die Tür nicht öffnen

EINSTREU

BEHAGLICHKEIT

Eine saubere, warme Einstreu ist für jedes Stallpferd unentbehrlich. Die Einstreu bietet Behaglichkeit und ist ein Wärmepolster. Sie dämpft die Erschütterung, wenn die Pferde lange auf hartem Boden stehen und regt die Ausscheidung von Kot und Urin an. Das Wohlbefinden des Pferdes ist das wichtigste Kriterium bei der Auswahl der Einstreu. Die anderen Aspekte, wie z. B. der Kostenfaktor, die Bedienungsfreundlichkeit und die Sauberkeit des Pferdes, müssen untergeordnet werden.

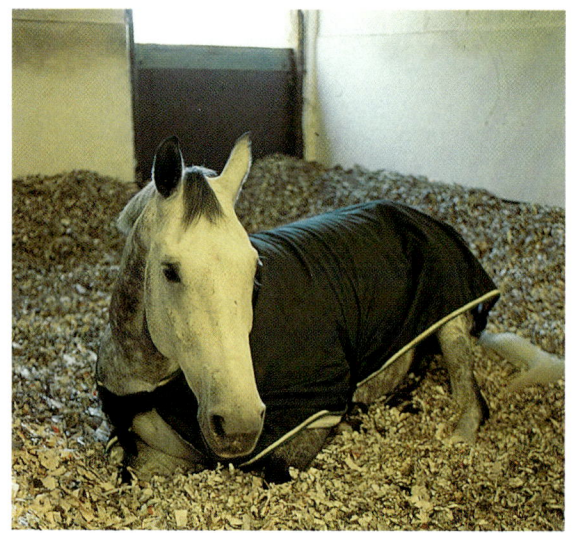

Ein Schlafplatz
Obwohl Pferde im Stehen schlafen können, legen sie sich von Zeit zu Zeit gerne hin. Ist zuwenig saubere Einstreu in der Box, verletzt sich das Pferd beim Hinlegen an den Gelenken, eine Piephacke oder Stollbeule kann die Folge sein. Nasse Einstreu fühlt sich kalt an und greift die Haut an.

STROH

Vorteile und Nachteile
Stroh, die traditionellste Einstreu, ist in unseren Breitengraden leicht erhältlich und einigermaßen preiswert. Es steckt voller Sporen, die Erkrankungen der Atemwge hervorrufen können (S. 139). Meistens wird Gerstenstroh verwendet, langstieliges Weizenstroh ist gut geeignet. Haferstroh ist hart und stachelig und wird nicht viel benutzt.

Haferstroh ist saugfähig

Haferstroh

Gerstenstroh ist gelber als anderes Stroh

Weizenstroh

Weizenstroh läßt Flüssigkeit am besten ablaufen

Gerstenstroh

Staubige Einstreu
Die Staubteilchen, die über dem Stroh tanzen, sind zu groß, um in die Pferdelunge zu geraten; große Staubwolken sind aber ein Hinweis auf Pilzsporen, die für das menschliche Augen unsichtbar sind. Stroh steckt meistens voller Pilzsporen, und auch jedes andere pflanzliche Material, das als Matrazenstreu verwendet wird, ist voll davon.

VERSCHIEDENE MATERIALIEN ZUM EINSTREUEN

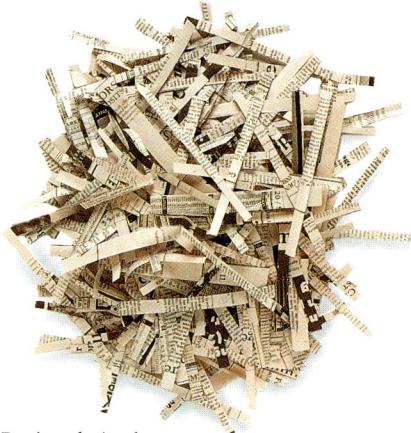

Sägespäne

Holzspäne sind fertig verpackt auf dem Markt. Mit den richtigen Geräten ist das Ausmisten einfach (S. 100). Saubere, trockene Späne sind für Pferde mit Atemwegserkrankungen besonders gut geeignet. Der größte Nachteil ist die schwierige Entsorgung, weil die Späne sehr langsam verrotten.

Papierschnitzel

Geschnitzeltes, in Ballen verpacktes Zeitungspapier ist relativ billig. Beim ersten Einstreuen hat Papier dieselbe Wirkung wie steriles Stroh und ist deshalb besonders für Allergiker geeignet. Wird das Papier aber von Urin durchnäßt, beginnt es zu schimmeln und wird in kürzester Zeit von Pilzen durchsetzt. Die Entsorgung des Mistes ist problematisch.

Hanf

Hanf ist eine relativ neue Art der Einstreu und ist schwer zu bekommen. Die Einstreu verrottet schneller als Späne, degeneriert nicht so schnell wie nasses Papier und ist sehr saugfähig. Man sollte damit genauso umgehen wie mit Spänen (S. 102).

Die einzelnen Gummi-matten sind miteinander verzahnt, damit sie nicht im Stall hin- und herrutschen oder sich aufstellen

Gummimatten

Durchlässige Gummimatten lassen das Wasser schnell ablaufen, der Boden bleibt immer trocken. Auf der anderen Seite sind sie für das Pferd nicht sehr angenehm, da der Mist liegen bleibt. Die Gummimatten sind im Hänger und im Transporter praktisch, überall dort, wo sich das Pferd nicht hinlegt.

Sand

Für Araber und andere Rassen, die ihren Ursprung in der Wüste haben, ist der Sand die natürlichste Art der Einstreu. Er formt ein trockenes Bett, das sich gut an die Körperform anpaßt und bei großer Hitze angenehm kühlt. Weil Sand nicht aus organischem Material besteht, ruft er keine Atembeschwerden hervor. Man darf kein Futter auf den Sand streuen, weil das Pferd sonst den Sand mitfrißt und eine Kolik bekommen kann.

DAS AUSMISTEN

Eine nasse Einstreu, Mist und Ammoniak sind für das Pferd unangenehm und müssen möglichst schnell entfernt werden. Einmal täglich sollte der Stall gründlich ausgemistet werden. Wenn das Pferd im Stall steht, entfernt man die Pferdeäpfel dreimal täglich und glättet die Einstreu. Nasse Einstreu kann Hufkrankheiten verursachen, die Strahlfäule (S.123) ist besonders gefährlich. In einem schmutzigen Stall wird automatisch auch das Pferd dreckig, das Putzen wird dann immer mühsamer. Das System der Matratzenstreu, bei der immer nur frisches Stroh auf der alten Einstreu verteilt wird, hat sich nicht bewährt, weil die ganze Box nur alle paar Monate ausgeräumt wurde. In der Eintreu sammeln sich Sporen und Ammoniak, beides ist gesundheitsschädigend.

GERÄTE

Früher mistete man mit einer Gabel, einer Schaufel, einem Besen und einem Schubkarren aus. Heutzutage gibt es zusätzliche Gerätschaften für die anderen Einstreuarten, die Zeit und Arbeit sparen. Eine Gabel für die Späne ist praktisch, weil die sauberen Späne durch die Zinken fallen und die nassen Späne und der Mist auf der Gabel bleiben. Mit einem kleinen »Mistfix« kann man die Pferdeäpfel einsammeln und in einen Korb oder in die Karre kippen.

Gabel   Schaufel   Besen

Spänegabel

Schubkarre

»Mistfix« Schaufel

»Mistfix« Rechen

Korb

UMGANG MIT DRECKIGEM STROH UND MIST

1 Zuerst entfernt man alle Pferdäpfel mit der Gabel. Sehen Sie gründlich nach, einige Misthaufen sind immer unter dem Stroh versteckt. Heben Sie jeden Haufen mit möglichst wenig Stroh hoch.

2 Werfen Sie die Pferdeäpfel in einen Korb, lassen Sie aber möglichst viel sauberes Stroh auf der Gabel. Ein Wäschekorb aus Plastik ist billig und praktisch.

3 Trennen Sie nasses und saueres Stroh. Schichten Sie das saubere Stroh an der Wand auf, und lassen Sie das nasse Stroh auf dem Boden liegen.

4 Verfrachten Sie das nasse Stroh in den Schubkarren. Versuchen Sie, das schmutzige nicht mit dem sauberen Stroh zu vermischen.

Die Pferde misten meistens an derselben Stelle in der Box

5 Werfen Sie das saubere Stroh in die Luft, und häufen Sie es an der Wand zu einem Berg auf. Dadurch lockern Sie das Stroh auf und versteckte Pferdeäpfel können herausfallen. Machen Sie an zwei Wänden Strohberge, die sogenannten »Banks«, und erneuern Sie die Banks täglich.

Schütteln Sie das Stroh gut auf

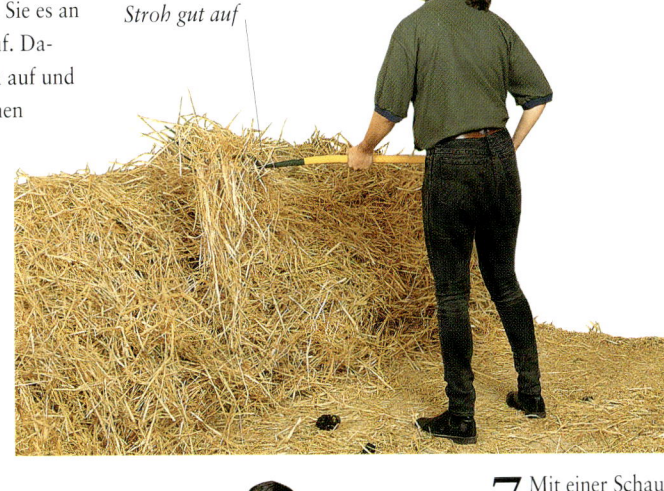

7 Mit einer Schaufel laden Sie den zusammengekehrten Haufen in die Schubkarre.

6 Kehren Sie den restlichen Mist und Staub in der Mitte zusammen. Der ganze Boden muß sauber sein und das Stroh an der Wand angehäufelt.

SO MACHEN SIE DIE BOX NEU

1 Lassen Sie die Box gründlich trocknen und lüften, bevor Sie wieder neu einstreuen. Werfen Sie das alte Stroh in die Mitte, dabei müssen Sie aber die Banks an der Wand erhalten. Geben Sie neues Stroh dazu. Wenn Ihr Pferd gern Stroh frißt, mischen Sie das neue Stroh unter das alte.

Mit der Gabel schütteln Sie das Stroh in der Luft auf und verteilen es anschließend auf dem Boden

2 Häufen Sie aus dem restlichen (alten) sauberen Stroh Banks an der Wand auf. So kann sich das Pferd nicht an der Wand festlegen. Gehen Sie rückwärts durch die Box, und drücken Sie das Stroh mit der Gabel fest gegen die Wand. Anschließend ebnen Sie die obere Kante.

3 Frisch aufgeschütteltes Stroh sieht immer sehr voluminös aus, es wird aber schnell vom Pferd zusammengedrückt. Um zu testen, ob genug Stroh in der Box ist, stechen Sie mit der Gabel hinein. Wenn Sie hören, wie die Zinken auf den Boden treffen, müssen Sie mehr Stroh holen.

AUSMISTEN VON SPÄNEN

Mit dem Rechen befördern Sie die Pferdeäpfel in die Schaufel

Neigen Sie die Schaufel ein wenig, Sie können die Äpfel dann leichter hineinrollen

1 In einer Spänebox bleiben die Pferdeäpfel oben auf den Spänen liegen und sind leicht zu finden. Mit dem »Mistfix« lassen sie sich leicht einsammeln.

2 Mit einer Spänegabel entfernen Sie die nassen Stellen und lockern alle Späne auf. Bei Späneboxen sind hohe Banks nicht nötig; anders als das Stroh bewegen sich die Späne beim Hinlegen nicht viel.

AUSMISTEN, WÄHREND DAS PFERD IM STALL STEHT

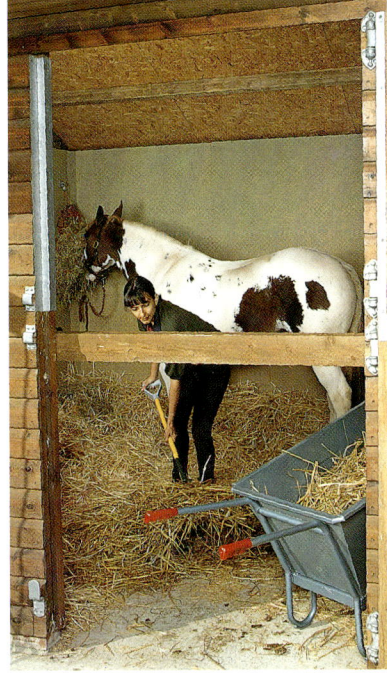

Machen Sie eine Barriere in die Stalltür
Können Sie das Pferd während des Ausmistens nicht herauslassen, müssen Sie den Ausgang mit einem Holzbrett abriegeln. Dann kann das Pferd nicht hinaus, und Sie können schnell unter dem Brett durchschlüpfen.

Halten Sie sich während der Arbeit vom Pferd fern

Bewegen Sie das Pferd
Arbeiten Sie mit Ihren Geräten immer vom Pferd weg, um es nicht zu verletzen; arbeiten Sie nicht um die Pferdebeine herum, sondern schieben Sie das Pferd auf die andere Seite, damit Sie die andere Boxenhälfte ausmisten können.

DER MISTHAUFEN

Befestigen Sie den Misthaufen an drei Seiten, dann bleibt er ordentlicher

Lagern Sie den Mist so, daß Sie mit einem Fahrzeug leicht an den Misthaufen hinfahren können, um ihn zu entsorgen. Schichten Sie ihn stufenweise auf, dann kann der Regen alles aufweichen und der Mist verrottet schneller. Verteilen Sie die Mistschicht einer Stufe, die Sie dann festtrampeln. Legen Sie am hinteren Ende eine zweite Stufe an. Der Schubkarren läßt sich leichter schieben, wenn man auf die erste Schicht ein Brett legt. Ist die zweite Stufe auf eine bequeme Höhe angewachsen, beginnen Sie mit der dritten Stufe. Erhöhen Sie die »Treppe« Stück für Stück und trampeln Sie jede neue Schicht fest.

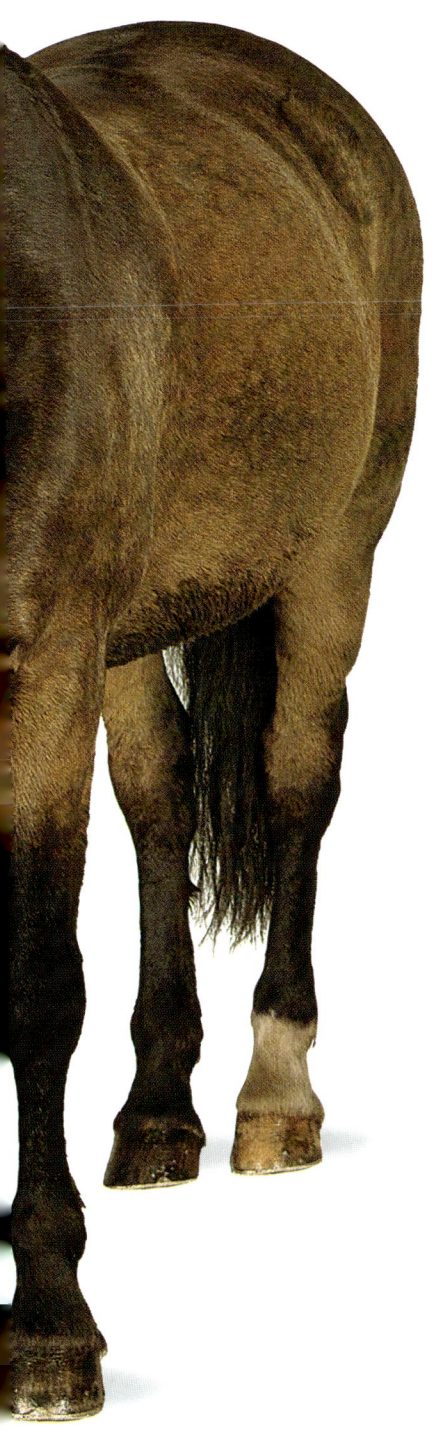

Kapitel 5

FUTTER UND WASSER

FÜR EIN DOMESTIZIERTES Pferd wird eine große Auswahl an Futtermitteln angeboten, man darf aber niemals vergessen, daß das Pferd ein Weidetier ist. Es muß den ganzen Tag Zugang zu Rauhfutter (z. B. Heu oder Gras) haben. Im Laufe der Zeit entstanden zahlreiche Mythen, die sich um die Fütterung ranken. Sie sollten deshalb die Fakten, die dahinterstecken, kennen. Einige dieser Mythen führen zu einem gefährlichen System, denn die Fütterung beeinflußt den Gesundheitszustand, das Verhalten und die Leistungsfähigkeit eines Pferdes. Befolgen Sie die Grundregeln der Fütterung, beharren Sie aber nicht stur auf irgendwelchen Formeln. Jedes Pferd ist ein Individuum, und deshalb müssen Sie herausfinden, was das Beste für Ihr Pferd ist.

SO FÜTTERT MAN EIN PFERD

Pferde sind von Natur aus Weidetiere. Sie kappen das Gras mit ihren Schneidezähnen und zerkauen es mit den Molarzähnen. Beim Kauen wird Speichel produziert. Das Futter vermischt sich mit dem Speichel, wird heruntergeschluckt und wandert anschließend in den Magen. Der Magen ist nur für die Aufnahme kleiner Nahrungsmengen geeignet, das heißt, daß ein Pferd nicht in der Lage ist, soviel Gras oder Heu auf einmal zu sich zu nehmen, um die Energie zu ersetzen, die es bei anstrengender Arbeit verbraucht hat. Durch das Füttern kleiner Mengen »konzentrierten Futters« (S. 110) bekommen Sie dieses Problem in den Griff. Im Verhältnis zur Futtermenge bietet konzentriertes Futter mehr Energie als Gras oder Heu.

VERSCHIEDENE ARTEN DER FÜTTERUNG

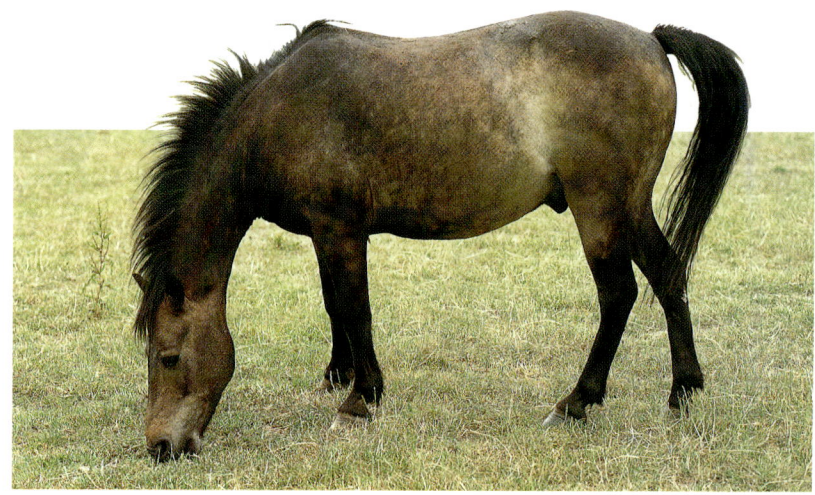

Lose auf den Boden gestreut
Wenn Sie das Futter auf den Boden streuen, entspricht es der natürlichen Form des Grasens, es wird aber viel Futter verschwendet. Das Futter mischt sich mit Erde und verteilt sich auf dem Gras so, daß das Pferd die einzelnen Körner nicht mehr aufnehmen kann. Außerdem besteht die Gefahr, daß das Pferd zuviel Sand oder Erde frißt und Koliken bekommt.

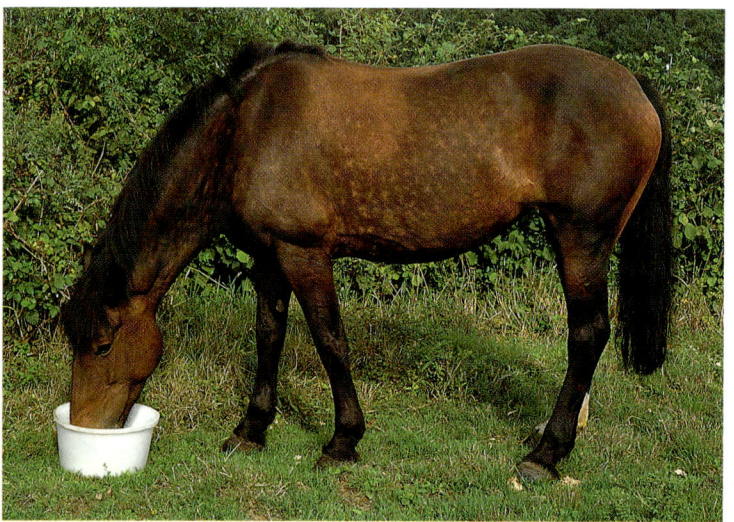

In einem Eimer auf dem Boden
Aus einem Eimer kann das Pferd leichter fressen. Geben Sie jedem Pferd seinen eigenen Eimer, der Eimer darf aber keinen Henkel haben, weil das Pferd sonst mit dem Fuß darin hängenbleiben könnte. Stellen Sie die Eimer auf der Koppel weit auseinander, damit nicht ein Pferd versucht, aus dem anderen Eimer zu fressen. Pferde mit Atemwegserkrankungen sollten immer mit dem Kopf nach unten fressen, dann läuft der Schleim aus den Atemwegen ab und nicht in die Lunge zurück.

In einem Futtertrog
Mit einem Futtertrog kann das Pferd sein Futter nicht überall verstreuen, wie es bei einem Eimer der Fall ist, der umgestoßen wird. Außerdem kann das Pferd nicht herumspielen, wenn es ihm langweilig wird. Zusätzlich gewinnt man im Stall mehr Raum am Boden, wenn der Trog an der Wand hängt.

GRUNDREGELN DER FÜTTERUNG

Regel	Gründe
Eine Futterumstellung muß immer ganz allmählich erfolgen.	Auf diese Weise kann sich das Verdauungssystem anpassen. Das gilt genauso für neue Heuballen, wie für eine neue Futtersorte oder eine andere Grasmischung.
Sie dürfen die Futtermenge nicht erhöhen, ohne das Pferd mehr zu arbeiten.	Hat das Pferd Gewicht verloren, steigern Sie die Kraftfuttermenge. Erhöhen Sie die Ration nicht, wenn Sie nur davon ausgehen, daß das Pferd in Zukunft mehr arbeiten wird. Jedes Ungleichgewicht im Verhältnis Futter : Arbeit führt zu Kreuzverschlag oder einem Einschuß (S. 137).
Füttern Sie nur Futter von bester Qualität.	Die Sauberkeit ist ein wichtiges Qualitätsmerkmal bei Kraftfutter. Staubiges und muffiges Futter hat nicht viel Nährwert. Bei Heu ist es anders: Selbst nährstoffreiches, gutes Heu kann so viele Pilzsporen enthalten, daß es beinahe ein Gesundheitsrisiko darstellt.
Bieten Sie dem Pferd beinahe den ganzen Tag Rauhfutter an.	Das Verdauungssystem ist auf die ständige Zufuhr von Rauhfutter eingestellt, es wurde nicht für die Aufnahme großer Futtermengen konzipiert.
Berechnen Sie die Futtermenge nach dem Gewicht und nicht nach dem Volumen.	Die einzelnen Futtermittel unterscheiden sich bei gleichem Gewicht durch ihr Volumen. Jedes Futtermittel, das nach Gewicht abgepackt ist, hat von Sack zu Sack ein anderes Volumen.
Stören Sie das Pferd während des Fressens nicht, und arbeiten Sie es weder kurz vor, noch kurz nach dem Fressen.	Während der Arbeit wird vermehrt Blut in die Muskeln transportiert. Im Verdauungssystem befindet sich zur selben Zeit weniger Blut, und es kann zu Verdauungsstörungen kommen. Wenn das Pferd unruhig ist, schluckt es das Futter, ohne zu kauen und kann Koliken bekommen.
Füttern Sie kleine Futtermengen immer zur gleichen Tageszeit.	Das Kolikrisiko sinkt, wenn das Verdauungssystem immer gleich viel Arbeit hat. Füttern Sie unbedingt in regelmäßigen Abständen.
Frisches Wasser muß immer zur Verfügung stehen; direkt nach dem Fressen aber nicht zuviel.	Heu und Kraftfutter enthalten weniger Feuchtigkeit als Gras und müssen deshalb vor dem Verdauungsvorgang gut mit Wasser vermischt werden.

SO KONTROLLIEREN SIE DAS GEWICHT IHRES PFERDES

Messen Sie den Umfang hinter dem Ellbogen, dort, wo der Sattelgurt liegt

So erfahren Sie, wieviel Ihr Pferd wiegt

Mit Hilfe des Körpergewichts bekommen Sie einen Überblick über die Auswirkungen Ihrer Fütterung und Ihres Trainingspensums, nicht darüber, wieviel Sie füttern sollen. Eine Waage ist ideal, Sie können aber den Umfang an der Gurtlage mit dem Maßband messen, er entspricht ungefähr dem Körpergewicht. Messen Sie den Umfang und die Länge des Pferdekörpers (von der Bugspitze bis zum Hüfthöcker), rechnen Sie das Gewicht in Kilogramm um, d. h. Sie müssen Pfund mit dem Faktor 0,45 multiplizieren, und bestimmen Sie das Körpergewicht nach folgender Formel:

Gewicht (lb) = Umfang (in) x Länge (in) : 300
(Englische Maßeinheiten)

ERNÄHRUNGSBEDÜRFNISSE

Jedes Pferd hat einen genetisch individuell festgelegten Körper, der Faktoren wie das Gewicht und den Körperbau festlegt. Sein individueller Stoffwechsel regelt die Verdauung und die Verwertung der Nährstoffe. Zusätzlich hat jedes Pferd seine eigene Bakterienkultur im Darm, die das Rauhfutter verdaut. Folglich hat die gleiche Futtermenge bei verschiedenen Pferden eine unterschiedliche Wirkung. Nachfolgend sind die Richtlinien für die Fütterung angegeben. Füttern Sie Ihr Pferd aber nicht nach den Richtlinien, sondern seinen Bedürfnissen entsprechend. Die Bedürfnisse eines Pferdes sind natürlich abhängig von der Haltung, von den Wettereinflüssen, davon ob es geschoren ist oder nicht. Fehlen ihm wichtige Nährstoffe, verliert es Gewicht. Haben Sie ein Pferd gekauft, fragen Sie am besten den Vorbesitzer, wieviel er täglich gefüttert hat, um eine vage Vorstellung zu bekommen.

TEILE DER AUSGEWOGENEN ERNÄHRUNG

Bestandteil	Wirkung	Wo es zu finden ist
Proteine	Proteine sind die Baustoffe des Körpers. Muskeln bestehen zum größten Teil aus Proteinen, aber auch Sehnen und Bänder.	Gras und Heu decken einen Großteil des Bedarfs ab. Sojabohnen (in Pelletform) sind reich an Proteinen.
Kohlenhydrate	Kohlehydrate als Energiequelle sind in Form von Glykogen im Muskel gespeichert und ständig einsatzbereit.	Gras und Heu enthalten ausreichend Kohlehydrate für Normalbedarf, nicht aber für Pferde, die viel leisten müssen.
Fett	Fette oder Öle sind eine wertvolle Energiequelle, weil sie in leicht abbaubare, einfache Kohlenhydrate aufgespalten werden können.	Viele Fertigfuttermischungen enthalten pflanzliche Öle, sie decken bis zu 15% des Energiebedarfs ab.
Wasser	Der Pferdekörper besteht zum größten Teil aus Wasser; es ist das Haupttransportmittel aller Stoffe im Körper.	Das junge Gras im Frühling hat einen hohen Wasseranteil, dennoch deckt das Pferd den Großteil seines Bedarfs durch Trinken ab.
Mineralstoffe	Knochen und Gewebe brauchen Mineralstoffe.	Alfalfa ist ein guter Energielieferant. Beim Grasen werden die Mineralstoffe mit der Erde aufgenommen.

DAS VERHÄLTNIS KRAFTFUTTER:RAUHFUTTER

Futter und Arbeit
Sogar im harten Training sollte ein Pferd überwiegend Rauhfutter bekommen. Gras und Heu können aber in der Regel den Energiebedarf eines arbeitenden Pferdes nicht abdecken. Das Verdauungssystem wird mit der erforderlichen Rauhfuttermenge nicht fertig, deshalb stellt man die nötigen Nährstoffe in Form von Kraftfutter zur Verfügung. Trotzdem müssen Sie immer den individuellen Bedürfnissen entprechend füttern. Einige Pferde oder Ponys brauchen auch dann kein Kraftfutter, wenn sie regelmäßig arbeiten.

Arbeit
Erhaltung der Körperfunktionen (keine Arbeit)
Füttern Sie kein Kraftfutter, nur gutes Rauhfutter, um das normale Körpergewicht zu erhalten.

Leichte Arbeit
Täglich bis zu einer Stunde Schritt mit leichten Trabreprisen. Füttern Sie bis zu 15% Kraftfutteranteil.

Mittelschwere Arbeit
Leichte Springarbeit oder Galopparbeit. Füttern Sie bis zu 30% Kraftfutter.

Harte Arbeit
Zwei Stunden täglich inklusive Galopparbeit oder Turnieren. Füttern Sie bis zu 45 % Kraftfutter.

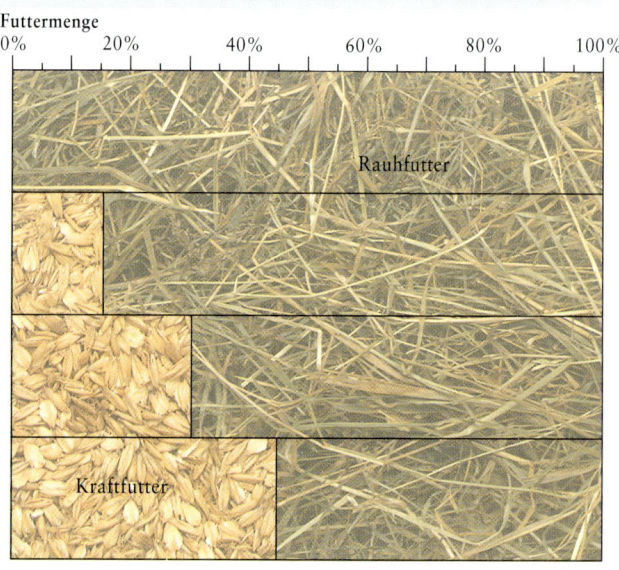

Futtermenge
0% 20% 40% 60% 80% 100%

Rauhfutter

Kraftfutter

BESONDERE BEDÜRFNISSE

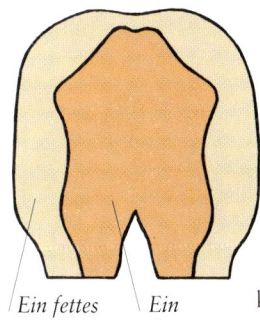

**Ein fettes
Pferd**   **Ein
dünnes
Pferd**

Zwei extreme
Verfassungen

Über- oder Untergewicht

Ist Ihr Pferd über- oder unter-
gewichtig, dürfen Sie seine
Ernährung auf keinen Fall
abrupt umstellen. Es ist
gefährlich, ein fettes Pony
plötzlich auf Diät zu setzen, weil sein Verdauungssystem damit nicht zurecht-
kommt. Zur Beurteilung gilt folgende Richtschnur: Sie sollten
sehen können, wo die Rippen
aufhören, der Rippenbogen darf
aber nicht zu sehen sein.

Fütterung im Winter

Ein Stallpferd braucht im Winter genausoviel Futter wie im
Sommer. Ein Koppelpferd benötigt im Winter aber mehr
Energie, um sich bei Sturm und Kälte warmzuhalten,
deshalb braucht es mehr Kraftfutter.

ALTE PFERDE

Im Alter profitieren die Pferde von auf-
bereitetem Rauhfutter, wie Häcksel
oder Kops, weil sie mit ihrem Winkelgebiß das Heu nicht mehr zerkleinern
können. Alte Pferde brauchen mehr
Proteine, um das Muskelgewebe, das
durch den Alterungsprozeß im Stoffwechsel zerstört wurde, zu ersetzen. Sie
nehmen die Proteine in Form von
Kohlehydraten auf. Arbeitet das Pferd
regelmäßig, bekommt es durch häufige,
geregelte Fütterung die Energie, die
erforderlich ist, um die Körperfunktionen in Gang zu halten.

ERSTELLEN EINES FUTTERPLANS

Bereitstellung von Energie

Bei der Zusammenstellung der Futterration
müssen Sie zuerst überlegen, wieviel Arbeit
das Pferd leisten muß; das wird Ihnen helfen, zu entscheiden, wieviel Energie es
benötigt. Anschließend kombinieren Sie die
Futtermittel, die zusammen die erforderliche Energie liefern und so konzentriert
sind, daß sie an einem Tag verdaut werden
können. Beim Pferdefutter wird die Energie normalerweise in Megajoule (eine
Million Joule) pro Kilogramm (Futter) angegeben.
1 Joule = 0,239 Kalorien

Der Energiegehalt/Nährstoffgehalt der Futtermittel

- Hafer: 13,5 Megajoules/kg
- Mais: 16,1 MJ/kg
- Gerste: 15 MJ/kg
- Zuckerrüben: 12,2 MJ/kg
- Kleie: 11,1 MJ/kg
- Fertigfutter: siehe Aufdruck auf
  der Verpackung

RICHTSCHNUR FÜR DEN ENERGIEBEDARF VERSCHIEDENER ANFORDERUNGEN		
Arbeitseinheit	500 kg schweres **Reitpferd**	300 kg schweres **Familienpony**
Eine Stunde Schritt	5 MJ sind zusätzlich zu den Grundbedürfnissen erfor-derlich. Fütterung: 0,4 kg Zuckerrüben *oder* 0,3 kg Mais *oder* 0,15 kg Mais und 0,2 kg Zuckerrüben	Zusätzlicher Energiebedarf von 3MJ. Fütterung: 0,25 kg Zuckerrüben *oder* 0,27 kg Kleie *oder* 0,1 kg Hafer und 0,12 kg Zuckerrüben.
30 Minuten Trab	10 MJ sind zusätzlich zu den Grundbedürfnissen erforderlich. Fütterung: 0,75 kg Hafer *oder* 0,5kg Zuckerrüben und 0,25 kg Mais *oder* 0,52 kg Hafer und 0,27 kg Kleie	Zusätzlicher Energiebedarf von 6 MJ. Fütterung: 0,45 kg Hafer *oder* 0,5 kg Zuckerrüben *oder* 0,22 kg Hafer und 0,27 kg Kleie.
20 Minuten Galopp	8,33 MJ sind zusätzlich zu den Grundbedürfnissen erforderlich. Fütterung: 0,5 kg Mais *oder* 0,6 kg Hafer *oder* 0,2 kg Hafer und 0,25 kg Zuckerrüben und 0,24 kg Kleie	Zusätzlicher Energiebedarf von 5 MJ. Fütterung: 0,33 kg Gerste *oder* 0,31 kg Mais *oder* 0,13 kg Gerste und 0,24 kg Zuckerrüben.

KRAFTFUTTER

Eine große Auswahl verschiedener Futtermittel ist auf dem Markt. Darunter sind Fertigfuttermischungen in loser oder pelletierter Form und die verschiedenen Getreide. Fertigfuttermischungen bieten ein ausbalanciertes Verhältnis von Nährstoffen, wie Sie es selbst kaum besser zusammenmischen könnten. Wenn es um die richtige Futtermenge geht, dürfen Sie nicht raten. Rechnen Sie nicht mit dem Meßbecher als Maßeinheit, die verschiedenen Futtermittel haben ein unterschiedliches Gewicht. Viele Futtermittel variieren auch in ihrem Volumen, deshalb sind die Säcke auch nicht gleich groß. Jedes Futtermittel, das Sie hier sehen, wiegt 595 Gramm.

VERSCHIEDENE FUTTERMITTEL

Kleie
Kleie ist mehr ein Ballastfutter als ein Energielieferant. Für die Aufzucht junger Pferde ist Kleie nicht geeignet, weil sie zuviel Phosphor und zuwenig Kalzium enthält.

Pellets
Es gibt verschiedene Futtermischungen in Pelletform, die für die verschiedenen Pferdetypen geeignet sind, z. B. Sportferd, Pony oder Rennpferd. Kaufen Sie den richtigen Typ für Ihr Pferd.

Maisflocken
Der Mais, ein sehr reichhaltiges Futtermittel, wird von den Futtermittelherstellern angequetscht, um das Pferd nicht »heiß« zu machen (»heiß« bedeutet, durch die konzentrierte Energiezufuhr leicht erregbar). Durch das Quetschen wird der Nährstoffgehalt, also das Energieangebot, reduziert.

Müslifutter
Dieses Futter sieht appetitlicher aus als die Pellets. Ein wichtiger Grund für die Fütterung des Müslifutters ist, daß das Pferd länger frißt, was für das Verdauungssystem besser ist. Dieses Futtermittel ist in verschiedenen Mischungen erhältlich.

Leinsamen
Ungekochter Leinsamen ist giftig, deshalb muß er einige Stunden gekocht werden, bis die Samenkörner aufgequollen sind. Leinsamen wirkt abführend und läßt das Fell glänzen.

Alfalfa Pellets
Alfalfa enthält sogar in getrockneter Form viele Vitamine und Mineralstoffe. Der hohe Kalzium- und Faseranteil machen es besonders wertvoll, und man bezeichnet diese Pellets gern als »pelletierten Sonnenschein«.

Quetschhafer
Hafer als gebräuchliches Futtermittel wurde hauptsächlich deshalb so beliebt, weil gedankenlose Änderungen in der Futtermenge im Nährstoffgehalt wenig Unterschied machen, da der Hafer einen günstigen Rohfaser- und Energieanteil besitzt. Der Hafer ist für Pferde kein natürliches Futtermittel.

Gerste
Sie wird oft unterschätzt, hat aber einen hohen Energiegehalt. Bei der Fütterung müssen Sie vorsichtig sein, schon die kleinste Abweichung von der Futtermenge hat deutliche Folgen.

Zuckerrübenschnitzel

Die Zuckerrübe ist ein wertvolles Futtermittel, sie ist reich an Energie und Proteinen. Die Schnitzel sind getrocknet und müssen vor dem Füttern eingeweicht werden.

Zuckerrüben in Pelletform

Die Rübenpellets quellen genauso wie die Schnitzel, in Verbindung mit Feuchtigkeit (z. B. Speichel). Wenn man sie nicht gründlich aufquellen läßt, kann es zu Schlundverstopfung oder Kolik kommen.

Nach dem Quellen wiegen 595 g Zuckerrübenpellets 2,6 kg.

Aufgequollene Rübenschnitzel

Weichen Sie die Rübenschnitzel mindestens 12 Stunden in reichlich kaltem Wasser ein, damit am Ende immer noch ein Rest Wasser übrig bleibt.

ZUSATZFUTTER

Karotten und Obst

Karotten und Äpfel sind wahrscheinlich die Leckerbissen, die am meisten verfüttert werden. Karotten können unbedenklich in großen Mengen gegeben werden, haben aber einen geringen Nährwert. Zerteilen Sie die Karotten der Länge nach, runde oder eckige Stücke können im Schlund stecken bleiben.

Lebertran

Lebertran ist reich an Vitaminen, unter das Futter gemischt, macht er das Fell schöner.

Melasse

Als schmackhaftes Ergänzungsfutter ist die Melasse ein gutes Bindemittel bei trockenem oder staubigem Futter. Man kann sie auch mit Medikamenten mischen und direkt ins Maul geben.

Pflanzliche Öle

Öle sind reich an Energie. Man mischt sie unter das Futter von Sportpferden, die ihren hohen Energiebedarf nicht über das Futter abdecken können.

DIE LAGERUNG DES FUTTERS

Lagern Sie Ihr Futter in Metall- oder Kunststoffkisten, um es vor Insekten und Nagetieren – und ebenso vor Ihren Pferden – zu schützen. Pferde müssen immer Futter von bester Qualität bekommen. Legen Sie sich deshalb keinen Futtervorrat für mehr als zwei Wochen an, bei Hitze fängt es schnell an zu schimmeln. Leeren Sie Ihre Futterkiste immer ganz aus, bevor Sie neues Futter einfüllen, damit sich das neue Futter nicht unter das alte mischt.

Salz

Ein Salzleckstein ist eine gute Methode, Salz anzubieten. Immer wenn das Pferd das Bedürfnis hat, kann es daran lecken.

VERSCHIEDENE RAUHFUTTERMITTEL

Der faserreiche, ballaststoffreiche Anteil des Pferdefutters wird als Rauhfutter bezeichnet. Dieses Rauhfutter kann frisch sein, in Form von Gras oder getrocknet bzw. konserviert, wie bei der Silage. Im Gegensatz zum Menschen kann das Verdauungssystem des Pferdes Nährstoffe aus den Pflanzenfasern gewinnen. Sein langer Dickdarm entwickelte sich in Millionen von Jahren zu diesem Zweck. Zellulose, der Hauptbestandteil des Rauhfutters, wird mit Hilfe von körpereigenen Bakterien aufgespalten. Diese Bakterien gewinnen lösliche Kohlehydrate, Aminosäuren und Fettsäuren aus der zerkauten Zellulose. Bekommt das Pferd nicht genügend Rauhfutter, damit der Dickdarm immer gut gefüllt ist, kann es zu Koliken kommen.

Natürliches Futter

Gras ist das natürlichste Rauhfutter für ein Pferd. Beim Grasen wird das Futter langsam Biß für Biß aufgenommen. Das Gras ändert sein Aussehen und seinen Nährstoffgehalt im Laufe der Jahreszeiten. Kurz vor der Blüte im Sommer ist es sehr reichhaltig. Im Frühjahr enthält es sehr viel Wasser, und im Winter ist es manchmal so trocken wie Heu.

HEU

Gutes Heu

Heu ist getrocknetes Gras. Wiesenheu, wie auf diesem Bild, wird auf Weideland gemacht und enthält eine Vielzahl von Gräsern und Kräutern. Saatheu wird aus extra angepflanztem Gras gewonnen. Gutes Heu riecht süß, hat eine grün-braune Farbe und besteht aus blattärmerem, stengelreichem Material.

Schlechtes Heu

Schlechtes Heu enthält mehr Stengel als Blätter, ist gelbbraun, weil die grünen Pigmente ausgeblichen sind. Weißer Schimmel ist zu sehen, wenn das Heu zu feucht eingebracht oder schlecht gelagert wurde.

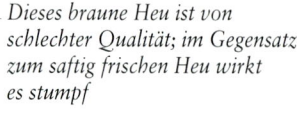

Dieses braune Heu ist von schlechter Qualität; im Gegensatz zum saftig frischen Heu wirkt es stumpf

PROBLEME DURCH HEU

Es ist sehr wichtig, Heu von guter Qualität zu füttern. Manche Ballen haben wenig Nährwert, andere enthalten eine hohe Konzentration von Pilzsporen, die Atemwegserkrankungen auslösen können. Achten Sie darauf, daß in Ihrem Heu keine giftigen Pflanzen sind, sie können sogar in getrocknetem Zustand zum Tod führen.

ANDERE FASERREICHE FUTTERMITTEL

Vakuum-verpacktes Gras
Dieses konservierte Gras ist feuchter und weicher als Heu. Die Pferde fressen es in der Regel sehr gern, und es hat fast doppelt so viel Nährwert wie Heu. Das Gras wird direkt nach der Ernte vakuumverpackt und fermentiert anschließend im Plastiksack.

Alfalfa
Alfalfa ist reich an Mineralstoffen und wird als Heu oder als getrockneter Häcksel verfüttert. Seine Blätter sind größer als die Blätter anderer Grassorten, dadurch ist es nahrhafter als das fetteste Wiesenheu. Alfalfa-Heu ist sehr gehaltvoll, füttern Sie nicht zu viel davon.

Silage
Die feuchte, säuerlich riechende Silage besteht aus Gras, das zusammengepreßt wird, sich dabei erhitzt und fermentiert. Silage in Polyäthylensäcken muß sehr sorgfältig gelagert werden. Silage aus kaputten Säcken kann beim Pferd zu Vergiftungen führen.

Häcksel
Für Häcksel wird Stroh in kleine Schnitzel zerteilt. Häcksel wird vollständig von den Bakterien im Dickdarm verdaut und belastet den Darm nicht so stark wie lange Strohhalme. Man kann Häcksel unter das Kraftfutter mischen, um das Futter mengenmäßig zu strecken, ohne zusätzliche Nährstoffe hinzuzufügen.

GRAS AUS DER HYDROKULTUR

Bei Hydrokultur wird das Gras künstlich in Behältern ohne Erde gezogen. Das Pferd bekommt eine Mischung aus Samen, Wurzeln und Sprossen. Dieses Gras hat einen geringeren Faseranteil als normales Gras, aber einen höheren Nährwert als anderes Rauhfutter.

Häcksel mit Melasse
Vermischt man diese beiden Futtermittel, erhält man ein sehr wohlschmeckendes Futter. Die Melasse erhöht den Nährwert geringfügig und bindet den Staub. Man kann diese Futtermischung auch fertig kaufen, wahrscheinlich ist es aber billiger, Melasse und Häcksel einzeln zu kaufen und selbst zu vermischen.

HEUFÜTTERUNG

Es ist für das Pferd am natürlichsten, vom Boden zu fressen. Sie können das Heu lose auf die Erde legen, dabei wird aber viel vergeudet, weil das Pferd darauf herumtrampelt und das Heu verschmutzt. Am einfachsten füttern Sie das Heu in einer Heuraufe oder einem Heunetz. Unterteilen Sie die Tagesration in vier gleiche Teile, und füttern Sie die Portionen in regelmäßigen Abständen; die erste vor dem Frühstück und die letzte am Abend. Lagern Sie neues Heu getrennt vom alten, und mischen Sie das neue ganz allmählich unter das alte Heu. Das Verdauungssystem kann sich auf diese Weise langsam an das neue Heu gewöhnen.

FÜLLEN UND WIEGEN EINES HEUNETZES

So füllen Sie ein Heunetz

Heunetze aus Kunststoff sind am besten, weil sie nicht verrotten und am längsten halten. Lockern Sie die Verschlußkordel, um das Netz zu öffnen, und stopfen Sie das Heu ins Netz. Möchten Sie Ihrem Pferd das Fressen erleichtern, schütteln Sie das Heu ein wenig auf.

Zum Füllen nehmen Sie am besten Ihren Fuß zu Hilfe

So wiegen Sie das Heunetz

Hängen Sie das Heunetz an die Heuwaage, um immer die gleiche Menge zu füttern. Ein Heunetz, das mit Heuscheiben gefüllt ist, wiegt mehr als ein Heunetz voll mit losem Heu.

So schätzen Sie das Gewicht

Ein Heuballen zerfällt in gleichgroße Scheiben, so können Sie Ihren Verbrauch leicht abschätzen. Wenn Sie eine neue Lieferung bekommen haben, sollten Sie einen der Heuballen wiegen, denn die Ballen sind oft unterschiedlich groß.

SO VERHINDERT MAN ATEMPROBLEME

Gutes Heu

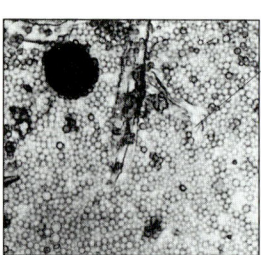

Schlechtes Heu

Pilz- sporen

Pilzsporen

Das Heu enthält mikroskopisch kleine Pilzsporen. Es sind die Sporen, die den Pferden beim Atmen Probleme bereiten und nicht die Staubpartikel, die man mit dem bloßen Auge sehen kann. Diese beiden Vergrößerungen zeigen die vielen gefährlichen Pilzsporen, die im schlechten Heu zu finden sind.

Das Einweichen von Heu

Durch Einweichen kann man viel Staub und viele Sporen wegspülen. Die Sporen bleiben am nassen Heu hängen und werden dann weniger leicht eingeatmet. Legen Sie das Heu für zwei Stunden in fließendes Wasser – nicht länger, sonst waschen Sie die Nährstoffe mit heraus.

AUFHÄNGEN EINES HEUNETZES

1 Ziehen Sie das Heunetz zu und dann die Aufhängeschnur durch eine Schlaufe, die an einem Ring befestigt ist. Der Ring sollte sich an einer Wand, einem Baum oder einem anderen geeigneten Platz befinden. Er muß über der Augenhöhe Ihres Pferdes angebracht sein, damit das Heunetz hoch genug hängt.

Ziehen Sie die Aufhängeschnur durch den Netzboden

2 Ziehen Sie das Netz nach oben, und fädeln Sie die Schnur durch den Netzboden. So pressen Sie das Netz beim Hinaufziehen zusammen und es hängt, auch wenn es leer ist, in der richtigen Höhe. Anders könnte das Pferd mit dem Bein darin hängenbleiben.

3 Mit der Schnur ziehen Sie den Netzboden möglichst weit nach oben und machen einen festen Sicherheitsknoten (S. 46), dessen Schlaufe nicht zu klein sein darf.

Fädeln Sie den Rest der Anbindeschnur ein, damit er nicht mehr heraushängt

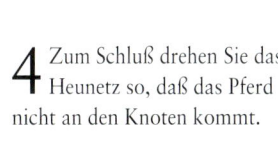

Drehen Sie den Knoten nach hinten

4 Zum Schluß drehen Sie das Heunetz so, daß das Pferd nicht an den Knoten kommt.

Die richtige Höhe
Das volle Heunetz soll auf Augenhöhe des Pferdes hängen. Hängt es tiefer, besteht die Gefahr, daß das Pferd mit dem Fuß hineinsteigt. Hängt es höher, fallen dem Pferd beim Fressen Staub und Blätter in die Augen.

Heuraufen
Eine Heuraufe ist zwar teurer als ein Anbindering für ein Heunetz, aber leichter zu füllen als ein Netz, und das Heu landet normalerweise nicht auf dem Boden. Nachteilig ist, daß die Höhe der Heuraufen für verschieden große Pferde nicht verändert werden kann.

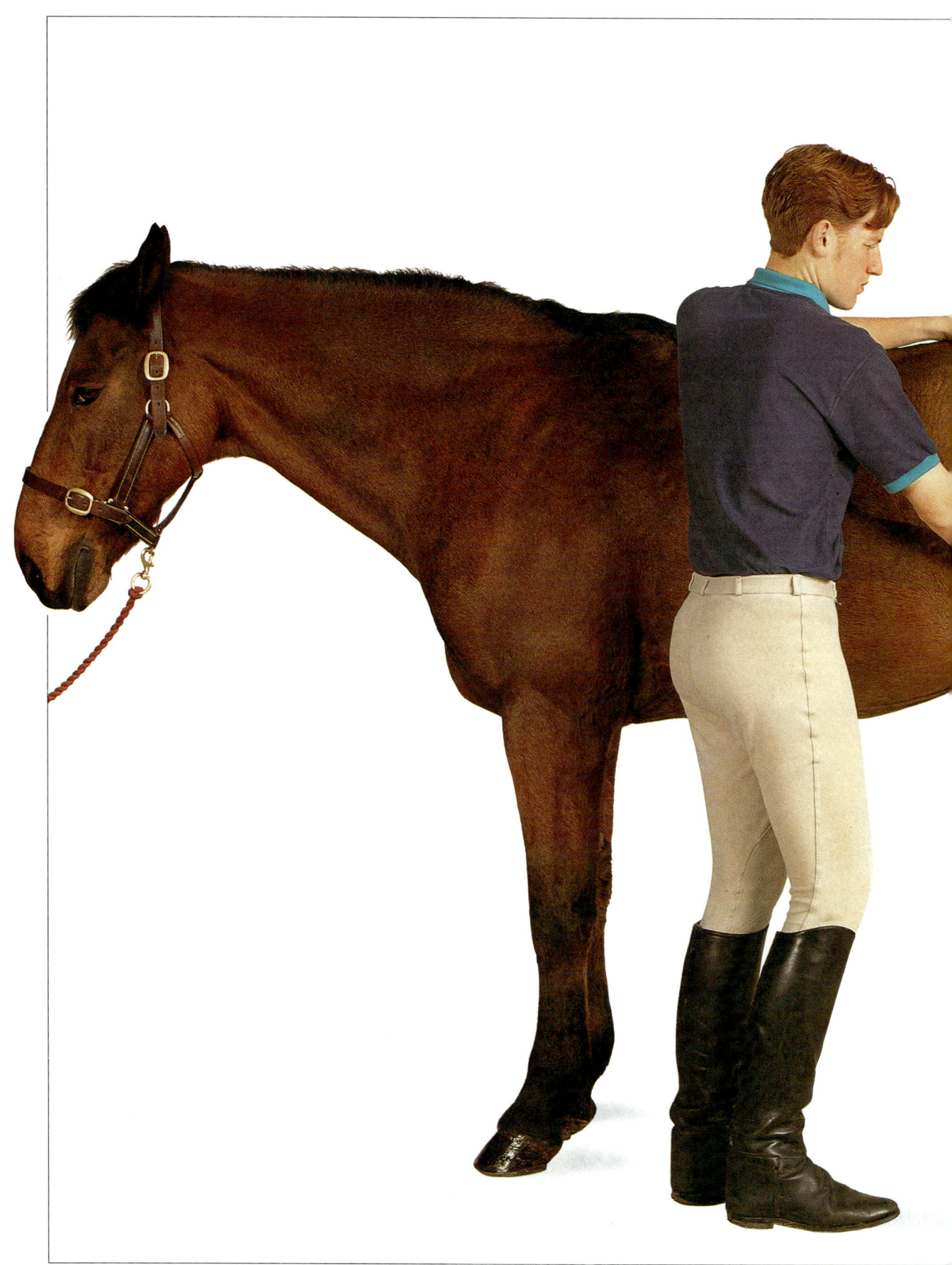

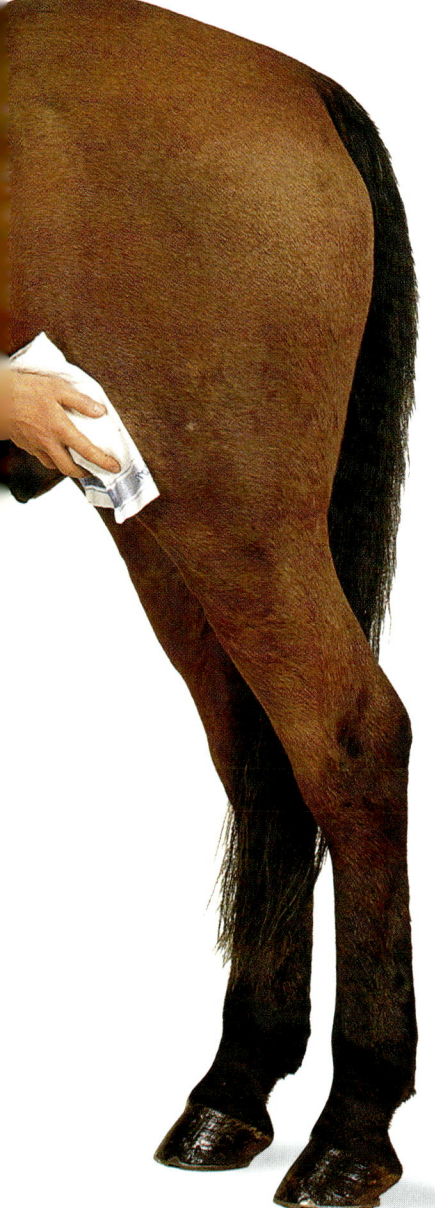

Kapitel 6

DAS KRANKE ODER VERLETZTE PFERD

J EDER, DER FÜR EIN PFERD verantwortlich ist, sollte wissen, wie er sich um ein gesundes oder krankes Tier kümmern muß. Dabei ist es nützlich, möglichst viele der bekanntesten Krankheiten erkennen zu lernen, und zu wissen, wie man diese Krankheiten behandelt oder um entscheiden zu können, wann der Tierarzt gerufen werden muß. Im Zweifelsfall holen Sie den Tierarzt lieber einmal zu oft, als einmal zu wenig, denn Vorsicht ist die Mutter der Porzellankiste.

MÖGLICHE ERKRANKUNGEN

Viele weit verbreitete Krankheiten sind untrennbar mit der Domestikation verbunden. Es ist sicher nicht so, daß die Menschen diese Erkrankungen wissentlich verschulden, doch bei falschem Umgang sich weiter verschlechtern können. Als Folgeerscheinung der Arbeit, die ein Pferd leisten muß, können Krankheiten auftreten – kein wildes Pferd wiederholt Bewegungen, wie sie in der Dressur verlangt sind. Viele Krankheiten treten auf, weil das Pferd immer im Stall steht. COPD (Emphysembronchitis, volkstümlich Dämpfigkeit genannt) wird durch schimmliges Stroh ausgelöst. Andere Krankheiten werden durch die Reisen verbreitet. Bei Wildpferden wurde die Influenza nur innerhalb der Herde übertragen, heute kann sie sich schnell von einem Land zum anderen ausbreiten, wenn die Pferde auf Turnieren zusammentreffen.

Warnsignale
Eine Entzündung ist das Symptom der meisten Pferdekrankheiten. Sie müssen deshalb immer auf die klassischen Anzeichen wie Wärme, Schmerz und Schwellung achten. Jede plötzliche Abweichung vom normalen Verhalten muß Ihre Alarmglocken läuten lassen. Anstatt die Symptome der einzelnen Krankheiten auswendig zu lernen, sollten Sie es erkennen, wenn das Pferd nicht mehr gesund aussieht (S. 28).

ENDOPARASITEN (S. 134)
- *Strongylus* (Blutwurm)
- *Trichonema* (kleine Strongyliden)
- *Ascaris* (Spulwürmer)
- *Anoplocephala* (Bandwurm)
- *Dictyocaulus* (Lungenwurm)
- *Oxyuris* (Pfriemenschwänze)
- *Gasterophilus* (Magendassel)

GELENKSERKRANKUNGEN (S. 124)
- Angelaufene Gelenke
- Schale und Hufknorpelverknöcherung
- Fesselgelenksgalle
- Kreuzgallen
- Spat
- Hasenhacke (Kurbe)
- Piephacke oder Stollbeule
- Verrenkung der Kniescheibe
- Gleichbeinschaden
- Osteochondrosis (OCD)

HUFKRANKHEITEN (S. 122)
- Hufprellung
- Quetschung der Hufsohle
- Hufrehe
- Hohle Wand
- Erkrankung der Hufrolle
- Ostitis
- Hufabszeß
- Kronrandspalte
- Strahlfäule

HAUTKRANKHEITEN (S. 130)
- Trockene Mauke
- Warzenmauke
- Nässende Mauke
- Sattel- und Gurtdruck
- *Trichophyton* (Hautpilz)
- *Hypoderma* (Rinderdasseln)
- »Sweet itch«
- *Haematopinus* und *Damalinia* (Läuse)
- Milben

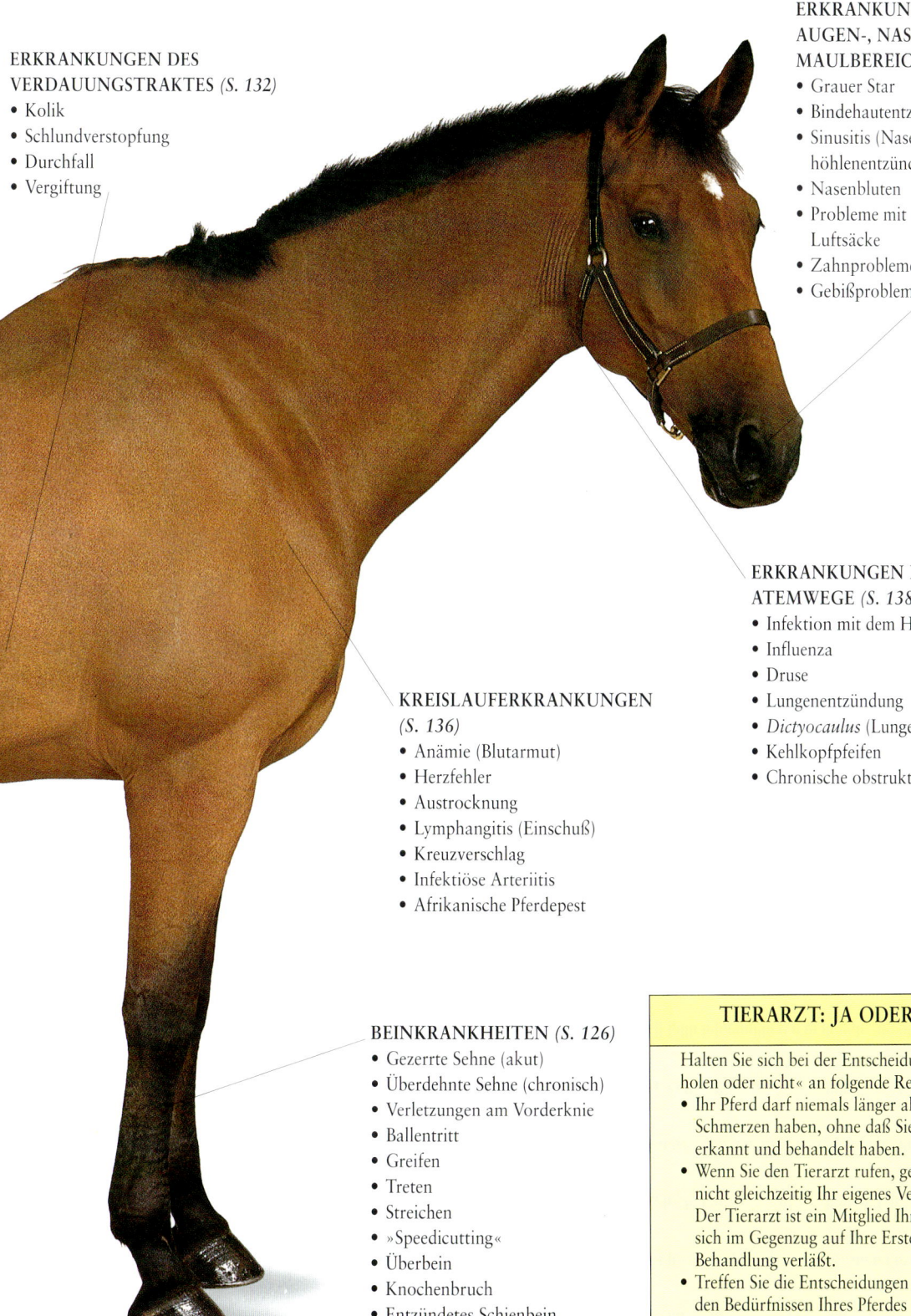

ERKRANKUNGEN DES VERDAUUNGSTRAKTES *(S. 132)*
- Kolik
- Schlundverstopfung
- Durchfall
- Vergiftung

ERKRANKUNGEN IM AUGEN-, NASEN- UND MAULBEREICH *(S. 128)*
- Grauer Star
- Bindehautentzündung
- Sinusitis (Nasenneben-höhlenentzündung)
- Nasenbluten
- Probleme mit einem der beiden Luftsäcke
- Zahnprobleme
- Gebißprobleme

ERKRANKUNGEN DER ATEMWEGE *(S. 138)*
- Infektion mit dem Herpesvirus
- Influenza
- Druse
- Lungenentzündung
- *Dictyocaulus* (Lungenwurm)
- Kehlkopfpfeifen
- Chronische obstruktive Bronchitis

KREISLAUFERKRANKUNGEN *(S. 136)*
- Anämie (Blutarmut)
- Herzfehler
- Austrocknung
- Lymphangitis (Einschuß)
- Kreuzverschlag
- Infektiöse Arteriitis
- Afrikanische Pferdepest

BEINKRANKHEITEN *(S. 126)*
- Gezerrte Sehne (akut)
- Überdehnte Sehne (chronisch)
- Verletzungen am Vorderknie
- Ballentritt
- Greifen
- Treten
- Streichen
- »Speedicutting«
- Überbein
- Knochenbruch
- Entzündetes Schienbein

TIERARZT: JA ODER NEIN?

Halten Sie sich bei der Entscheidung »Tierarzt holen oder nicht« an folgende Regeln:
- Ihr Pferd darf niemals länger als 24 Stunden Schmerzen haben, ohne daß Sie den Grund erkannt und behandelt haben.
- Wenn Sie den Tierarzt rufen, gestehen Sie nicht gleichzeitig Ihr eigenes Versagen ein. Der Tierarzt ist ein Mitglied Ihres Teams, der sich im Gegenzug auf Ihre Erste Hilfe-Behandlung verläßt.
- Treffen Sie die Entscheidungen immer nach den Bedürfnissen Ihres Pferdes und nicht nach Ihrem Geldbeutel.

So diagnostizieren Sie die Lahmheit

Ein lahmes Pferd nimmt sein Gewicht nicht mehr mit allen vier Beinen auf. Manchmal ist eine Lahmheit leicht zu behandeln, z. B. durch das Entfernen eines Steines aus dem Huf. Sie kann das Ergebnis einer Verletzung sein, z. B. wenn das Pferd auf einen Nagel getreten ist. Die Ursache kann auch eine Verschleißerscheinung der Gelenke sein. Sie dürfen ein lahmes Pferd nur auf Anweisung Ihres Tierarztes bewegen. Ist es stark lahm, müssen Sie auf der Stelle den Tierarzt holen. Handelt es sich um eine leichte Lahmheit, soll das Pferd 24–36 Stunden im Stall bleiben, lahmt es dann immer noch, muß der Tierarzt kommen.

ANZEICHEN FÜR EINE LAHMHEIT

Außergewöhnliches Verhalten
Wenn Sie beobachten, wie das Pferd steht, können Sie das Problem vielleicht schon erkennen. Es verlagert sein Gewicht von einem Bein auf das andere, schwankt beim Ausruhen voller Unbehagen hin und her oder schont ein Bein mehr als die anderen.

Wenn das Pferd einen Fuß in die Höhe hält, ist das ein schlechtes Zeichen; es hat wahrscheinlich Schmerzen im Bein

SO FINDEN SIE DIE URSACHE FÜR DIE LAHMHEIT HERAUS

Untersuchung durch den Tierarzt
Der Tierarzt kann den Krankheitsherd und die Ursache der Lahmheit durch das Abspritzen mit einer Lokalanästhesie, die den Bereich vorübergehend schmerzfrei macht, lokalisieren. Vielleicht muß die Hufsohle ausgeschnitten oder das Eisen abgenommen werden.

Mit der Hufzange kann man feststellen, ob der Huf druckempfindlich ist

Ein »dicker« Fuß
Ein angeschwollenes Bein deutet immer auf ein Problem hin. Sie dürfen eine Schwellung nie ignorieren, selbst dann nicht, wenn das Pferd nicht lahmt. Legen Sie einen kalten Umschlag an, bis die Schwellung zurückgegangen ist.

Eine Schwellung kann auf eine Sehnenzerrung hindeuten

Normales Bein

Angelaufenes Bein

SO BESTIMMEN SIE DAS LAHME BEIN

Vortraben für den Tierarzt

Man erkennt eine Lahmheit am leichtesten, wenn man das Pferd an der Hand vortraben läßt. Nur in dieser Gangart nimmt das Pferd mit jedem Bein gleich viel Gewicht auf. Es muß auf einem harten, ebenen Untergrund vorgetrabt werden, damit Sie hören können, ob es lahmt oder gerade geht. Bei einem gesunden Pferd klingt jeder Tritt gleich, während ein lahmes Bein etwas früher und lauter den Boden berührt. Traben Sie das Pferd auf einer geraden Linie vor, währenddessen beobachtet Ihr Tierarzt die Vorhand und die Hinterhand ganz genau.

Lassen Sie mindestens 30–45 cm des Führstricks herunterhängen, damit sich der Kopf uneingeschränkt bewegen kann

Wenn das Pferd mit dem gesunden Bein Gewicht aufnimmt, nickt es mit dem Kopf

Gesundes Pferd

Lahmes Pferd

Gesundes Bein

Lahmes Bein

Lahmheit an der Vorhand

Ein gesundes Pferd hält seinen Kopf im Trab relativ gerade, ein lahmes Pferd nickt im Trab mit dem Kopf, wenn das gesunde Bein den Boden berührt und dadurch zusätzliches Gewicht aufnehmen muß. Gelegentlich sieht es so aus, als würde das Pferd vorne lahmen, obwohl das Problem im gegenüberliegenden Hinterbein liegt.

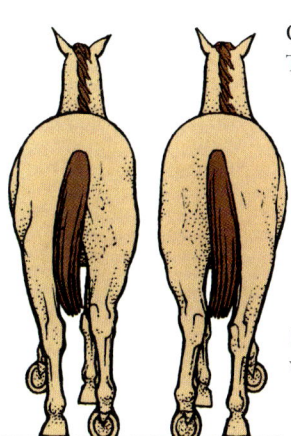

Gesunde Hinterbeine

Trabt ein gesundes Pferd vom Betrachter weg, bleiben die Hüftknochen in einer Höhe, während sich die Hinterhand bewegt. Wie die Vorderbeine, werden auch die Hinterbeine auf die gleiche Höhe angehoben und nehmen beim Auffußen gleich viel Gewicht auf. Die Hufe berühren den Boden in einem Viereck.

Lahmheit an der Hinterhand

Trabt ein lahmes Pferd vom Betrachter weg, sind die Hüftknochen auf deutlich unterschiedlicher Höhe. Die Hinterhand der gesunden Seite sinkt nach unten, sobald das gesunde Bein auffußt, weil es zusätzliches Gewicht aufnehmen muß. Lahmheit in der Vorhand wirkt sich normalerweise auf die Hinterhand nicht aus.

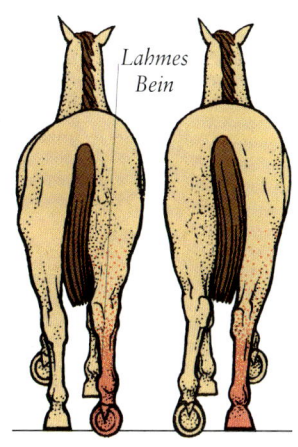

Lahmes Bein

HUFKRANKHEITEN

Bei 90 Prozent aller Lahmheiten liegt die Ursache im Huf. Gerechterweise muß man sagen, daß die meisten Probleme aufgrund mangelnder Pflege durch den Besitzer auftreten, z. B. wenn die Eisen zu lange am Huf bleiben, wenn die Hufe nicht regelmäßig ausgekratzt werden oder das Pferd zuviel Futter bekommt. Meistens treten die Probleme an allen Beinen auf, weil alle Hufe gleichmäßig vernachlässigt oder belastet wurden. Bei einer Hufquetschung ist wahrscheinlich der andere Huf ebenfalls verletzt. Es ist zwecklos, nur den offensichtlich kranken Huf zu behandeln, weil das Pferd kurze Zeit später wahrscheinlich auf dem anderen Fuß lahm wird. Es ist wesentlich besser, alle Hufe zu untersuchen und das Übel an der Wurzel zu packen.

Ausschneiden des Hufes
Um die Sohle besser inspizieren zu können, entfernt der Tierarzt das ganze verfärbte oder bröselige Horn mit einem Hufmesser.

HUFKRANKHEITEN			
Symptom	**Ursache**	**Behandlung**	**Prävention**
Hufprellung Das Horn rund um die weiße Linie ist verfärbt. Das Pferd reagiert empfindlich auf Druck, und die Lahmheit wird auf steinigem Boden schlimmer.	Tritt auf einen harten Gegenstand oder zu viel Arbeit auf der Straße.	Lassen Sie das Pferd so lange stehen, bis die Entzündung abgeklungen ist. Schützen Sie die Hufsohle mit einer Einlage.	Schützen Sie eine dünne Hufsohle oder flache Hufe mit einer gepolsterten Einlage.
Quetschung der Hufsohle **(meistens an der Vorhand)** Intermittierende Lahmheit, die beim Reiten auf unebenem oder steinigem Boden schlimmer wird. Wenn der Strahl ausgeschnitten ist, kann man verfärbtes Horn sehen, das oft blutrot ist.	Schlecht sitzende Eisen oder Eisen, die zu lange am Huf waren.	Der Schmied entfernt das verfärbte Horn und nagelt ein Spezialeisen auf den Huf, das die Erschütterung reduziert.	Lassen Sie Ihr Pferd regelmäßig von einem guten Schmied beschlagen.
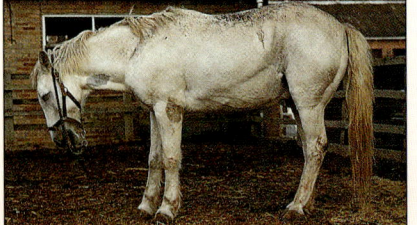 Ein Pferd mit Hufrehe stellt sich auf die Trachten **Hufrehe – Entzündung der Huflederhaut, meistens an beiden Beinen.** Das Pferd stellt sich auf die Trachten, um die Zehen zu entlasten. In akuten Fällen weigert es sich zu gehen. Die Hufe sind warm.	Überfütterung oder eine Vergiftung veranlassen die Freisetzung von Chemikalien in das Blut. Daraufhin ziehen sich die kleinen Blutgefäße in der empfindlichen Huflederhaut zusammen. In einigen Fällen stirbt die Huflederhaut ab, das Strahlbein dreht sich und sinkt durch die Sohle.	Fragen Sie Ihren Tierarzt um Rat, und stellen Sie die ursprüngliche Ursache ab. Geben Sie dem Pferd völlige Ruhe, nur in harmloseren Fällen sollten Sie es führen. Schmerzmittel helfen, auch leichtes Sedieren senkt den Blutdruck und verringert den Schmerz. Die Hufe sollten ausgeschnitten werden, um den Huf ins Gleichgewicht zu bringen (S. 21). Wahrscheinlich ist ein Spezialbeschlag nötig.	Passen Sie bei der Fütterung genau auf, und kontrollieren Sie die Hufe regelmäßig, vor allem bei Ponys, die für die Rehe besonders anfällig sind.

Symptome	Ursache	Behandlung	Prävention
Hohle Wand – Infektion im Huf Der Huf reagiert empfindlich auf das Abklopfen. Schwarzer, trockener, krümeliger Eiter wandert im Huf nach oben und tritt durch die weiße Linie aus.	Schlechtes Horn und eine zu lange Zehe dehnen die weiße Linie so, daß die Infektion dort eindringen kann.	Das entzündete Horn muß vollständig entfernt werden.	Kratzen Sie die Hufe regelmäßig aus, um Schmutz und Mist zu entfernen, die Infektionen hervorrufen können.
Erkrankung der Hufrolle – Entzündung des Strahlbeins, der darüberliegenden tiefen Beugesehne und des Fersengewebes, tritt meistens an beiden Beinen auf Im frühen Stadium zeitweilige Lahmheit. Das Pferd trabt hölzern oder stolpert. Die endgültige Diagnose kann über das Röntgenbild gestellt werden. Schatten auf dem Röntgenbild zeigen das erkrankte Strahlbein.	Abnutzung der Knochenstruktur am Strahlbein, wahrscheinlich durch schlechten Beschlag. Das Ganze wird durch mangelnde Durchblutung zusätzlich verschlechtert.	Ein medizinischer Beschlag ist notwendig. Mit Medikamenten, die die Blutgefäße erweitern, kann die Durchblutung verbessert werden. In manchen Fällen ist eine Operation erforderlich. Ein rundes Eisen schont die Trachten	Guter Beschlag reduziert die Gefahr der Abnutzung.
Ostitis – Entzündung des Strahlbeins Änlich wie die Erkrankung der Hufrolle.	Ein Stadium in der Entwicklung der Hufrollenerkrankung und keine eigenständige Krankheit.	Siehe oben.	Siehe oben.
Hufabszeß Starke Lahmheit – das Pferd setzt den Fuß nicht mehr auf.	Ein Loch in der Hufsohle läßt die Infektion in die empfindlichen Gewebeschichten vordringen. Der entstehende Eiter kann nicht ablaufen, und der daraus resultierende Druck verursacht Schmerzen.	Der Tierarzt macht ein Loch in den Huf, damit der Eiter ablaufen kann. Manchmal sind Antibiotika erforderlich, normalerweise legt man einen Hufumschlag an.	Füttern Sie Biotin und Methionin als Zusatzfutter, um das Hornwachstum zu verbessern.
Kronrandspalte – Spalt in der Hufwand Ein kleiner, senkrechter Sprung in der Hufwand. Erreicht der Spalt den Kronrand, kann kein gesundes Horn mehr nachwachsen. Das Pferd lahmt, wenn der Spalt bis in die empfindlichen Gewebeschichten geht. Ein Kronrandspalt bis zum Kronrand.	Schlechtes Horn, das nicht ausreichend durch die Eisen geschützt wurde. Bei großer Trockenheit bricht das Horn.	Man muß den Spalt möglichst schnell am weiteren Ausbrechen hindern. Ein horizontaler Schnitt, der so tief wie der Spalt sein muß, kann das Ausbrechen stoppen. In schlimmen Fällen muß man ein Stück Horn entfernen und den Spalt mit künstlichem Horn aus Acryl ausfüllen.	Kontrollieren Sie die Hufe regelmäßig.
Strahlfäule – Infektion des Strahls Das Horn am Strahl ist schwarz, übelriechend und feucht. Das Pferd lahmt nur in ausgesprochen schlimmen Fällen.	Das Pferd stand zu lange in einem dreckigen, nassen Stall oder im Schlamm.	Das kranke Horn muß entfernt werden, anschließend wird ein antibiotisches Spray oder eine verdünnte Formalinlösung aufgetragen.	Misten Sie den Stall gründlich aus. Kratzen Sie regelmäßig die Hufe aus.

ERKRANKUNGEN DER GELENKE

Die drei folgenden Teile eines Gelenks können erkranken: der Knorpel, der Knochen und die Gelenkflüssigkeit, die sowohl das Gelenk schmiert als auch als »Nahrungsreservoir« für den Knorpel dient. Alle Erkrankungen in den Gelenken haben gewisse Gemeinsamkeiten, die man bis vor kurzem als arthritische Veränderungen bezeichnete, heute aber als degenerative Gelenkskrankheiten. Als Folge dieser Krankheit kommt es zur Knochenneubildung, und der Knochen wird an anderen Stellen weniger verdichtet. Man kann diese Veränderungen gut am Röntgenbild erkennen. Ein artikularer Schaden am Knorpel legt den blanken Knochen frei und ist äußerst schmerzhaft. Eine Entzündung führt oft zur vermehrten Bildung von schlechter Gelenkflüssigkeit, deshalb sehen die betroffenen Stellen schwammig oder angelaufen aus.

DEGENERATIVE GELENKSERKRANKUNGEN

Symptome	Ursache	Behandlung	Prävention
Schwammige Gelenke Angelaufene Gelenke, das Pferd lahmt aber nicht und ist schmerzfrei.	Vermehrte Bildung von Gelenkflüssigkeit als Folge von Abnutzungserscheinungen.	In den meisten Fällen ist keine Behandlung nötig, die Schwellung geht durch Ruhe zurück.	Regelmäßige Bewegung, keine extremen Ruhepausen oder Belastungen.
Ringbein (Schale) und Hufknorpelverknöcherung – eine Erkrankung der Gelenke, die normalerweise bei älteren Pferden auftritt Das Pferd geht lahm. Die Schale ist eine Vergrößerung des Fesselbeins oberhalb des Kronrands; die Hufknorpelverknöcherung ist eine Vergrößerung des Hufknorpels im Bereich des Ballens.	Verschleißerscheinungen als Folge der ständigen Erschütterung des Fesselbeins, z. B. durch Arbeit auf der Straße.	Es gibt keine effektive Behandlungsmöglichkeit, Schmerzmittel dämmen aber die Lahmheit ein. Wenn die Schale das Gelenk nicht angreift (nicht artikular ist), verwächst sich die Schale im Laufe der Zeit.	Keine.
Gallen – die Produktion von zusätzlicher Gelenkflüssigkeit Weiche Schwellung im hinteren Teil des Beins oberhalb des Fesselkopfes, die nach Pausen oft schlimmer wird. Das Pferd geht nicht lahm. Eine Galle	Verschleißerscheinungen des Fesselkopfes.	Keine Behandlung notwendig.	Ist unmöglich, obwohl ein gutes Gebäude (nicht zu steile Schulter und Fessel) das Problem verhindern.
Kreuzgallen – die Produktion von zusätzlicher Gelenkflüssigkeit Weiche Schwellung oberhalb des Sprunggelenks, zwischen Knochen und Sehne. Eine Kreuzgalle	Belastung des Sprunggelenks.	Keine Behandlung notwendig.	Keine, die richtige Winkelung der Gelenke verringert das Problem.

Symptome	Ursache	Behandlung	Prävention
Spat – Verknöcherung Das Pferd lahmt auf einem, gelegentlich auch auf beiden Hinterbeinen. Manchmal ist unterhalb des Sprunggelenks eine harte, knochige Schwellung zu sehen.	Eine Form der degenerativen Gelenkserkrankungen, die auch die kleinen Knochen im Sprunggelenk befällt.	Kontrollierte Bewegung und notfalls Verabreichung von Schmerzmitteln. Medizinischer Beschlag kann die Lahmheit verringern.	Keine, aber ein gutes Gebäude reduziert die Gefahr der Erkrankung.
Hasenhacke (Kurbe) – Verdickung der Bänder Eine feste Schwellung unterhalb des Sprunggelenks. Das Pferd muß nicht lahm gehen.	Überstreckung des Sprunggelenks, dabei wird das Band überdehnt, das die Knochen zusammenhält.	Lassen Sie das Pferd stehen.	Arbeiten Sie junge Pferde nicht im tiefen Boden.
Piephacke oder Stollbeule – Schwellung des Gelenks Kalte, schmerzfreie Schwellung am Sprunggelenk oder am Ellbogen. (Frische Verletzungen sind warm und weich). In der Regel lahmt das Pferd nicht. Eine Piephacke	Kann durch einen Schlag entstehen, bildet sich aber oft, weil zuwenig Einstreu in der Box ist und sich das Pferd beim Hinlegen verletzt.	Keine Behandlung notwendig.	Streuen Sie genug ein, und legen Sie einen Streichring oder Sprunggelenkskappen an.
Patella luxation nach dorsal – Blockade der Kniescheibe Das Hinterbein ist steif nach hinten blockiert und kann nicht mehr gebeugt werden. Die Luxation kann während des Reitens oder nach einer Verletzung der Kniescheibe auftreten. Ein steifes Hinterbein	Der Mechanismus, mit dem das Pferd sein Kniegelenk blockieren kann, um im Stehen zu dösen, wird durch die Verkürzung eines Bandes ausgelöst. Das geschieht oft, wenn das Pferd in schlechter Verfassung ist.	Wenn sich das Pferd entspannt, ist es unter Umständen möglich, den Mechanismus zu lockern, indem man das Gelenk vorsichtig massiert. Eine Operation, bei der das Band durchtrennt wird, ist vielleicht nötig, damit sich das Pferd wieder frei bewegen kann.	Keine.
Sesamoiditis – Gleichbeinschaden Schwellung und Schmerz an der Rückseite des Fesselkopfes.	Oft eine Verschleißerscheinung, manchmal auch eine Folge der Überdehnung von Bändern, die am Gleichbein befestigt sind.	Ruhe und Behandlung mit entzündungshemmenden Medikamenten.	Achten Sie darauf, daß die Zehe nicht zu lang wird und die Trachten zu niedrig.
Osteochondrosis (OCD) – Knorpelschaden bei jungen Pferden Die Lahmheit tritt plötzlich auf, manchmal über Nacht im Stall. Sie wirkt auf mehrere verschiedene Gelenke wie Knie, Sprunggelenk und Fesselgelenk. Durch die vermehrte Bildung von Gelenkflüssigkeit schwillt die Gelenkkapsel an.	Die Lahmheit entsteht durch Absplitterungen am Gelenksknorpel, als Folge eines Mangels aus den ersten 6–12 Lebensmonaten. Die Lahmheit tritt erst dann auf, wenn der Knorpel durch stärkere Arbeit belastet wird.	Eine Operation, bei der die losen Knochen- und Knorpelfragmente entfernt werden, ist die einzige Behandlungsmöglichkeit.	Keine.

ERKRANKUNGEN DER BEINE

Während der Arbeit sind die Knochen und Sehnen einer enormen Belastung ausgesetzt. In bestimmten Phasen des Galopps liegt das gesamte Gewicht und die ganze Belastung auf einem Bein, es ist demnach nicht verwunderlich, daß Probleme am Bein auftreten können. Beinverletzungen verheilen sehr langsam, weil das Pferd das kranke Bein natürlich immer mit seinem Gewicht belastet.

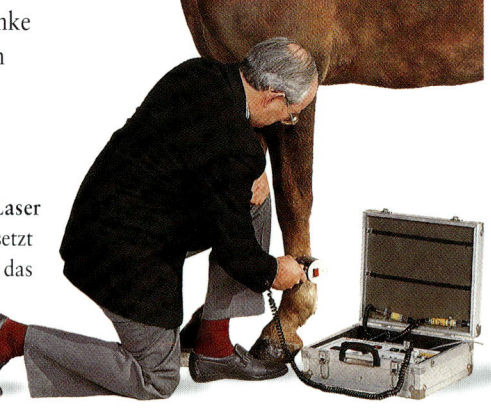

Behandlung mit dem Laser
Zur Behandlung eines Beinschadens setzt der Tierarzt unter Umständen das Lasergerät ein. Mit Hilfe von Lichtenergie wird das Pferd angeregt, die Entzündung selbst zu stoppen.

ERKRANKUNGEN DES BEINS

Symptome	Ursache	Behandlung	Prävention
Zerrung der Beugesehne – normalerweise der langen Beugesehne auf der Rückseite des Röhrbeins (akuter Sehnenschaden) Die Sehne ist verdickt und das umliegende Gewebe schwammig und warm. Das Pferd hat große Schmerzen und nimmt mit dem Bein kein Gewicht auf. Ein Pferd mit einem schweren Schaden bezeichnet man als »niedergebrochen«. *Ultraschallaufnahme eines Sehnenschadens Die gerissenen Sehnenfasern sehen wie ein schwarzes »Loch« aus, verdichten sich aber im Heilungsprozeß wieder zu normaler Stärke*	Zu schnelle Arbeit, manchmal auch zu stramm angezogene Bandagen.	Kühlen Sie die Sehne sofort. Organisieren Sie den Heimtransport, und legen Sie Stützbandagen an das gesunde und das kranke Bein an. Geben Sie dem Pferd am Anfang strikte Stallruhe, sobald die Schwellung zurückgegangen ist (nach 10–14 Tagen), führen Sie es zweimal täglich 10–15 Minuten. Nach einem schweren Sehnenschaden kann es 6–12 Monate dauern, bis das Pferd wieder geritten werden kann. Laser- oder Ultraschalltherapie verringern die Entzündung, man kann auch entzündungshemmende Medikamente verabreichen.	Sie dürfen ein untrainiertes oder müdes Pferd nicht zu stark belasten. Ignorieren Sie niemals die Warnsignale einer schwammigen Sehne. Hufe mit langen Zehen und kurzen Trachten belasten die Sehne zusätzlich.
Überdehnung der Sehne – ständige Schwellung an der Sehne (chronischer Sehnenschaden) Eine feste Schwellung hinten auf der Beugesehne. Das Pferd ist lahmheitsfrei.	Wahrscheinlich die Folge einer Zerrung der Beugesehne.	Keine. Es ist zu spät, um die Sehne jetzt noch zu behandeln. Eine überdehnte Sehne ist immer schwächer als eine gesunde Sehne, man muß deshalb beim Reiten sehr vorsichtig sein.	Siehe oben.
Verletzungen am Vorderknie Eine offene Wunde vorne am Vorderfußwurzelgelenk.	Das Pferd stolpert und fällt auf die Straße.	Reinigen und versorgen Sie die Wunde. Wenn viel Haut zerstört wurde, heilt es sehr langsam, und es bilden sich Narben.	Legen Sie beim Reiten auf der Straße Kniekappen an.

Symptome	Ursache	Behandlung	Prävention
Ballentritt – eine selbstverursachte Verletzung. Ein horizontaler Schnitt im Ballen oder in die Rückseite der Fessel. Im schlimmsten Fall kann die Sehne durchtrennt sein.	Ein Hinterbein schlägt während des Reitens gegen ein Vorderbein, entweder weil das Pferd falsch steht oder weil es schlecht beschlagen ist.	Reinigen und versorgen Sie kleinere Wunden. Eine frische, große Wunde muß wahrscheinlich genäht werden. Arbeiten Sie Ihr Pferd erst wieder, wenn die Wunde verheilt ist.	Suchen und beheben Sie die Ursache. Legen Sie beim Reiten Sprungglocken an (S. 172).
Greifen – eine selbstverursachte Verletzung Dem Ballentritt ähnlich, liegt diese Verletzung weiter oben am Bein, dabei kann ebenfalls die Sehne durchtrennt werden.	Siehe oben.	Siehe oben.	Siehe oben. Legen Sie beim Reiten Sehnenschoner an.
Tritt - eine selbstverursachte Verletzung Eine Wunde am Kronrand.	Das Pferd tritt sich selbst oder wird von einem anderen Pferd getreten.	Siehe oben.	Schützen Sie die Beine beim Transport (S. 173).
Streichen – eine selbstverursachte Verletzung Eine Wunde auf der Innenseite des Fesselkopfes oder innen am Kronrand.	Ein Schlag vom gegenüberliegenden Huf.	Siehe oben.	Legen Sie beim Reiten Streichkappen an (S. 172).
»Speedicuttting«, das Streichen im Röhren- oder Kniebereich – eine selbstverursachte Verletzung Eine Wunde auf der Innenseite des Vorderfußwurzel- oder Sprunggelenks.	Ein Schlag von der Zehe des gegenüberliegenden Beins.	Ziehen Sie Ihren Tierarzt zu Rate. Reiten Sie erst nach einer gründlichen Beratung durch den Arzt.	Fragen Sie Ihren Tierarzt um Rat.
Überbein – eine Knochenneubildung an der Wand des Röhrbeinknochens Das Pferd kann ohne ersichtlichen Grund lahmen, meistens ist aber eine harte Verdickung an der Innenseite der Röhre zu sehen, die im Anfangsstadium schmerzhaft ist. Ein Überbein	Belastung durch die wiederholte Erschütterung der Knochen während des Reitens. Der neue Knochen soll den Röhrbeinknochen verstärken.	Kühlbehandlung und entzündungshemmende Medikamente reduzieren die Entzündung. Die meisten Überbeine verwachsen im Lauf der Zeit und machen dann keine Schwierigkeiten mehr. Die harte Schwellung wird allerdings immer bleiben.	Keine.
Knochenbruch Extreme Schmerzen. Das Pferd ist nicht mehr in der Lage, das gebrochene Bein zu benützen. Ein gebrochenes Bein.	Deutliche Krafteinwirkung – die Belastung, die während des Galopps auf ein Pferdebein wirkt, ist so groß, daß die Knochen ohne ersichtlichen Grund brechen können.	Dank moderner Technologien ist man in der Lage, Frakturen des Sprunggelenks, des Knies und darunterliegender Knochen zu heilen. Ist ein höherliegender, großer Knochen gebrochen, oder handelt es sich um einen offenen Bruch, muß das Pferd in der Regel eingeschläfert werden.	Keine.
Entzündetes Schienbein – eine Erkrankung, die bei jungen Pferden auftritt Das Pferd lahmt und reagiert an der Vorderseite der vorderen Röhre äußerst druckempfindlich. Sie kann heiß und geschwollen sein.	Zu viel Arbeit überanstrengt die Röhren, die noch nicht ausgewachsen sind.	Kältebehandlung und entzündungshemmende Medikamente in Kombination mit einer Ruhepause.	Überarbeiten Sie ein junges Pferd nicht.

ERKRANKUNGEN IM KOPFBEREICH

Ein Pferd in der Wildnis wäre durch Erkrankungen seiner Sinnesorgane stark eingeschränkt. Die domestizierten Pferde sind weniger verletzbar, weil der Mensch die fehlenden Sinne ersetzen kann. Wenn wir Futter für ein Pferd bereitstellen, muß es zwischen gutem und schlechtem Futter nicht unterscheiden können. Es ist interessant, daß die Muskeln am Augenlid des Pferdes wesentlich stärker sind als die anderer Tiere. Pferde können ihre Augen sehr schnell schließen um sie vor Verletzungen zu schützen, (z. B. durch Äste, wenn sie unter einem Baum durchgaloppieren). Leider wird dadurch auch das Öffnen eines Auges zur Verabreichung von Medikamenten (z. B. Augentropfen) erschwert.

Untersuchung eines Auges
Wahrscheinlich muß der Tierarzt mit Hilfe eines Ophthalmoskopes direkt in das Auge hineinschauen. Dieses Gerät besteht aus einer Lichtquelle und einem Vergrößerungsglas.

ERKRANKUNGEN IM AUGEN-, NASEN- UND MAULBEREICH

Symptome	Ursache	Behandlung	Prävention
Grauer Star – Degeneration der Linse Das erste Anzeichen dafür kann sein, daß das Pferd Menschen oder Gefahren, die sich von einer Seite nähern, nicht mehr wahrnimmt. Bei einem bestimmten Lichteinfallswinkel erscheinen die Augen wolkig oder weiß. *Der graue Star läßt das Licht nicht mehr zur Linse durch, sondern reflektiert es stattdessen.*	Meistens tritt der Graue Star bei älteren Pferden auf, manchmal wird er allerdings an Fohlen weitervererbt.	Man kann die Linse operativ entfernen, dadurch gewinnt das Pferd einen Teil seines Sehvermögens zurück, kann aber kleine Details nicht mehr unterscheiden. Es gibt keine andere Behandlungsmöglichkeit.	Keine.
Bindehautentzündung Die Membran rund um das Auge ist gerötet und angeschwollen. Meistens kommt Ausfluß aus dem Auge, der zuerst wässrig und später eitrig ist. *Eine entzündete Membran, die sich schnell infizieren kann.*	Ein irritierender Gegenstand, z. B. ein kleines Stückchen Stroh oder ein Rest Shampoo, reizt das Auge. Bindehautentzündung kann aber auch durch eine Infektion hervorgerufen werden.	Entfernen Sie alle Fremdkörper aus dem Auge. Solange die Hornhaut nicht beschädigt ist, nehmen sterile Augentropfen die Entzündung aus dem Auge. Antibiotika bekämpfen jede Infektion.	Keine.

Symptome	Ursache	Behandlung	Prävention
Sinusitis – Sinusinfektion Beim Pferd fließt Eiter aus der Sinushöhle durch eine Nüster ab. Die Höhle klingt dumpf, wenn man sie mit dem Finger abklopft und nicht so hohl, wie sie sollte. Der Nasenausfluß zeigt, daß die linke Schädelhälfte des Pferdes betroffen ist.	Nachdem die Wurzeln der Molaren bis in die Sinushöhlen hineinreichen, ist meist ein Abszeß an der Zahnwurzel die Ursache.	Der ganze Eiter, der sich in der Sinushöhle angesammelt hat, muß ablaufen. Dazu zieht man am besten den Zahn, dessen Wurzel in die Höhle reicht, damit der Eiter besser ablaufen kann.	Regelmäßige Zahnuntersuchungen verhindern die Entstehung eines Abszesses an der Zahnwurzel.
Nasenbluten Blut, das meistens irgendwo aus den Atemwegen kommt, läuft durch die Nüstern ab. Blut läuft aus der linken Nüster.	Als Folge einer harten Belastung können Pferde Lungenblutungen bekommen, die dann an den Nüstern sichtbar werden. Ein Tumor in der Nase läßt beachtliche Blutmengen aus den Nüstern fließen.	Wenn der Blutverlust nicht zu groß war, verklumpt das Blut, sobald sich das Pferd ruhig hält. Dazu sediert man es am besten. Anschließend muß die Ursache des Nasenblutens behandelt werden.	Ausreichend frische Luft und gemäßigte Arbeitseinheiten können die Lungenblutung eindämmen.
Luftsack-Vereiterung Schwellung unter der Haut, direkt hinter dem Ohr, am hinteren Kieferrand. Im Luftsack kann sich Blut oder Eiter ansammeln, der durch die Nüstern abläuft.	Infektionen können sich im Luftsack eingenistet haben. Vielleicht ist aber auch die Hauptader, die zum Gehirn führt und durch den Luftsack geht, blockiert/ verstopft.	Um eine tödliche Gehirnblutung zu verhindern, muß wahrscheinlich operiert werden.	Keine.
Zahnprobleme Sie können die Leistungsfähigkeit des Pferdes einschränken, und es widersetzt sich unter Umständen dem Druck durch das Gebiß. Es fängt an zu pfriemen (läßt während des Fressens unzerkautes Futter aus dem Maul fallen) oder frißt gar nichts mehr.	Ein Abszeß verursacht Zahnschmerzen. Scharfe Kanten an den Molaren können Geschwüre an den Backen und an der Zunge hervorrufen.	Alle Kanten müssen abgeraspelt werden. Vielleicht muß der Tierarzt einen Zahn ziehen.	Lassen Sie die Zähne Ihres Pferdes mindestens einmal jährlich untersuchen.
Gebißprobleme Das Pferd weigert sich, in eine bestimmte Richtung abzuwenden, oder schlägt unwillig mit dem Kopf. Eine Verletzung oder Entzündung des Zahnfleischs an den Molaren kann der Grund dafür sein.	Sehr wenige Pferde haben ein hypersensibles Maul, die meisten Probleme entstehen aber durch unpassendes Zaumzeug.	Reiten Sie das Pferd eine Zeitlang nicht mehr, und untersuchen Sie die Paßform Ihres Zaumzeugs. Benutzen Sie nach Möglichkeit ein weicheres Gebiß.	Untersuchen Sie das Mundstück im Zaumzeug vor jedem Reiten.

HAUTKRANKHEITEN

Hautkrankheiten werden oft sehr lange übersehen, weil die Anzeichen der Krankheit schwer zu erkennen sind. Vor allem im Winter haben viele Pferde ein sehr dichtes Fell, das Krankheiten verdeckt und andererseits die idealen Bedingungen dafür bietet, daß sich die Krankheiten weiter ausbreiten können. Kontrollieren Sie das Fell beim Putzen ganz genau und nehmen Sie ein eigenes Putzzeug für jedes Pferd. Dadurch verhindern Sie die Übertragung von Pferd zu Pferd. Die Wichtigkeit dieser Maßnahme kann nicht oft genug betont werden. Dasselbe gilt für Decken und andere Ausrüstungsgegenstände. Achten Sie auch darauf, daß die Schneidemesser der Schermaschine steril sind. Das Scheren der befallenen Stellen lohnt sich, so können Sie die Erkrankung besser sehen und effektiver behandeln. Weiße Haare sind für Hautkrankheiten anfälliger als pigmentierte Haut.

HAUTKRANKHEITEN

Symptome	Ursache	Behandlung	Prävention
Mauke Schorfstellen auf der Haut, die sehr empfindlich sind. Die Schorfstellen befinden sich normalerweise an den Beinen, vor allem in der Fesselbeuge und am Fesselkopf, können sich aber bis zum Bauch erstrecken. Manchmal laufen die Beine an. Wundschorf am Bein (behandelt)	Die Infektion *(Dermatophilus congolensis)* dringt durch die Haut ein, entweder weil die Haut durch die Nässe aufgeweicht oder durch Trockenheit oder Staub aufgesprungen ist. Der Schorf schützt die darunterliegenden Bakterien.	Entfernen Sie den Schorf, damit Luft an die Wunde kommt. Meistens muß man die ganze Stelle scheren, weil der Schorf an den Haaren hängt. Antiseptisches Spray weicht den Schorf auf, und eine antibiotische Creme unterbindet die Infektion. Antibiotika-Spritzen können nötig sein.	Halten Sie Fessel und Fesselbeuge immer trocken und sauber. Sobald die Infektion verschwunden ist, trägt man Vaseline auf, um die Haut vor Nässe zu schützen.
Warzenmauke – eine Art Mauke Horizontale nässende Wunden in der Fesselbeuge. Wundschorf kann entstehen. Pferde mit weißen Beinen sind für Warzenmauke besonders empfänglich.	Die Infektion dringt durch die Haut ein. Siehe oben.	Siehe Mauke.	Siehe oben.
Dermatophilose – eine Infektionskrankheit, die der Mauke ähnlich ist. Am ganzen Körper werden einzelne Haarbüschel von kleinen Schorfstellen zusammengeklebt. Sie erscheinen oft nach längerem Regen. Behandelte Schorfstellen	Die nasse Haut ist mit *Dermatophilus* infiziert, die Infektion verbreitet sich schnell über die ganze Haut.	Siehe Mauke, meistens muß aber nicht geschoren werden.	Bieten Sie dem Pferd einen Unterstand als Schutz vor dem Regen.
Sattel- und Gurtdruck Eine entzündete Hautstelle in der Sattel- oder Gurtlage, manchmal kommt das rohe Fleisch zum Vorschein. Ein schlimmer Satteldruck mit weggeschorenem Haar.	Unpassendes Sattelzeug oder ein Fremdkörper, der unter dem Sattel eingezwickt ist. Vielleicht scheuert der Gurt auf der Haut.	Stellen Sie die Ursache ab, und reiten Sie das Pferd erst wieder, wenn die Haut geheilt ist.	Achten Sie darauf, daß Sattel und Gurt sauber sind und gut auf das Pferd passen. Ein Gelpad als Sattelunterlage verteilt den Druck (S. 155).

Symptome	Ursache	Behandlung	Prävention
Trichphyton (Hautpilz) Das Haar geht kreisförmig aus, und am ganzen Körper bilden sich Krusten. Manchmal sieht das Haar und die Haut einfach nur sehr schäbig aus. *Verkrusteter Hautpilz am Auge*	Der Pilz greift die Haarwurzel an, die Haare brechen ab. Die Infektion wird durch das Putzzeug oder das Sattelzeug übertragen, aber auch im Stall oder durch Holz. Sie wird oft durch Rinder eingeschleppt.	Spezielle Antibiotika zerstören den Pilz, es dauert aber eine ganze Zeit, bis das Haar nachwächst. Im Lauf der Zeit wird das Pferd gegen diese Infektion immun.	Die Pilzsporen können mehrere Monate überleben. Behandeln Sie die erkrankten Stellen mit Antibiotika, und halten Sie Ihr Pferd von Rindern fern.
Hypoderma (Rinderdassellarven) – **die Larven der Rinderdasselfliege** Im Winter erscheinen entlang der Wirbelsäule Erhöhungen. Im Frühjahr haben sie ein Loch in der Mitte.	Die Rinderdasselfliege legt ihre Eier auf den Pferdebeinen ab. Die Larven bohren sich in die Haut und wandern in Richtung des Pferderückens, wo sie wachsen und kleine Schwellungen bilden. Im Frühling kommen ausgewachsene Fliegen zum Vorschein.	Ivomectin tötet die Dassellarven ab, die harten Beulen müssen aber manchmal operativ entfernt werden.	Keine.
»Sweet itch« – Ekzem durch Mückenstiche Am Mähnenkamm und an der Schweifrübe Haarausfall, die Haut wird wund und näßt. *Abgescheuerte Haare als Folgeerscheinung des Ekzems*	Weil das Pferd allergisch auf den Speichel der kleinen Mücken reagiert, scheuert es Schweif und Mähne.	Es gibt kein Medikament gegen die Allergie. Benzoelösung beruhigt die kahlen Stellen und tötet die Milben ab.	Halten Sie Ihr Pferd morgens und abends, wenn die Mücken unterwegs sind, im Stall. Waschen Sie Ihr Pferd und den Stall mit Fliegenmittel ab.
Haematopinus und *Damalinia* **(Läuse) – Parasiten** Im Winter sind große Stellen kahl. *Das Fell wurde vollständig abgescheuert*	Das Pferd scheuert sich, um die Reizung, die durch die beißenden und saugenden Läuse entsteht, zu erleichtern. *Eine Laus, zum Beißen und Saugen geschaffen.*	Wiederholt verabreichte Ivomectin-Dosen töten die Läuse.	Sobald es mit Läusen in Kontakt gekommen ist, muß das Pferd behandelt werden, egal ob es Läuse hat oder nicht.
Ekzem – Entzündung verursacht durch Milben (*Psoroptes* und *Chorioptes*) Die befallenen Stellen, in der Regel die unteren Gliedmaßen, sind stark gereizt. Das Pferd stampft mit den Beinen und versucht, sich zu kratzen.	Es gibt verschiedene Milben, aber alle beißen. *Chorioptes* und *Psoroptes* sind am weitesten verbreitet.	Benzolhexachlorid-Shampoos sind wirksam.	Siehe oben.

ERKRANKUNGEN DES VERDAUUNGSSYSTEMS

Im Verdauungssystem des Pferdes befinden sich einige natürliche Schwachstellen (S. 27). Das bedeutet, daß das Pferd für Erkrankungen dieser Art sehr anfällig ist, vor allem für Koliken. Es gibt drei verschiedene Formen der Kolik: Die Verstopfung, die spastische Kolik und die Darmverschlingung. Bei der Verstopfung wird in einem Teil des Darms kein Futter mehr transportiert. Das Pferd mistet vielleicht gelegentlich, weil es den Darm vor dem verstopften Stück entleert. Der Schmerz ist nicht stark, aber un-

aufhörlich, deshalb legt sich das Pferd vielleicht regungslos auf die Seite. Verstopfung tritt als Folgeerscheinung einer Futterumstellung auf, wenn das neue Futtermittel noch nicht verdaut werden kann. Verstopfung wird auch manchmal mit einem Bandwurmbefall in Zusammenhang gebracht. Wie der Name bereits andeutet, kommt der Schmerz bei der spastischen Kolik in Wellen. Der Schmerz tritt meistens in Verbindung mit starken Darmbewegungen auf und kann vielleicht die Folge einer Störung oder großen Aufregung

sein. Eine Verdrehung des Darms wird oft als Darmverschlingung bezeichnet. Ein Stück des Verdauungstraktes wird völlig verschoben, der Druck aus den Organen unterbricht die Blutzufuhr in den betroffenen Bereich. In sehr seltenen Fällen wickelt sich der Darm nach vorne um sich selbst. Der Schmerz wird dann äußerst heftig, und das Pferd steht unter Schock. Das Wälzen kann ein Anzeichen für eine Darmverschlingung sein, die Darmverschlingung kann aber nicht durch das Wälzen entstehen.

ERKRANKUNGEN DES VERDAUUNGSSYSTEMS

Symptom	Ursache	Behandlung	Prävention
Kolik – Magenschmerzen Es ist wichtig, daß Sie die Kolik im Frühstadium erkennen. Meistens hört das Pferd auf zu fressen und beginnt, auf seinen Bauch zu schauen. An seinem Körper erscheinen überall geschwollene Stellen. Dann stampft es wahrscheinlich mit den Vorderbeinen auf den Boden oder schlägt mit der Hinterhand gegen seinen Bauch. Wenn die Schmerzen schlimmer werden, legt sich das Pferd hin, bei akuten Schmerzen wälzt es sich immer wieder und vergißt alles um sich herum. Sein Pulsschlag steigt auf 60-80 Schläge pro Minute.	Viele verschiedene Ursachen, in den verschiedensten Bereichen des Verdauungssystems, können dieselben Koliksymptome auslösen.	Rufen Sie sofort den Tierarzt, und stellen Sie das Pferd in eine dick eingestreute Box, falls es sich wälzen sollte. Füttern Sie warmen Kleiebrei. Führen Sie das Pferd nicht stundenlang herum, damit beheben Sie die Ursache der Kolik nicht, und das Pferd wird so müde, daß es sich an einer ungeeigneten Stelle hinlegt. Versuchen Sie nicht, ihm eine Arznei einzuflößen. In seinem Schmerz will es vielleicht nicht schlucken, und die Arznei läuft in die Lunge.	Füttern Sie Ihrem Pferd regelmäßig dieselben Futtermengen zur gleichen Zeit. Machen Sie sich einen geeigneten Futterplan, und stellen Sie diesen Plan ganz allmählich um (im Laufe von 7–10 Tagen). Entwurmen Sie das Pferd regelmäßig (S. 134), und kontrollieren Sie die Zähne in bestimmten Abständen.

Das Pferd scharrt – ein Anzeichen für Kolik

Eine Kolikoperation

Symptome	Ursache	Behandlung	Prävention
Schlundverstopfung – Futter steckt in der Kehle Das Pferd ist äußerst beunruhigt. Große Mengen von Speichel rinnen aus Nüstern und Maul. Das Pferd kann weder fressen noch trinken, auf der linken Halsseite ist eine Beule zu sehen. Bei einer Schlundverstopfung rinnt Speichel aus Nüstern und Maul.	Größere Apfel- oder Karottenstückchen bleiben leicht stecken. Auch trockene Zuckerrübenschnitzel, die quellen, sobald sie mit Feuchtigkeit in Berührung kommen, bleiben häufig stecken. Der Speichel, der sich bildet, kann an dem Hindernis nicht vorbeifließen und läuft aus Maul und Nüstern.	Massieren Sie die Schwellung vorsichtig, damit sich die Verstopfung auflöst. Der Tierarzt muß wahrscheinlich eine Magensonde legen, um den Speichel zu entfernen, der sonst in die Luftröhre läuft.	Zerkleinern Sie das Futter sorgfältig (S. 111).
Durchfall Lose Pferdeäpfel von kuhfladenartiger bis wässriger Konsistenz. Wenn das Pferd über einen längeren Zeitraum an Durchfall leidet, beginnt es zu dehydrieren. Hält der Durchfall über mehrere Tage an, verliert das Pferd die Proteine schneller, als es sie fressen kann und verliert Gewicht. Ein Pferd, das durch Durchfall abgenommen hat.	Dafür gibt es viele Gründe. Salmonellenbakterien, starker Wurmbefall und saftiges Gras im Frühjahr können Durchfall hervorrufen. Geschwüre, die die Darmwand angreifen, unterbinden die Aufnahme von Wasser aus dem Darm und führen ebenfalls zu Durchfall. Streß oder Aufregung können genauso die Ursache dafür sein.	Die Ursache muß diagnostiziert und dementsprechend behandelt werden. Spezielle Elektrolytmischungen verhindern das Dehydrieren. Um den Durchfall zu stoppen, verabreicht man Kodein.	Entwurmen Sie das Pferd regelmäßig, und setzen Sie es keinen großen Belastungen aus.
Vergiftung Meistens äußert sich eine Vergiftung durch eine leichte Verstopfung, darauf folgt der Durchfall. Bei schweren Vergiftungen muß das Pferd sehr leiden.	Das Pferd hat entweder eine giftige Pflanze gefressen oder eine giftige Chemikalie mit dem Gras aufgenommen. Die Auswahl der Giftstoffe reicht von einer leeren Batterie bis zu einem Saatkorn, das behandelt (gebeizt) wurde.	Damit das Gift schneller durch das Verdauungssystem wandert, gibt man dem Pferd einen Kleiebrei oder Paraffinöl. Weil es sehr wenige Gegenmittel gibt, muß man bei Vergiftungen die Symptome behandeln.	Untersuchen Sie Ihre Koppel regelmäßig auf Giftpflanzen und Müll. Halten Sie Chemikalien vom Stall fern.

ENDOPARASITEN

Der ausgewachsene Parasit benötigt das Pferd als Wirt. Er lebt im Pferdemagen, umgeben von Futter, das durch den Verdauungstrakt wandert. Manchmal setzt sich der Wurm an der Magenwand fest, um nicht mit Futter und Wasser hinausgespült zu werden. Der Wurm möchte das Pferd nicht töten, denn wenn das Pferd stirbt, stirbt auch der Wurm. Wilde Pferde, die große Flächen beweiden, sind selten so stark von Würmern befallen, daß sie daran eingehen. Hauspferde, die immer auf eine kleine Weidefläche beschränkt sind, nehmen eine so enorme Menge von Würmern auf, daß es sogar zum Tod führen kann.

DIE ENTWICKLUNG DES WURMS

Würmer auf der Weide

Eine Weide voller Wurmeier und Larven ist wie eine Zeitbombe, die explodiert, wenn die Pferde darauf grasen. Keine Chemikalie kann Wurmeier vernichten. Trockenheit und extreme Temperaturen töten die Eier ab, das kann aber zwei bis drei Jahre dauern. Nach dem Schlüpfen wandern die Larven an den Grashalmen nach oben. Durch das Mähen entfernt man die Larven; unterteilt man die Weide und benutzt die einzelnen Flächen turnusmäßig, sterben die Larven, bevor sie vom Pferd aufgenommen werden. Die Larven entwickeln sich im Pferd und richten mehr Schaden an als der ausgewachsene Wurm. Sie müssen die Pferde deshalb regelmäßig entwurmen, nicht erst, wenn es Probleme gibt.

Der Lebenskreislauf des Wurms

Die Larve häutet sich mehrmals und wird größer und größer, bis der fertige Wurm daraus entsteht

Die Pferde fressen die Larven mit dem Gras

Der ausgewachsene Wurm legt Eier, die mit dem Kot ausgeschieden werden

Die Pferdeäpfel brechen auf, die Wurmlarven schlüpfen und wandern an den Grashalmen nach oben

---

VERSCHIEDENE WURMKUREN

Es gibt verschiedene Arten von Wurmkuren, die gegen die meisten Würmer wirksam sind.

Das eingesetzte Präparat sollte ein breites Wirkspektrum haben, damit die gesamte, von der Weide mitgebrachte Wurmbürde abgetötet wird. Es ist besonders darauf zu achten, daß das eingesetzte Präparat eine gute Wirkung hat

- gegen die erwachsenen, geschlechtsreifen Würmer im Darm,
- gegen die Larvenstadien in den Blutgefäßen (Blutwurm) bzw. in der Darmwand (kleine Strongyliden) und
- gegen alle Larvenstadien der Gasterophilus-Fliege.

Zur Frage, wie oft die Pferde entwurmt werden müssen: Dies sollte generell erfolgen, bevor die Würmer herangereift sind und größere Mengen an Eiern mit dem Kot ausgeschieden werden. Um dies zu gewährleisten, müssen die meisten Wurmmittel alle 6–8 Wochen gegeben werden.

SO BEEINTRÄCHTIGEN DIE WÜRMER IHR PFERD

Hat Ihr Pferd Würmer?

Sie sehen dem Pferd nicht an, ob es Würmer hat. Die meisten Würmer verursachen einen Konditionsverlust. Der Wurmbefall muß sehr stark sein, damit das Pferd unter Gewichtsverlust, Anämie oder einem schlechten Allgemeinzustand leidet. Würmer können auch Koliken auslösen (S. 132). Ein Pferd, das zum wiederholten Male kolikt, und bei dem keine andere Ursache festgestellt wurde, muß entwurmt werden. Mit verschiedenen Tests kann man die Anzahl der *Strongyliden*, *Askariden* und *Oxyuren* bestimmen, indem man den Kot auf Wurmeier untersucht.

DIE HÄUFIGSTEN WÜRMER, DIE DAS PFERD BEFALLEN

Wurm	Gezielte Bekämpfung
***Strongylus* (Blutwurm, Palisadenwurm)** Die Larve verbringt einige Monate in den Blutgefäßen, die den Magen versorgen. Sie unterbindet die Blutzufuhr und ist deshalb gefährlich. Sie wandert in den Magen und kann Durchfall verursachen. Weil sie aber erst im Larvenzustand sind, kann man sie bei einer Zählung der Wurmeier nicht festellen.	Geben Sie Ivomec®P, um Larven und Würmer abzutöten.
***Trichonema* – Trichomonaden** Die Larven liegen schlafend in Zysten in der Magenwand und treten plötzlich in großen Mengen aus.	Die wiederholte Gabe von großen Dosen Panacur® töten die schlafenden Larven ab, am wirkungsvollsten ist es, wenn man das Entstehen der Larven verhindert.
***Ascaris* (Askariden, Spulwürmer)** Während ihrer Entwicklung wandern diese Würmer durch die Lungen junger Pferde und verursachen Husten und Nasenausfluß. Pferde, die älter als ein Jahr sind, scheinen immun gegen sie zu sein.	Entwurmen Sie Pferde ab der sechsten Lebenswoche mit Ivomec®P oder einem anderen Präparat.
***Anoplocephala* (Bandwurm)** Diese Würmer leben an dem Verbindungsstück zwischen dem Dünndarm und dem Blinddarm. Sie können an dieser Stelle Verstopfungen verursachen, die wiederum zu Koliken führen. Sie brauchen als Zwischenwirt eine Milbe, um ihren Lebenszyklus fortsetzen zu können.	Geben Sie alle zwei Jahre im Herbst eine doppelte Dosis Banminth®P
***Dictyocaulus* – Lungenwurm** Wie der Name sagt, leben diese Würmer in der Lunge und verursachen Husten. Die Larven werden über die Luftröhre transportiert und dann verschluckt. Bei Eseln erreichen sie ihren vollen Lebenszyklus, bei Pferden sterben sie, sobald sie die Lunge ereicht haben.	Wenn Esel und Pferde zusammen auf der Koppel sind, geben Sie am besten Ivomec®P oder Rintal.
***Oxyuren* (Pfriemenschwänze)** Die ausgewachsenen Würmer leben an der Außenseite des Afters. Die Larven entwickeln sich in den Eiern und fallen dann zu Boden.	Regelmäßige Entwurmung mit den neuesten Wurmpasten bekämpft die Würmer.
***Gasterophilus* (Magendasselfliege)** Genaugenommen handelt es sich dabei nicht um einen Wurm. Die Fliege legt ihre Eier auf die Haut des Pferdes, dort werden sie vom Pferd abgeschleckt und wandern in den Magen, wo sich die Larven entwickeln. Die erwachsene Fliege verläßt das Pferd erst dann, wenn die Larven in die Pferdeäpfel gewandert sind.	Geben Sie im Winter Rintal®Plus oder Telmin®Plus.

KREISLAUFSTÖRUNGEN

Die Blutwerte geben Aufschluß über den Gesundheitszustand. Bei der Blutprobe untersucht der Tierarzt die roten und weißen Blutkörperchen und das Plasma. Die Anzahl der roten Blutkörperchen und der Hämoglobingehalt zeigen, ob das Pferd eine Anämie hat. Die weißen Blutkörperchen werden durch Infektionen beschädigt: Bakterielle Infektionen erhöhen die Anzahl der Neutrophilzellen; parasitäre Infektionen erhöhen die Anzahl der Eosinophilzellen. Das Plasma enthält Bestandteile der Zellen innerer Organe. Eine minimale Menge dieser Substanzen ist ständig vorhanden, das heißt, wenn ein Organ erkrankt ist, ist das Plasma ebenso geschädigt. Ein Leberschaden z. B. entsteht in Folge einer größeren Menge einer Substanz, die man als Gamma Glutalmyltransferase bezeichnet. Dank moderner Technologie können Tierärzte heute mehr als 20 dieser verschiedenen Merkmale im Blut, in ihrem eigenen Labor, analysieren.

Blutabnahme
Der Tierarzt entnimmt eine Blutprobe, um die roten und weißen Blutkörperchen zu analysieren. Zur Entnahme der Blutprobe muß das Pferd in einem absoluten Ruhezustand sein.

KREISLAUFSTÖRUNGEN

Symptome	Ursache	Behandlung	Prävention
Anämie (Blutarmut) – verringerte Anzahl roter Blutkörperchen im Blut oder ein erhöhter Hämoglobinwert in den Zellen Das Pferd ist teilnahmslos und lethargisch. Die rosafarbene Membran an Auge und Nüstern verblaßt. Man bemerkt die Anämie meistens erst im fortgeschrittenen Stadium.	Ein Mangel an Folsäure kann die Produktion der roten Blutkörperchen reduzieren. Anämie entsteht durch innere Blutungen oder starken Wurmbefall. Entgegen der allgemeinen Meinung entsteht sie nicht durch einen Mangel an Vitamin B12 oder Eisen.	Die Verabreichung von Folsäure ist sinnvoll. Jede andere Ursache sollte entsprechend behandelt werden.	Entwurmen Sie Ihr Pferd regelmäßig, und lassen Sie Ihr Pferd möglichst oft auf die Koppel, das frische Gras enthält Folsäure.
Herzfehler In schweren Fällen bekommt das Pferd Ödeme an den Beinen und auf der Unterseite des Bauches. Das Auftreten von Herzgeräuschen oder Herzrhythmusstörungen bedeutet noch lange nicht, daß es plötzlich tot umfallen wird.	Es gibt keine Ursache. Mit einem EKG kann man herausfinden, warum der Herzrhythmus gestört ist.	Keine präzise Behandlung möglich.	Keine.

Symptome	Ursache	Behandlung	Prävention
Austrocknung – Mangel an Körperflüssigkeit Das Pferd ist schwach und teilnahmslos, fällt urplötzlich um oder scheint völlig verwirrt zu sein. Wenn Sie eine Hautfalte am Hals packen und wieder loslassen, wird sie so bleiben und nicht sofort wieder in den Normalzustand zurückkehren.	Das Pferd hat durch Durchfall viel Flüssigkeit verloren oder zu wenig getrunken. Es kann aber auch dann austrocknen, wenn durch das Schwitzen zuviele Elektrolyte verloren gegangen sind.	Sofortige Verabreichung von Elektrolyten. In schlimmen Fällen muß das Pferd an den Tropf.	Bieten Sie Ihrem Pferd rund um die Uhr frisches Wasser an. Achten Sie darauf, daß es bei langen Ritten genug trinkt.
Lymphangitis (Einschuß) – Entzündung der Lymphgefäße An einem oder an beiden Hinterbeinen schwellen die Lymphgefäße an. Laufen die Beine stark an, tritt manchmal Gewebeflüssigkeit durch die Haut aus. Nach einem Einschuß angelaufenes Hinterbein	Ungleichgewicht zwischen Futtermenge und Arbeit, man bezeichnet den Einschuß deshalb auch als Feiertagskrankheit, weil er meistens nach einem Stehtag auftritt. Der Kreuzverschlag (siehe unten) wird ebenfalls als Feiertagskrankheit bezeichnet.	Heiße Umschläge in der Nierenpartie fördern die Durchblutung. Entwässerungsmittel entfernen einen Teil der Flüssigkeit.	Reduzieren Sie die Futtermenge an den Stehtagen.
Kreuzverschlag – Schädigung des Muskels durch erhöhte Milchsäurewerte Das Pferd ist plötzlich ganz steif und will sich nicht mehr bewegen. Es scheidet dunkelroten Urin aus. Die Rückenmuskulatur wird hart und verdickt.	Überfütterung am Ruhetag, dadurch sammelt sich eine große Menge Milchsäure im Muskel an, der bei der nächsten Trainingseinheit abgebaut werden muß. Der Kreislauf ist nicht in der Lage, die ganze Milchsäure zu entfernen. Und diese schädigt die Muskulatur.	Arbeiten Sie das Pferd nicht weiter. Ziehen Sie Ihren Tierarzt zu Rate. Halten Sie die Muskulatur warm, das fördert die Durchblutung.	Geben Sie Ihrem Pferd die Futtermenge, die in Relation zu seiner Arbeit steht (S. 107), sonst wird zuviel Milchsäure gebildet.
Infektiöse Arteriitis des Pferdes (Pferdestaupe) – eine Infektionskrankheit, die kleine Arterien zerstört Symptome wie bei einer Erkältung	Eine Viruskrankheit.	Keine spezielle Behandlung nötig.	Eine Impfung ist möglich.
Afrikanische Pferdepest (AHS) Das Krankheitsbild zeigt Ödeme am ganzen Körper. Die Krankheit verläuft in der Regel tödlich, weil die Ödeme auf die Luftröhre drücken und das Pferd erstickt.	Eine Viruskrankheit, die duch Milben übertragen wird. Sie tritt nur in Ländern auf, in denen es im Winter so warm ist, daß die Milbe überleben kann.	Keine. Erkrankte Tiere werden in der Regel eingeschläfert, um die Ansteckungsgefahr zu reduzieren.	Siehe oben.

ERKRANKUNGEN DER ATEMWEGE

Eine Erkrankung der Atemwege äußert sich meistens als Husten. Er ist ein Schutzmechanismus, der die Atemwege frei von Schleim halten soll. Der Tierarzt sollte die Ursache behandeln und nicht nur den Husten. Alle Pferde husten von Zeit zu Zeit. Stößt Ihr Pferd mehr als drei- bis viermal hintereinander an, sollten Sie aufmerksam werden. Beim Husten werden winzige Tröpfchen mit Flüssigkeit und Bakterien in die Luft geschleudert und überall verteilt. Nicht jeder Husten ist ansteckend, deshalb stellt nicht jedes hustende Pferd eine Gefahr für die anderen dar.

Das Abhören der Lunge
Mit dem Stethoskop hört der Tierarzt das Geräusch des Ein- und Ausatmens in der Lunge ab. Unregelmäßigkeiten werden auf diese Weise sofort entdeckt.

ATEMWEGSERKRANKUNGEN			
Symptome	**Ursache**	**Behandlung**	**Prävention**
Infektion mit dem Herpesvirus Nasenausfluß und Husten. In schlimmen Fällen kann der Herpesvirus zu Fehlgeburten oder Lähmungen führen.	Ein Virus.	Medikamente, um die Atemwege offen und schleimfrei zu halten.	Eine Impfung ist möglich.
Influenza Das Pferd hat tränende Augen und Nasenausfluß. Manchmal ist die Temperatur stark erhöht. Als Folge können chronische Lungen- und Herzschäden auftreten. Bei Fohlen kann die Influenza zum Tod führen. _Eine laufende Nase_	Ein Virus.	Es gibt keine spezielle Behandlungsform. In der Regel gibt man Medikamente, um die Atemwege frei zu halten und um Folgeinfektionen zu verhindern.	Impfung.
Druse – eine ansteckende Erkrankung des Kehlkopfs Große Abszesse in der Kehlgrube und unter dem Kiefer. Das Pferd hat eine stark erhöhte Temperatur. Nach einiger Zeit platzen die Abszesse auf, und eine überriechende Flüssigkeit tritt aus. Platzen die Abszesse nach innen, tritt eitriger Ausfluß aus den Nüstern aus. _Durch einen Abszeß angeschwollene Lymphknoten_	Eine Infektion durch Bakterien.	Die Verabreichung von Antibiotika, nachdem die Abszesse geplatzt sind, stoppt die Infektion.	In einigen Ländern ist eine Impfung möglich.

Symptome	Ursache	Behandlung	Prävention
Pneumonie (Lungenentzündung) Das Pferd hat Atemprobleme und erhöhte Ruhewerte (S. 43). Manchmal hustet es.	Ein Virus oder eine Bakterie, die das Gewebe in der Lunge zerstört. Fohlen können an einer besonders schlimmen Form der Lungenentzündung erkranken.	Eine bakterielle Pneumonie spricht auf Antibiotika an, eine virale Pneumonie dagegen nicht. Es gibt aber Medikamente, die den Schleim aus der Lunge abtransportieren und die Luftwege frei halten.	Achten Sie darauf, daß der Stall gut belüftet ist (S. 97).
Dictyocaulus **(Lungenwurm) (S. 135)** Das Pferd leidet unter einem hartnäckigen Husten, der beginnt, wenn das Pferd im Sommer auf der Koppel ist.	Siehe S. 135.	Siehe S. 135.	Siehe S. 135.
Laryngeal Paralysis oder hemiplegia – Kehlkopfpfeifen oder Kehlkopflähmung – Lähmung eines Stimmbands Meistens zeigt das Pferd keinerlei Anzeichen für eine Erkrankung. Unter starker Belastung ist beim Einatmen ein keuchendes Geräusch zu hören. Die Leistungsfähigkeit des Pferdes wird eingeschränkt.	In der Regel kommt das Pferd mit diesem Schaden auf die Welt. Ein Stimmband, meistens das linke, ist völlig oder teilweise gelähmt und verhindert das vermehrte Einströmen von Luft in die Luftröhre. *Knorpel* *Gelähmtes Stimmband* *Luftröhre* *Kehldeckel* Abnormale Luftröhre	Wenn die Leistungsfähigkeit des Tieres eingeschränkt ist, wird das Stimmband operativ aus dem Weg geschoben. *Korrigiertes Stimmband* Luftröhre nach der Operation	Keine.
Chronische obstruktive Bronchitis – Katarrh der Bronchiolen Das Pferd muß beträchtliche Anstrengungen unternehmen, um seine Lunge vollständig zu entleeren. Es leidet unter Husten und Nasenausfluß. Die Leistungsfähigkeit ist eingeschränkt. Eine »Dampfrinne« ist am Bauch zu sehen, die durch die Muskelanspannung entsteht, welche das Pferd benötigt, um die Luft aus der Lunge zu drücken.	Eine Allergie auf Pilzsporen im Heu oder im Stroh. Gelegentlich können auch Pollen diese Erkrankung auslösen.	Stellen Sie das Pferd auf die Koppel, und lassen Sie es auf keinen Fall mit Heu oder Stroh in Berührung kommen. Es gibt Medikamente, die die verstopften Luftwege wieder frei machen und Geräte, die das Medikament in einem hauchdünnen Nebel versprühen. Inhalation mit einem Spezialgerät	Benutzen Sie eine Einstreu, die keine Pilzsporen enthält (S. 99) und vakuumverpacktes Gras anstelle von Heu (S. 113).

WANN SIE EINEN TIERARZT RUFEN MÜSSEN

Setzen Sie Ihren gesunden Menschenverstand ein, um zu entscheiden, wann der Tierarzt gerufen werden muß. Sie sollten die Gewohnheiten, die Probleme und die Schwachstellen Ihres Pferdes genau kennen.

Wenn Sie sich nicht sicher sind, ob Ihr Pferd ernsthaft krank ist, besprechen Sie es am besten mit dem Tierarzt. Warten Sie niemals länger als

24 Stunden, ohne eine ausreichende Diagnose zu erstellen.

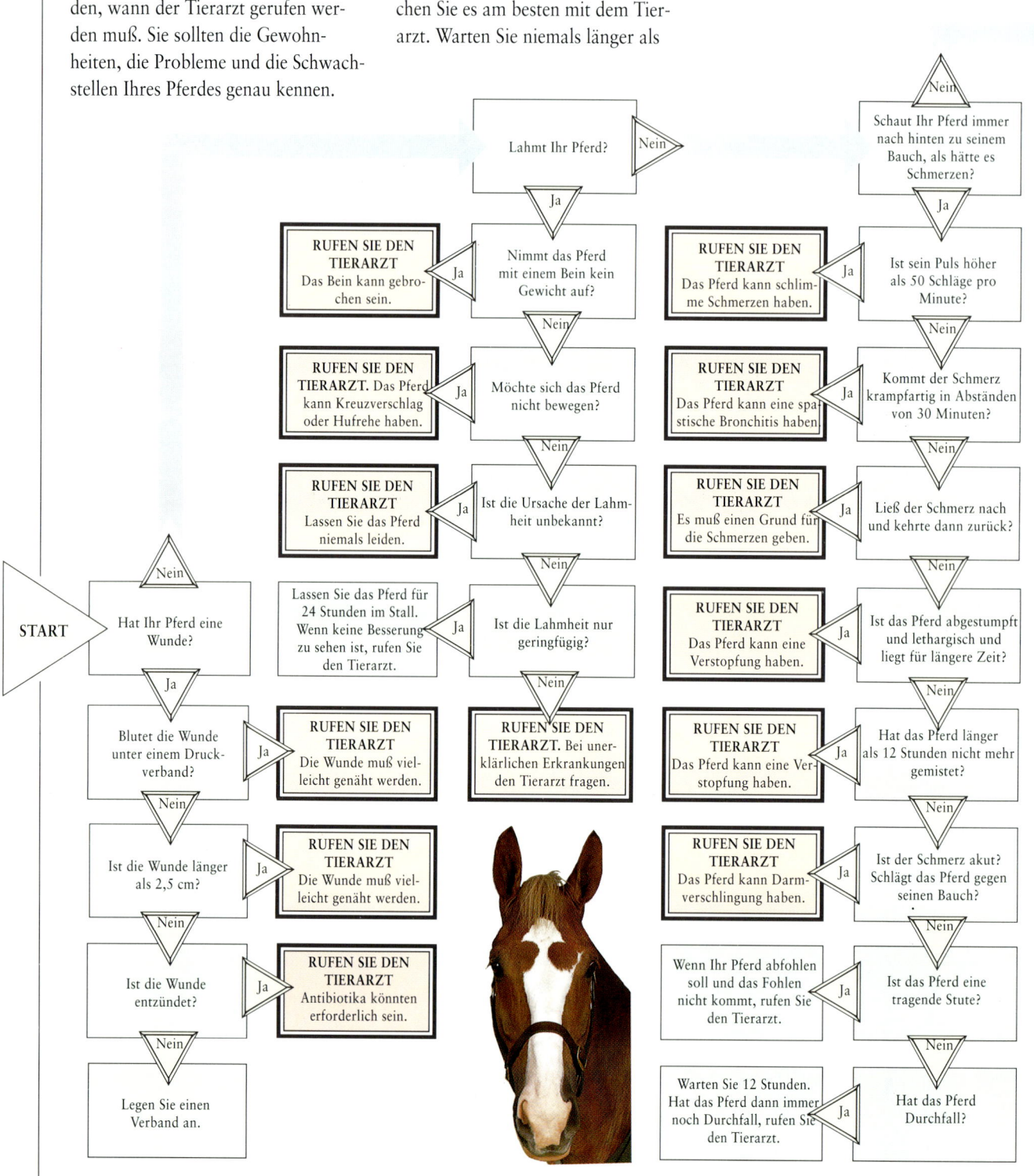

Lahmt Ihr Pferd? — Nein

Ja

RUFEN SIE DEN TIERARZT Das Bein kann gebrochen sein. ◄ Ja — **Nimmt das Pferd mit einem Bein kein Gewicht auf?**

Nein

RUFEN SIE DEN TIERARZT. Das Pferd kann Kreuzverschlag oder Hufrehe haben. ◄ Ja — **Möchte sich das Pferd nicht bewegen?**

Nein

RUFEN SIE DEN TIERARZT Lassen Sie das Pferd niemals leiden. ◄ Ja — **Ist die Ursache der Lahmheit unbekannt?**

Nein

Lassen Sie das Pferd für 24 Stunden im Stall. Wenn keine Besserung zu sehen ist, rufen Sie den Tierarzt. ◄ Ja — **Ist die Lahmheit nur geringfügig?**

Nein

RUFEN SIE DEN TIERARZT. Bei unerklärlichen Erkrankungen den Tierarzt fragen.

START — Nein — **Hat Ihr Pferd eine Wunde?**

Ja

Blutet die Wunde unter einem Druckverband? — Ja — **RUFEN SIE DEN TIERARZT** Die Wunde muß vielleicht genäht werden.

Nein

Ist die Wunde länger als 2,5 cm? — Ja — **RUFEN SIE DEN TIERARZT** Die Wunde muß vielleicht genäht werden.

Nein

Ist die Wunde entzündet? — Ja — **RUFEN SIE DEN TIERARZT** Antibiotika könnten erforderlich sein.

Nein

Legen Sie einen Verband an.

Nein

Schaut Ihr Pferd immer nach hinten zu seinem Bauch, als hätte es Schmerzen?

Ja

RUFEN SIE DEN TIERARZT Das Pferd kann schlimme Schmerzen haben. ◄ Ja — **Ist sein Puls höher als 50 Schläge pro Minute?**

Nein

RUFEN SIE DEN TIERARZT Das Pferd kann eine spastische Bronchitis haben. ◄ Ja — **Kommt der Schmerz krampfartig in Abständen von 30 Minuten?**

Nein

RUFEN SIE DEN TIERARZT Es muß einen Grund für die Schmerzen geben. ◄ Ja — **Ließ der Schmerz nach und kehrte dann zurück?**

Nein

RUFEN SIE DEN TIERARZT Das Pferd kann eine Verstopfung haben. ◄ Ja — **Ist das Pferd abgestumpft und lethargisch und liegt für längere Zeit?**

Nein

RUFEN SIE DEN TIERARZT Das Pferd kann eine Verstopfung haben. ◄ Ja — **Hat das Pferd länger als 12 Stunden nicht mehr gemistet?**

Nein

RUFEN SIE DEN TIERARZT Das Pferd kann Darmverschlingung haben. ◄ Ja — **Ist der Schmerz akut? Schlägt das Pferd gegen seinen Bauch?**

Nein

Wenn Ihr Pferd abfohlen soll und das Fohlen nicht kommt, rufen Sie den Tierarzt. ◄ Ja — **Ist das Pferd eine tragende Stute?**

Nein

Warten Sie 12 Stunden. Hat das Pferd dann immer noch Durchfall, rufen Sie den Tierarzt. ◄ Ja — **Hat das Pferd Durchfall?**

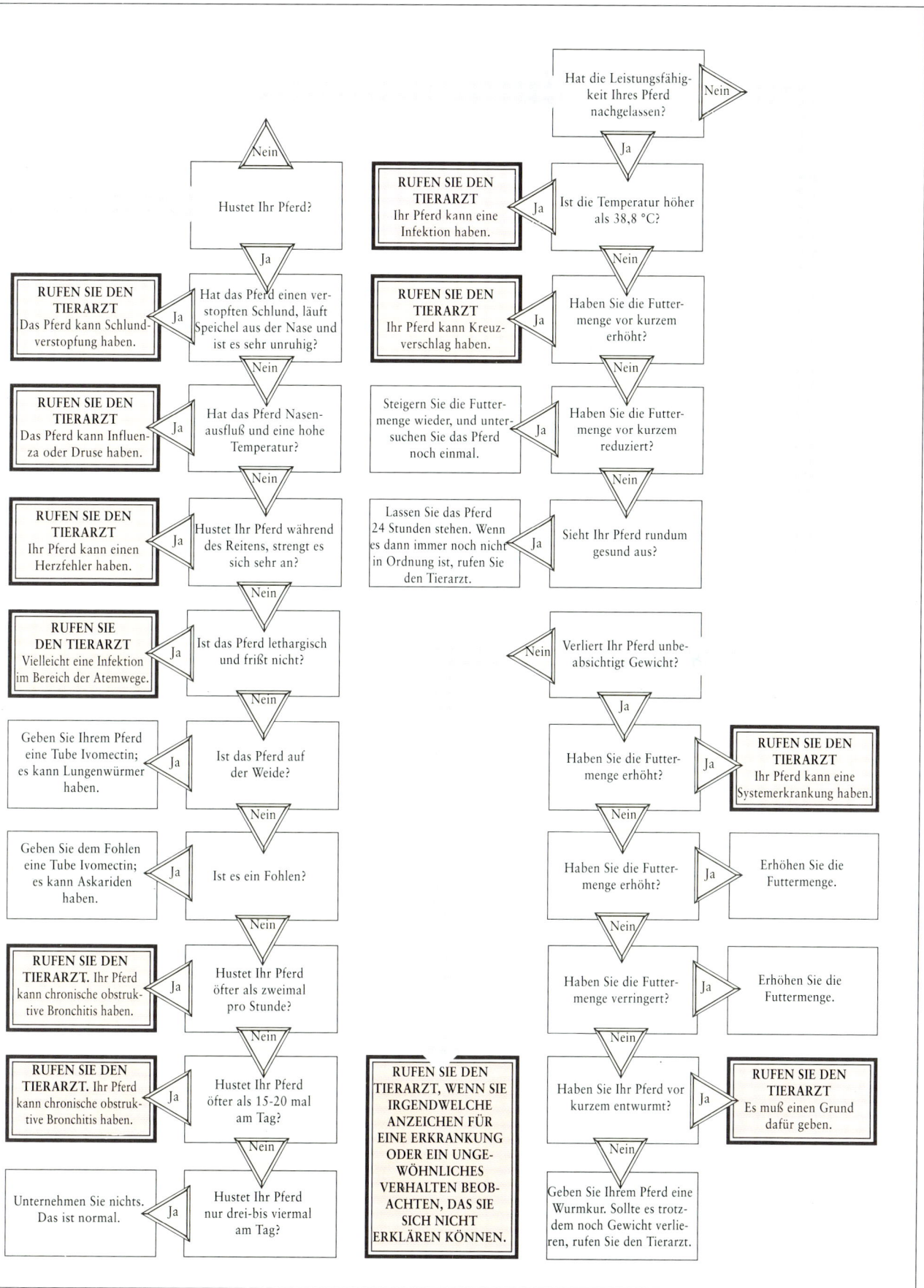

Hat die Leistungsfähigkeit Ihres Pferd nachgelassen? — Nein

Ja

RUFEN SIE DEN TIERARZT
Ihr Pferd kann eine Infektion haben. — Ja — Ist die Temperatur höher als 38,8 °C?

Nein

Hustet Ihr Pferd? — Nein

Ja

RUFEN SIE DEN TIERARZT
Das Pferd kann Schlundverstopfung haben. — Ja — Hat das Pferd einen verstopften Schlund, läuft Speichel aus der Nase und ist es sehr unruhig?

RUFEN SIE DEN TIERARZT
Ihr Pferd kann Kreuzverschlag haben. — Ja — Haben Sie die Futtermenge vor kurzem erhöht?

Nein

Nein

RUFEN SIE DEN TIERARZT
Das Pferd kann Influenza oder Druse haben. — Ja — Hat das Pferd Nasenausfluß und eine hohe Temperatur?

Steigern Sie die Futtermenge wieder, und untersuchen Sie das Pferd noch einmal. — Ja — Haben Sie die Futtermenge vor kurzem reduziert?

Nein

Nein

RUFEN SIE DEN TIERARZT
Ihr Pferd kann einen Herzfehler haben. — Ja — Hustet Ihr Pferd während des Reitens, strengt es sich sehr an?

Lassen Sie das Pferd 24 Stunden stehen. Wenn es dann immer noch nicht in Ordnung ist, rufen Sie den Tierarzt. — Ja — Sieht Ihr Pferd rundum gesund aus?

Nein

RUFEN SIE DEN TIERARZT
Vielleicht eine Infektion im Bereich der Atemwege. — Ja — Ist das Pferd lethargisch und frißt nicht?

Nein

Geben Sie Ihrem Pferd eine Tube Ivomectin; es kann Lungenwürmer haben. — Ja — Ist das Pferd auf der Weide?

Verliert Ihr Pferd unbeabsichtigt Gewicht? — Nein

Ja

Nein

Geben Sie dem Fohlen eine Tube Ivomectin; es kann Askariden haben. — Ja — Ist es ein Fohlen?

Haben Sie die Futtermenge erhöht? — Ja — **RUFEN SIE DEN TIERARZT**
Ihr Pferd kann eine Systemerkrankung haben.

Nein

Nein

RUFEN SIE DEN TIERARZT. Ihr Pferd kann chronische obstruktive Bronchitis haben. — Ja — Hustet Ihr Pferd öfter als zweimal pro Stunde?

Haben Sie die Futtermenge erhöht? — Ja — Erhöhen Sie die Futtermenge.

Nein

Nein

RUFEN SIE DEN TIERARZT. Ihr Pferd kann chronische obstruktive Bronchitis haben. — Ja — Hustet Ihr Pferd öfter als 15-20 mal am Tag?

Haben Sie die Futtermenge verringert? — Ja — Erhöhen Sie die Futtermenge.

Nein

Nein

Unternehmen Sie nichts. Das ist normal. — Ja — Hustet Ihr Pferd nur drei- bis viermal am Tag?

RUFEN SIE DEN TIERARZT, WENN SIE IRGENDWELCHE ANZEICHEN FÜR EINE ERKRANKUNG ODER EIN UNGEWÖHNLICHES VERHALTEN BEOBACHTEN, DAS SIE SICH NICHT ERKLÄREN KÖNNEN.

Haben Sie Ihr Pferd vor kurzem entwurmt? — Ja — **RUFEN SIE DEN TIERARZT**
Es muß einen Grund dafür geben.

Nein

Geben Sie Ihrem Pferd eine Wurmkur. Sollte es trotzdem noch Gewicht verlieren, rufen Sie den Tierarzt.

ERSTE HILFE-AUSRÜSTUNG

Weil es nicht vorhersehbar ist, wann und wo sich das Pferd verletzt, können Sie nicht wissen, wann und wo Sie Ihre Erste Hilfe-Ausrüstung brauchen. Natürlich müssen Sie einen Erste Hilfe-Kasten im Stall haben und einen im Hänger oder Transporter, wenn Sie auf dem Turnier sind. Bei langen Ausritten sollten Sie ebenfalls eine einfache Erste Hilfe-Grundausstattung dabei haben. Der Erste Hilfe-Kasten sollte an einem trockenen, sauberen Platz, z. B. in der Sattelkammer, so angebracht sein, daß er für jeden leicht zu finden ist. Achten Sie darauf, daß er nicht in der Reichweite kleiner Kinder ist. Sie müssen den Inhalt regelmäßig kontrollieren und auffüllen, damit alles immer griffbereit ist.

Satteltasche
Beim Ausreiten sollten Sie immer eine kleine Erste Hilfe-Ausrüstung in der Satteltasche dabei haben. Sie können sich eine komplette Ausrüstung kaufen oder selbst zusammenstellen, was Sie zur Wundversorgung brauchen: ein Desinfektionsmittel, nichtklebenden Verband, Polsterung und eine Bandage. Für mehr ist wahrscheinlich kein Platz.

ANTISEPTIKA

Flüssigkeiten
Das beste Antiseptikum ist Chlorhexidine. Ein konzentriertes Antiseptikum muß vor Gebrauch mit klarem Wasser verdünnt werden. Im Stall spielt das keine Rolle, für die Satteltasche ist es aber nicht geeignet, weil es nicht sofort anwendbar ist.

Spraydosen
Ein Antiseptikum als Spray ist einfach direkt auf kleine Wunden aufzutragen, um eine Entzündung zu verhindern. Das Sprühgeräusch kann das Pferd beunruhigen, Sie müssen aber nur wenig auftragen.

BANDAGEN

Selbstklebende Elastikbandage
In der Regel bandagiert man mit dieser Bandage nicht direkt auf der Haut, manchmal ist es allerdings die einzige Möglichkeit, das Verbandsmaterial zu befestigen. Angewärmt klebt die Bandage besser.

Elastikbandage mit Reißverschluß
Das Bandagieren eines Karpal- oder Sprunggelenks erfordert viel Übung. Extra angefertigte Lycrabandagen mit Reißverschluß sind wesentlich leichter anzulegen. Sie sind in verschiedenen Größen und Formen für bestimmte Gelenke erhältlich.

Kreppbandage
Diese Bandage ist sehr elastisch und paßt sich dem Bein gut an. Mit der Zeit verliert sie aber diese Dehnbarkeit. Um sie zu befestigen reißt man das Ende der Länge nach ein und verknotet es, oder man benützt eine Sicherheitsnadel und wickelt eine Stallbandage darüber.

Selbstklebende Bandage
Klebebandagen sind selbstklebend und folgen der Form des Beins. Wenn das Bein an- und abschwillt, ziehen sie sich weder zusammen noch dehnen sie sich, deshalb muß dann eine neue Bandage angelegt werden.

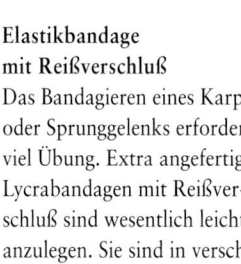

VERBANDSMATERIAL

Schere
In jeder Erste Hilfe-Ausrüstung muß eine scharfe, vorne abgerundete Schere sein, um Verbandsstoffe zu zerschneiden oder um Haare abzuschneiden.

Equimoll
Equimoll besteht aus Baumwollwatte zwischen zwei Gazelagen und fasert nicht so wie normale Watte. Man kann Equimoll gut um ein Bein legen, muß es aber zuschneiden.

Allzweckverband
Fertig vorbereitete Umschläge weicht man vor dem Anlegen in warmem Wasser ein. Lassen Sie einen solchen Umschlag nicht länger als 48 Stunden am Bein, sonst stirbt die Haut an den Wundrändern ab. Die Plastikseite kommt nach außen.

Gaze
Imprägnierte Gazeverbände sind praktisch, weil sie ein Ankleben der Bandage an der Wunde verhindern. Der Gazeverband enthält entweder Vaseline oder, noch besser, ein antibiotisches Gel.

Perforiertes Plastikgewebe
Plastikgewebe, das nicht mit der Wunde verklebt. Die Perforation läßt das Wundsekret gut abfließen, das außerhalb des Films in einem Leinenpolster aufgesaugt wird.

Feuchtigkeitsspeicherndes Kunststoffmaterial
Dieser Umschlag polstert und schafft ein gutes Heilklima. Der Spezialschaum zieht die Flüssigkeit von der Wunde weg und kann das Zehnfache des eigenen Gewichts aufsaugen.

KÄLTEBEHANDLUNG

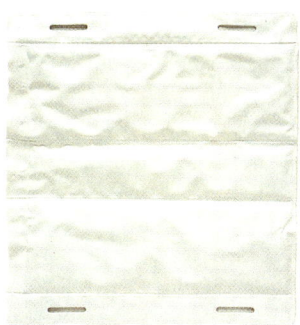

Eispack
Speziell für Pferde entwickelte Eispacks werden im Gefrierfach aufbewahrt. Die mit Flüssigkeit gefüllten »Kugeln« schmiegen sich sogar dann an das Pferdebein an, wenn das Eispack gerade erst aus dem Gefrierfach kommt.

Kühlpack
Gefüllt mit einem Gel, das nie ganz durchfriert, wird es ebenfalls im Gefrierfach aufbewahrt und bleibt ziemlich lange kalt. Ein Kühlpack ist ziemlich schwer und muß deshalb besonders gut befestigt werden.

Kühlgamaschen
Mit Hilfe dieser Gamasche kann man kontinuierlich kaltes Wasser über das Röhrbein laufen lassen. Sie wird an einen Wasserschlauch angeschlossen und wie eine normale Streichgamasche (S. 172) angelegt. Vor dem Aufräumen muß sie ganz trocken sein.

ERSTE HILFE

Die Erste Hilfe ist keine Alternative zum Tierarztbesuch. Wie der Name sagt, handelt es sich um die ersten Handgriffe, die zu tun sind, wenn Sie eine Wunde entdecken. Ob Sie anschließend einen Tierarzt rufen müssen, hängt vom Ergebnis Ihrer Behandlung ab. Es gibt Situationen, in denen Sie den Rat des Tierarztes auf jeden Fall suchen sollten (S. 140). Die oberste Grundregel der Ersten Hilfe ist es, immer die Ruhe zu bewahren. Geraten Sie nicht in Panik und machen Sie nichts überstürzt. Wenn Sie hudeln, rutscht der Verband, oder die Bandage fällt Ihnen aus der Hand, und Sie werden ärgerlich. Obwohl Sie wissen, daß Sie dem Pferd helfen wollen, begreift das Pferd nicht, was Sie wollen. Ein verletztes Pferd hat ein Anrecht darauf, verängstigt und unkooperativ zu sein. Versuchen Sie, ein wenig Zuversicht auf Ihr Pferd zu übertragen.

GEBRAUCH EINES SPRAYS

Eine kleine Wunde am Hals ist gut geeignet, um dort ein antibiotisches Spray aufzutragen

Antibiotisches Spray
Halten Sie die Spraydose aufrecht, und sprühen Sie aus einem Abstand von 30–50 cm kurz auf die Wunde. Viele Pferde mögen das Geräusch nicht, sprühen Sie deshalb zuerst in die Luft, um die Reaktion des Pferdes zu testen. Wahrscheinlich gewöhnt es sich schnell daran. Wenn Ihr Pferd Probleme macht, verstöpseln Sie seine Ohren mit Watte.

REINIGUNG EINER WUNDE

Wann und wie
Reinigen Sie eine Wunde erst dann, wenn Sie sicher sind, das Richtige damit zu tun. Waschen Sie sich als erstes die Hände und achten Sie darauf, daß das Wasser und die Tupfer sauber sind. Ein trockener, steriler Tupfer ist besser als eine Infektion durch nicht steriles Wasser. Verwenden Sie niemals schmutziges Wasser aus einem Eimer. Waschen Sie eine blutende Wunde nicht aus, das Wasser verhindert die Blutgerinnung. Lassen Sie sich von ein paar Tropfen Blut nicht so erschrecken, daß Sie ein schwerwiegenderes Problem übersehen.

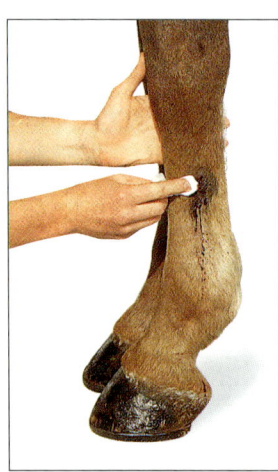

1 Beginnen Sie mit der Reinigung mitten in der Wunde, egal wie groß sie ist. Verwenden Sie dazu Watte, die mit einer leicht salzhaltigen oder antibiotischen Lösung getränkt ist.

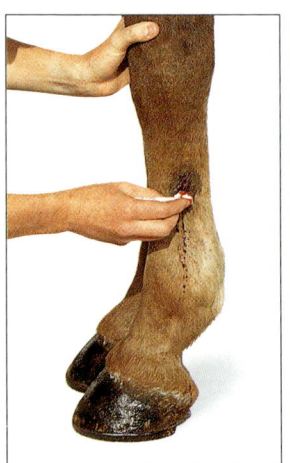

2 Arbeiten Sie von innen nach außen, um keinen Schmutz in die Wunde zu bringen. Reiben Sie keinen Dreck unter die kleinen Hautfetzen.

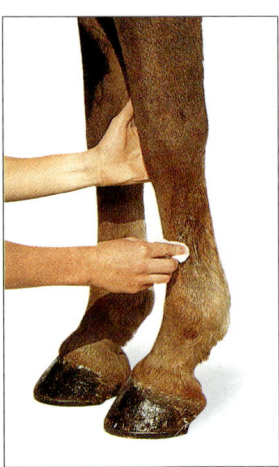

3 Zum Schluß säubern Sie die Haut rund um die Wunde. Gehen Sie aber mit demselben Tupfer niemals in die Wunde zurück, auch dann nicht, wenn sie noch blutet.

SO VERBINDEN SIE EINE WUNDE AM BEIN

Der Nutzen eines Verbandes

Der Hauptzweck eines Verbandes ist das Eindämmen der Blutung, und das ist in manchen Fällen wichtiger, als das Säubern der Wunde. Drücken Sie gleichmäßig auf. Wenn ein starker Druckverband notwendig ist, müssen Sie ihn alle 30 Minuten lockern, damit das ganze Bein wieder durchblutet wird.

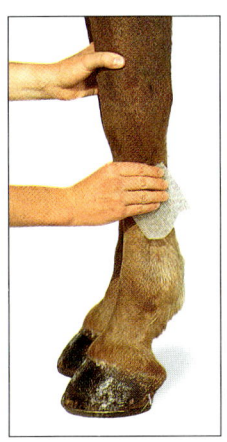

1 Legen Sie zuerst ein Stück nichtklebendes Verbandsmaterial auf die Wunde. Dadurch wird die Blutgerinnung nicht gestört.

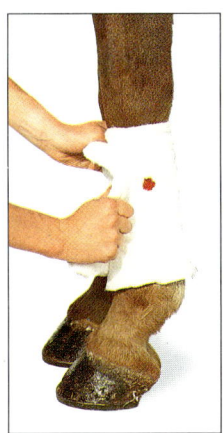

2 Wickeln Sie ein Polster um das Bein. Machen Sie sich keine Sorgen, wenn die Wunde noch blutet, die Blutung kann bis zu 30 Minuten andauern.

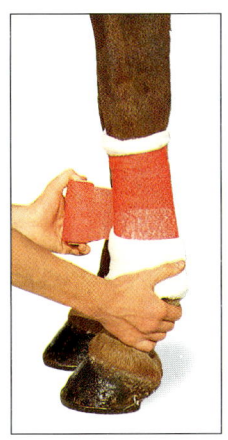

3 Bandagieren Sie über die Einlage. Beginnen Sie oben, um den Verband festzuhalten und gehen Sie dann nach unten in den Wundbereich.

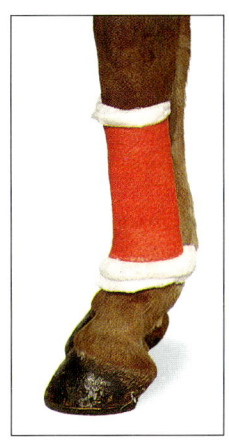

4 Wickeln Sie die ganze Bandage ab, und lassen Sie oben und unten ein kleines Polsterstück herausschauen. Arbeiten Sie sorgfältig in aller Ruhe.

SO LEGEN SIE EINEN HEISSEN UMSCHLAG AN

Ein heißer Umschlag

Es handelt sich um die Behandlung einer Verletzung mit Hilfe von Wärme, um den Schmerz oder die Schwellung zu reduzieren. Man wendet die heißen Umschläge dort an, wo Sie keinen Verband anlegen können, z. B. am Knie. Legen Sie ein Tuch in heißes Wasser (wenn es zu heiß zum Anfassen ist, darf es nicht ans Pferd), drücken Sie das überschüssige Wasser heraus, und halten Sie das Tuch an die verletzte Stelle. Wenn es abkühlt, ersetzen Sie es gegen ein anderes Tuch und wiederholen die Prozedur für weitere 20–25 Minuten. Das mag ermüdend sein, wenn Sie den Umschlag aber kürzer anlegen, ist es für das Pferd nutzlos.

Drücken Sie gleichmäßig auf, und seien Sie auf jede Reaktion des Pferdes gefaßt

VORDERKNIE – BANDAGIEREN

So legen Sie eine Kreuzbandage an

Das Vorderknie ist sehr leicht verletzbar, sofortige Erste Hilfe kann die Heilung aber enorm beschleunigen. Um einen Verband an dieser beweglichen Stelle zu befestigen, müssen Sie über Kreuz bandagieren.

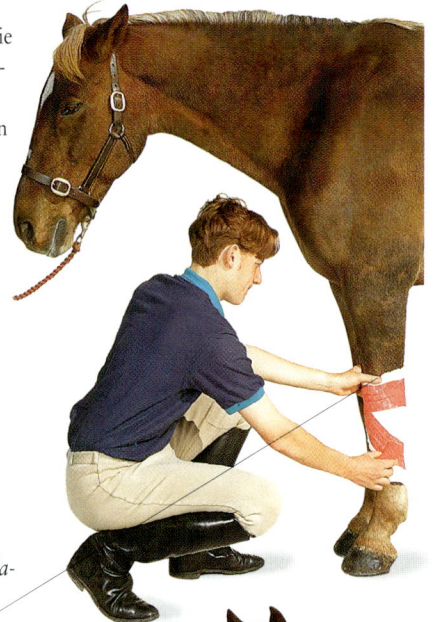
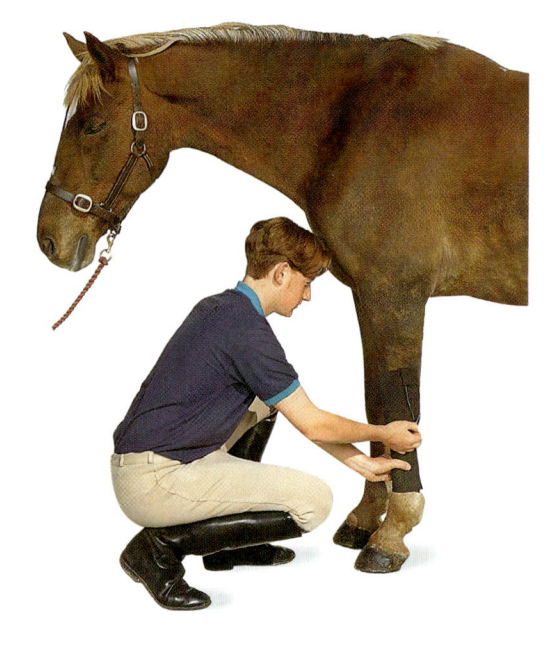

1 Versorgen Sie die Wunde und polstern Sie anschließend das ganze Bein ab. Befestigen Sie die Einlage oben, indem Sie zwei- oder dreimal um das Bein wickeln. Währenddessen halten Sie die Polsterung unten fest.

Während des Bandagierens halten Sie die Einlage fest

Achten Sie darauf, daß die Polsterung flach unter der Bandage liegt

2 Gehen Sie mit der Bandage diagonal über das Karpalgelenk nach oben, und kreuzen Sie Ihre Bahn am Karpalgelenk. Dadurch bringen Sie Druck auf die Wunde, und der Verband bleibt auch dann fest, wenn das Pferd sein Bein bewegt.

3 Wickeln Sie einmal oben um das Bein und bandagieren Sie anschließend ganz normal nach unten. Bandagieren Sie immer über die Hälfte der alten Lage, bis Sie unten angelangt sind. Ist die Bandage lang genug, machen Sie zum Abschluß noch einmal ein Kreuz.

4 Im fertigen Zustand sieht sie aus wie eine ganz normale Bandage, weil das Kreuz überdeckt ist. Beim Bandagieren müssen Sie immer die gleiche Spannung halten und die einzelnen Lagen so flach wie möglich wickeln.

SO BANDAGIEREN SIE DAS SPRUNGGELENK

So wickeln Sie das Sprunggelenk ein
Das Sprunggelenk ist schwierig zu bandagieren, weil die einzelnen Lagen unter- und oberhalb des Gelenks auseinanderrutschen, sobald sich das Pferd bewegt. Aus diesem Grund bandagieren Sie am besten über Kreuz.

Sie dürfen sich nie hinknien, wenn Sie ein Pferd bandagieren, bücken Sie sich lieber

1 Wickeln Sie kreuzweise über das Gelenk. Die ersten Lagen müssen relativ stramm sein, um den Umschlag zu befestigen. Sie dürfen aber nicht zu fest anziehen, weil die Achillessehne hinten über das Sprunggelenk läuft.

2 Zum Schluß müssen Sie die Bandage sichern. Das ist vor allem bei dieser Bandage wichtig, denn wenn sich die Bandage löst, kann sich das Pferd irritiert fühlen, vielleicht ausschlagen und dabei die Wunde wieder öffnen.

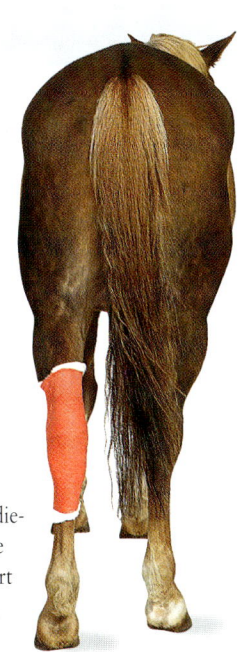

DIE ROBERT-JONES-BANDAGE

Lebensrettende Stabilisierung
Eine Robert-Jones-Bandage kann das Leben Ihres Pferdes retten. Richtig angelegt, macht sie das Pferdebein so unbeweglich, daß sich sogar gebrochene Knochen nicht mehr bewegen können. Damit wird das Pferd transportfähig. Tritt Ihr Pferd mit einem Bein nicht mehr auf, und Sie wissen nicht warum, ist es am besten, sofort diese Bandage anzulegen, damit der Schaden nicht noch größer werden kann.

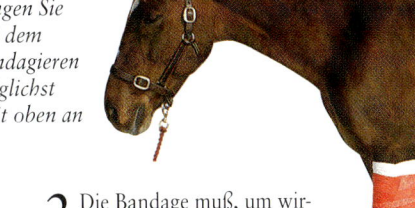

1 Sie benötigen mindestens vier große Lagen Equimoll und zwei bis drei selbstklebende Bandagen. Legen Sie das Equimoll in zwei Lagen um das ganze Bein und bandagieren Sie fest darüber. So stabilisieren Sie die ganze Bandage und erreichen, daß sie gut an den Gelenken anliegt. Legen Sie anschließend zwei weitere Equimoll-Lagen um das Bein.

Um das Bein richtig abzudecken, brauchen Sie mehrere Bandagen

Fangen Sie mit dem Bandagieren möglichst weit oben an

2 Als nächstes wickeln Sie das ganze Bein mit einer selbstklebenden Bandage ein, die nicht aufgehen kann. Dabei wird das Equimoll zusammengedrückt.

3 Die Bandage muß, um wirkungsvoll zu sein, um das ganze Bein, vom Ellenbogen bis zum Huf, gehen. Mit einer Robert-Jones-Bandage kann das Pferd sein Bein nicht mehr bewegen.

EISPACKS

So legen Sie ein Eispack an

Die Anwendung von Eispacks bei Entzündungen mildert die Schwellung und den Schmerz und kühlt. Hat Ihr Pferd ein geschwollenes Bein, und Sie wissen nicht warum, ist als erstes das Bein zu kühlen.

ERBSEN ALS EISPACK

Im Notfall sind gefrorene Erbsen gut als Eispack zu verwenden, die Bandage wird sich aber lockern, während die Erbsen auftauen.

Legen Sie eine dünne Isolierung zwischen Erbsen und Bein

1 Decken Sie das Bein mit einer Gazeschicht ab (eine halbe Equimoll-Lage ist ausreichend), damit das Eispack nicht direkt auf der Haut aufliegt. Versuchen Sie, es genau an der angeschwollenen Stelle zu befestigen.

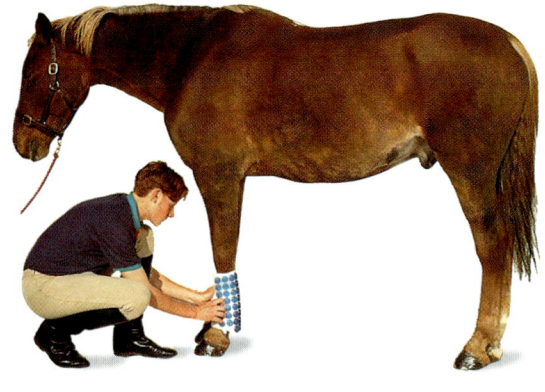

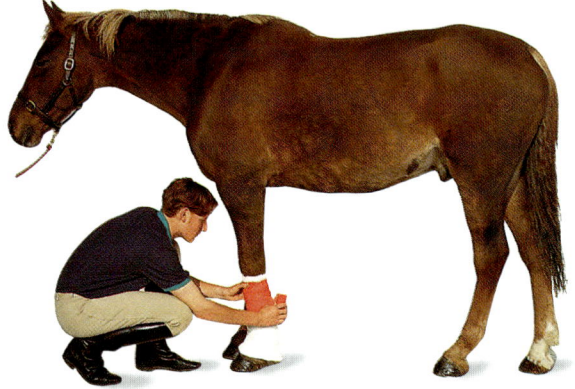

2 Wickeln Sie noch eine Lage Equimoll als Isolierung auf das Eis, und bandagieren Sie anschließend darüber. Das Eispack ist unter Umständen schwer, bandagieren Sie deshalb relativ stramm, damit nichts verrutscht.

KALTES ABSPRITZEN

Kühlgamasche

Mit Hilfe einer Kühlgamasche können Sie kontinuierlich Wasser über das Bein fließen lassen. Schließen Sie einen Gummischlauch an die Gamasche an, damit das Pferd sein Bein noch bewegen kann.

Mit dem Wasserschlauch

Das Abspritzen mit dem Schlauch kühlt das Bein natürlich so gut wie eine Eispackung. Stellen Sie das Pferd neben einen Gully.

WARMES HUFBAD

Ein Hufbad

Ein warmes Hufbad regt die Durchblutung an, und es werden vermehrt rote Blutkörperchen an die entzündete Stelle transportiert, um die Infektion zu bekämpfen. Das Pferdebein muß ganz sauber sein, bevor Sie es für 10–15 Minuten in eine Schüssel mit heißem Wasser stellen. Wenn Sie etwas Epsomer Bittersalz in die Schüssel geben, verhindern Sie das Aufweichen von Horn und Haut und verringern das Risiko einer zweiten Entzündung.

ANLEGEN EINES HUFUMSCHLAGS

Der Hufumschlag

Ein heißer Umschlag bringt Wärme an die betroffene Stelle. Chemisch behandelte Fertig-Umschläge ziehen Flüssigkeit und Eiter aus der Wunde. Kaolin ist auch wirkungsvoll, schmutzt aber ziemlich. Im Notfall können Sie einen Umschlag mit heißem Kleiebrei verwenden. Jeder Umschlag muß spätestens nach 12 Stunden gewechselt werden, weil er dann abgekühlt und mit Eiter verschmutzt ist.

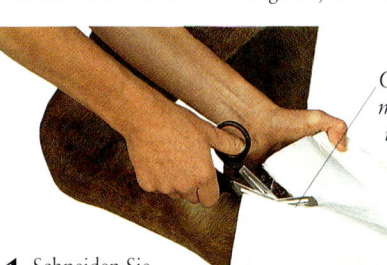

Gehen Sie vorsichtig mit der Schere um, wenn Sie in der Nähe des Pferdes schneiden

1 Schneiden Sie das Umschlagsmaterial so auf den Huf zu, daß ein kleiner Rest am Rand übersteht.

2 Weichen Sie den Umschlag in warmem Wasser ein, und lassen Sie das Wasser anschließend gut ablaufen.

3 Legen Sie den Umschlag auf den Huf, und klappen Sie die Enden zur Sicherung nach außen um. Er darf auf keinen Fall verrutschen.

4 Mit einer selbstklebenden Bandage halten Sie den Umschlag an Ort und Stelle. Beginnen Sie an der Hufwand, und wickeln Sie ein Drittel der Hufsohle mit ein. Gehen Sie zwei- bis dreimal herum, dann sitzt die Bandage fest.

5 Bandagieren Sie kreuzweise über die Sohle und danach noch einmal zur Sicherung außen herum.

Passen Sie auf, daß der Umschlag während des Bandagierens nicht rutscht

Die Bandage wird sich auf der Sohle leicht wellen

6 Gehen Sie noch einmal diagonal über die Sohle, und bilden Sie darauf ein Kreuz. Wickeln Sie zur Sicherheit noch einmal um die Hufwand herum.

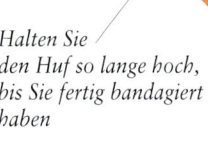

Halten Sie den Huf so lange hoch, bis Sie fertig bandagiert haben

Wickeln sie jedesmal um den Huf, wenn Sie die Sohle gekreuzt haben, um das Ganze zu sichern

7 Bandagieren Sie möglichst oft kreuzweise über die Sohle, und schieben Sie die Kanten glatt unter die vorhergehenden Lagen. Jetzt haben Sie einen Schuh aus der Bandage gemacht.

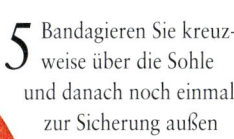

SO PFLEGEN SIE IHR PFERD

Entläßt eine Klinik einen Patienten als »beschwerdefrei«, heißt das noch lange nicht, daß er schmerzfrei ist, sondern, daß alles unternommen wurde, um dem Patienten das Leben unter diesen Umständen so angenehm wie möglich zu machen. Genau das ist das Ziel der Pflege. Ein Pferd, das pflegebedürftig ist, sollte in einer großen, zugfreien und hellen Box untergebracht sein. Eine Wasserquelle und eine Steckdose muß in erreichbarer Nähe sein. Sie müssen Ihre ganze Aufmerksamkeit darauf richten, daß Ihr Pferd immer warm gehalten, sauber und gut gefüttert ist. Sie müssen immer bereit sein, auf seine Bedürfnisse einzugehen und auf jede Veränderung seines Zustands zu reagieren.

Verabreichung von Medizin
Sie können die Medizin in kleinen Portionen unters Futter mischen. Verweigert Ihr Pferd die Nahrung, geben Sie ein starkes Geschmacksmittel wie z. B. Melasse darüber oder verstecken das Medikament in einem ausgehöhlten Apfel oder einer Karotte.

Warnsignale
Die Pflege eines kranken Pferdes bietet Ihnen die Gelegenheit, den Patienten gründlich zu studieren und herauszufinden, was mit ihm los ist. Holen Sie das Pferd von der Koppel, wenn Sie den Eindruck haben, daß es nicht richtig frißt oder lethargisch ist, eine niedrigere Temperatur hat als normal oder der Mist anders aussieht als sonst (Durchfall).

Die meisten Medikamente sind als Granulat und nicht als Pulver erhältlich

Verstauen Sie die Ränder des Handtuchs sorgfältig im Nasenriemen des Halfters, damit der Dampf nicht entweichen kann

Stellen Sie die Schüssel auf einen umgedrehten Eimer, damit sie auf der richtigen Höhe steht

Inhalieren mit Dampf
Die Luftwege und Nüstern des Pferdes sind manchmal mit Rotz verklebt. Das Inhalieren mit Dampf löst den Schleim und weicht die unangenehmen Verkrustungen auf. Geben Sie einige Tropfen des Inhalationsmittels in eine Schüssel heißen Wassers, und wickeln Sie ein Handtuch um die Nüstern, damit Ihr Pferd nur die Luft einatmet, die aus der Schüssel dampft.

Ein Strohhaufen unter dem Bauch schränkt die Beweglichkeit ein

Richten Sie ihm einen bequemen Schlafplatz her

Bereiten Sie dem kranken Pferd ein bequemes »Bett«. Damit es sich gern hinlegt, streuen Sie aber nicht zuviel Stroh ein. Wenn das Pferd schlecht stehen oder nur schwer seine Beine heben kann, kann sich ein großer Strohhaufen unter seinem Bauch zusammenschieben, der die Fortbewegung noch schwieriger macht. Ist dies der Fall, führen Sie das Pferd an eine andere Stelle und verteilen das Stroh.

Befühlen Sie die Ohren

Wenn Sie die Pferdeohren vorsichtig befühlen, können Sie feststellen, ob Ihr Pferd friert. Viele Pferde mögen es gern, wenn man so an ihnen herumpusselt. Friert das Pferd, legen Sie ihm eine Decke über. (Die Temperatur der Ohren zeigt aber nicht, ob Ihr Pferd Fieber hat.)

Legen Sie dem Pferd eine Decke über den Rücken, damit es sich nicht erkältet

Alltägliche Routine

Pferde schätzen die Routine vor allem dann, wenn sie krank sind. Füttern und pflegen Sie zu geregelten Zeiten. Das Putzen ist für ein Pferd ganz wichtig und wirkt sehr belebend. Halten Sie das Pferd möglichst in Sichtweite seiner Freunde, und lassen Sie es von seinem gewohnten Pfleger versorgen.

Desinfektion

Leidet Ihr Pferd unter einer Infektionskrankheit, müssen Sie Ihr Putzzeug nach jedem Gebrauch desinfizieren, damit sich die Infektion nicht weiterverbreitet.

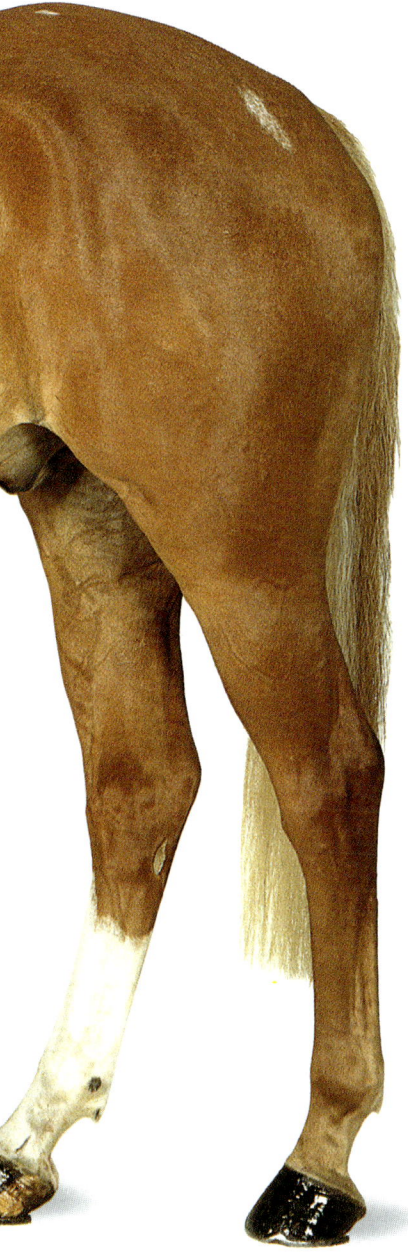

Kapitel 7

SATTELZEUG UND AUSRÜSTUNG

Die Ausrüstung eines Pferdes ist teuer, und deshalb sollten Sie um so besser darauf achten. Um Schaden vom Pferd abwenden zu können, müssen die Sachen immer sauber und in einem guten Zustand gehalten werden. Schmutz kann Hautkrankheiten hervorrufen, Decken, unpassende Gamaschen oder Sattelzeug sind unangenehm und gefährlich, wenn sie plötzlich verrutschen oder herunterfallen. Es mag Ihnen vielleicht lästig sein, Sattelzeug und Decken immer richtig anzulegen und die Schnallen korrekt zu verschließen, Ihrem Pferd ist es aber wesentlich angenehmer, und es wird Ihren Wünschen lieber nachkommen.

SÄTTEL UND GURTE

Sowohl für das Pferd als auch für den Reiter ist ein Sattel nützlich. Ein Sattel verhindert, daß die Wirbelsäule des Pferdes den Reiter drückt und verteilt das Reitergewicht gleichmäßig rund um die Wirbelsäule auf dem Rücken des Pferdes. Ein Sattel wird auf einem festen Rahmen, dem sogenannten Baum, aufgebaut. Wenn Sie den Sattel auf einem Sattelhalter lagern, schonen Sie den Baum. Ein Sattel mit zerbrochenem Baum ist nicht mehr zu benutzen. Kaufen Sie den besten Sattel, den Sie sich leisten können. Am besten bewährt haben sich Sättel aus Leder. Kunststoffsättel sind zwar billiger, halten aber nicht so lange. Bei Second-hand-Sätteln müssen vorrangig der Baum, die Nähte und das Leder in Ordnung sein.

DER SATTEL

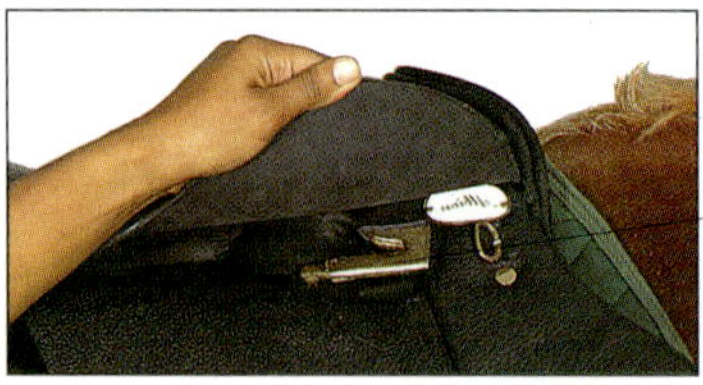

Hinterzwiesel

Sitzfläche

Sattelpolster

Sattelhalter

Unter der Schutztasche

das Sattelschloß, an dem die Steigbügelriemen befestigt sind

Sitztaille

Vorderzwiesel

Niete

Schutzlasche

Verschiedene Satteltypen

Es gibt für jeden Verwendungszweck spezielle Sättel, z. B. den Spring- oder Dressursattel und den Vielseitigkeitssattel für den Freizeitreiter. Der Westernsattel, ein Statussymbol jedes Cowboys, ist reich verziert und schwer. Er muß sehr stabil sein, weil das Lasso vorn am Horn eingehängt wird, und er großen Belastungen ausgesetzt ist.

Sattelblatt

Vielseitigkeitssattel (Seitenansicht)

Hinterzwiesel

Sitzfläche

Horn

Sattelschloß

Hinterer Bauchgurt

Fender

Latigo

Westernsattel

Steigbügel

Sattelgurt

Vielseitigkeitssattel (Unterseite)

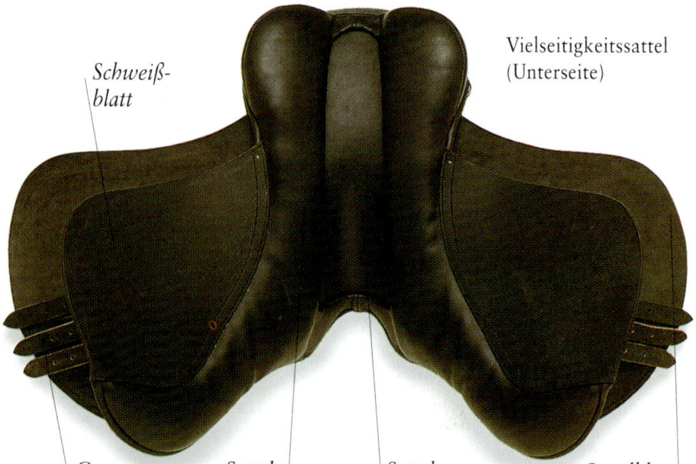

Schweißblatt

Gurtstrippen

Sattelkissen

Sattelkammer

Sattelblatt

ZUSÄTZLICHE POLSTERUNG

Schabracke
Die Schabracke hält die Unterseite des Sattels sauber und saugt den Schweiß auf. Der Sattel würde ohne sie rutschen und scheuern.

Satteldecke
Eine gepolsterte Satteldecke, in der Form des Sattels, schützt den Pferderücken und saugt den Schweiß auf. Versuchen Sie nicht, den schlechten Sitz eines Sattels mit einer dicken, gepolsterten Decke auszugleichen, ein unpassender Sattel muß ausgetauscht oder aufgepolstert werden.

Gelkissen
Ein Kissen aus thermoplastischem Elastomer-Gel schafft eine gleichmäßige Verbindung zwischen Pferd und Sattel und ist besonders gut für Pferde mit Rückenproblemen geeignet. Das Gel verteilt das Gewicht gleichmäßig.

GURTE

Ledergurt
Leder ist stabil und nicht sehr dehnfähig, es sammelt sich aber Schmutz und Schweiß an, der den Gurt hart und unbequem machen kann, wenn Sie ihn nicht gründlich sauberhalten. Der Ledergurt sollte genau hinter dem Ellenbogen liegen.

Die einzelnen Lederriemen können übereinanderrutschen, das macht den Gurt schmaler und für das Pferd angenehmer

Die zwei Schnallen verteilen den Zug gleichmäßig und dienen als Sicherung, sollte eine der Schnallen brechen

Schnurgurt
Ein Schnurgurt aus Nylon ist griffiger als Leder und läßt die Haut atmen. Er scheuert weniger als ein Ledergurt und verursacht keinen Gurtdruck, ist aber nicht so langlebig.

Schnurgurte sind nicht so stabil wie Ledergurte, deshalb sind sie meistens breiter

Es ist wichtig, daß der Gurt ganz glatt am Pferd liegt, damit keine Haut zwischen die einzelnen Schnüre gezwickt wird

TRENSENZÄUME UND GEBISSE

Mit einem Trensenzaum hat der Reiter Kontrolle über den Pferdekopf. Es gibt zwei verschiedene Trensenzäume: Ein Wassergebiß mit einem Zügel und die Kandare. Die Kandare besteht aus zwei Gebissen, der Unterlegtrense und der Kandarentrense, an der jeweils ein Zügel befestigt ist. Die meisten Trensenzäume sind aus Leder. Sie sollten versuchen, Ihr Pferd mit einem möglichst milden Gebiß zu reiten. Eine Kandare sollte nur dazu verwendet werden, eine bessere Einwirkung auf ein williges und gut ausgebildetes Pferd zu bekommen, und nicht, um ein widersetzliches Pferd in den Griff zu bekommen.

DAS ZAUMZEUG

Die Bestandteile einer Trense

Ein einfaches Zaumzeug besteht aus einem Zügel, einem Kopfstück mit einem Kehlriemen, einem Stirnriemen, einem Nasenriemen, zwei Backenstücken und einem Gebiß. Zum Reinigen oder Austauschen eines Riemens zerlegt man das Zaumzeug.

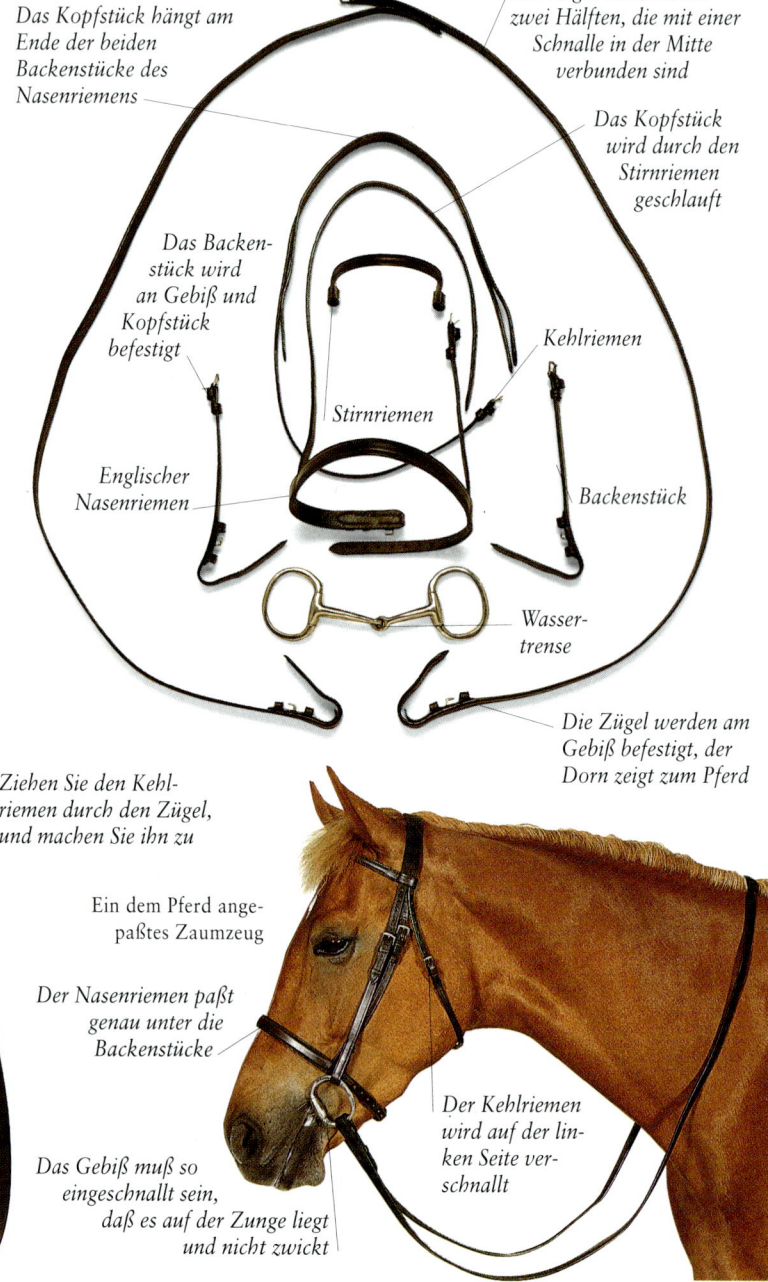

Das Kopfstück hängt am Ende der beiden Backenstücke des Nasenriemens

Die Zügel bestehen aus zwei Hälften, die mit einer Schnalle in der Mitte verbunden sind

Das Kopfstück wird durch den Stirnriemen geschlauft

Das Backenstück wird an Gebiß und Kopfstück befestigt

Kehlriemen

Stirnriemen

Englischer Nasenriemen

Backenstück

Wassertrense

Die Zügel werden am Gebiß befestigt, der Dorn zeigt zum Pferd

Aufbewahrung
Die Trense sollte mit dem Kopfstück über einem breiten Trensenhalter hängen, damit das Leder nicht zu stark gebogen wird. Lagern Sie Ihre Sachen nicht in feuchten Räumen, das Leder schimmelt sonst und geht kaputt.

Ziehen Sie den Kehlriemen durch den Zügel, und machen Sie ihn zu

Ein dem Pferd angepaßtes Zaumzeug

Der Nasenriemen paßt genau unter die Backenstücke

Der Kehlriemen wird auf der linken Seite verschnallt

Legen Sie den Nasenriemen um die Backenstücke, und schlaufen Sie ihn durch die Halterung

Die Zügel sollten symmetrisch herunterhängen

Das Gebiß muß so eingeschnallt sein, daß es auf der Zunge liegt und nicht zwickt

Hannoverscher Nasenriemen

Dieser Nasenriemen wird nur in Verbindung mit einer Wassertrense verwendet. Er hindert das Pferd daran, die Zunge über das Gebiß zu strecken und das Maul aufzusperren. Um die Atmung nicht zu behindern, muß er genau oberhalb der Nüstern liegen.

Die Backenstücke müssen vor der Maulspalte liegen

Der Nasenriemen liegt bequem über dem Gebiß, genau in der Kinngrube

Westernzaum

Die Zügel sind nicht miteinander verbunden, dadurch kann man ein Pferd problemlos an einem Zügel führen oder anbinden.

Die Stange wird einzeln benutzt

Kinnkettenriemen

Hackamore

Diesen gebißlosen Zaum legt man bei Pferden an, die ein wundes Maul haben. Das Hackamore übt einen starken Druck auf den Nasenrücken aus und wird gern bei schwierigen Pferden eingesetzt.

Die langen Anzüge üben einen starken Druck auf das Genick aus

GEBISSE

Die Wirkungsweise eines Gebisses

Das Gebiß liegt auf der Zunge in den Laden des Mauls. Im Laufe der Zeit entwickelte man zahllose Gebisse, und jedes Gebiß erhebt den Anspruch, für eine bestimmte Situation am besten geeignet zu sein. Verwenden Sie ein möglichst einfaches Gebiß. In der Regel ist ein Gebiß um so milder, je dicker und weicher das Mundstück ist. Die einfach gebrochene Wassertrense ist das meist benutzte Gebiß, sie wirkt auf die Laden, auf die Maulwinkel und auf die Zunge ein.

Weicher Übergang am Gelenk

Olivenkopftrense

Die Olivenkopftrense ist wahrscheinlich das einfachste und mildeste Gebiß. Die Gelenke an den Ringen und in der Gebißmitte sind so gearbeitet, daß sie das Pferd nicht zwicken.

Einfach gebrochenes Mundstück aus Stahl

Wassertrense

Die Wassertrense ist ebenfalls ein sehr einfaches Gebiß. Die Ringe bewegen sich frei durch das Mundstück, es besteht aber die Gefahr, daß sie hängenbleiben und die Maulspalte einzwicken.

Das Mundstück aus Vulkanit fühlt sich weicher an als Edelstahl

Kinnkette

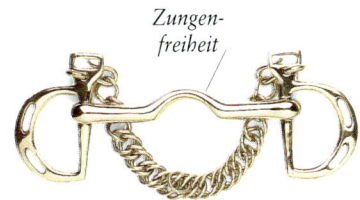

Zungenfreiheit

Gummistange

Die gerade Stange kann aus Vinyl, Vulkanit oder Gummi bestehen. Weil die Zunge ein Stück nach oben ausweichen kann, ist die Wirkung dieses Gebisses etwas milder.

Gummipelham

Anstelle einer Kandare mit zwei Gebissen verwendet man das Pelham mit einer Kinnkette, die in der Kinngrube liegt.

Kimblewick oder Springkandare

Das gewölbte Mundstück dieses Pelhams drückt auf den Gaumen, bietet aber mehr Zungenfreiheit.

DAS ANPASSEN DES SATTELZEUGS

Es ist für Pferd und Reiter gleichermaßen wichtig, daß das Sattelzeug gut paßt. Ist dies nicht der Fall, bereitet es dem Pferd Schmerzen, und es widersetzt sich dem Willen des Reiters. Der Sattel sollte speziell an ein Pferd angepaßt sein. Manche Pferde brauchen sogar einen Maß-Sattel, der dann auch perfekt paßt. Sattelzeug, das zu locker sitzt, läßt bestimmte Hilfen nicht zum Pferd durch oder es verrutscht, was zu bösen Unfällen führen kann. Wenn Sie bei der Ausrüstung, die Sie benützen, irgendwelche Zweifel haben, fragen Sie am besten einen Experten aus einem Reitsportgeschäft um Rat.

DER SATTEL

Der Sattel muß ohne Satteldecke oder Schabracke angepaßt werden

Lage auf dem Rücken
Ein Sattel sollte gerade auf den Rippen aufliegen und nicht auf dem Rückgrat des Pferdes. Der Sattel bleibt an dieser Stelle gut liegen, weil der Brustkasten an den Seiten beinahe parallel ist.

Der Sattel darf nicht so groß sein, daß er auf die Nierenpartie drückt

Platz in der Kammer des Sattels
Im Tunnel des Sattels muß genug Platz sein. Wenn das Pferd den Kopf nach unten nimmt, müssen Sie einen freien Blick durch den Tunnel haben. Der Tunnel wurde entwickelt, um das Gewicht von der Wirbelsäule zu nehmen.

Achten Sie darauf, daß Sie durch den Tunnel hindurchsehen können, wenn der Reiter darauf sitzt

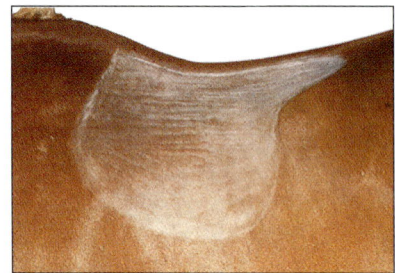

Der Kreidetest
Bestäuben Sie die Unterseite des Sattels mit Kreide, und legen Sie ihn auf den Pferderücken. Wenn Sie den Sattel wieder herunternehmen, zeigt Ihnen die Kreidemarkierung, wo der Sattel aufliegt.

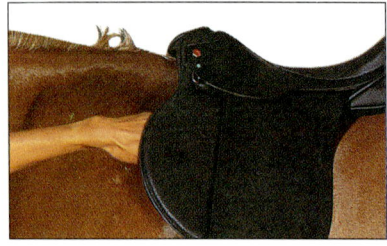

Die richtige Weite
Ein Sattel muß genauso breit wie die Pferdeschulter sein. Ist er zu eng, drückt er auf das Rückgrat und schränkt die Bewegung ein; ist er zu weit, liegt er flach auf dem Widerrist auf.

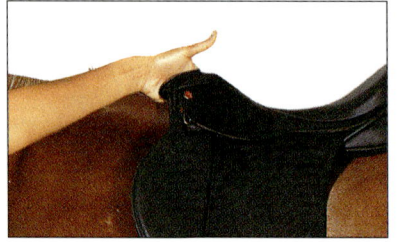

Höhe des Vorderzwiesels
Der Vorderzwiesel liegt oberhalb des Widerristes. Er muß so hoch sein, daß das Pferd seinen Kopf heben kann, ohne dabei mit dem Widerrist gegen den Vorderzwiesel zu drücken.

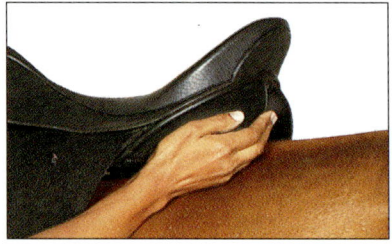

Gute Paßform
Ein gut sitzender Sattel liegt auch ohne festgezogenem Sattelgurt sicher auf dem Pferderücken. Wenn der Sattel während des Reitens zu stark hin- und herrutscht, scheuert er den Rücken auf.

DAS ZAUMZEUG

So eng muß der Nasenriemen sein
Der englische Nasenriemen wird so verschnallt, daß zwei Finger zwischen Nasenriemen und Nasenrücken passen. Der hannoversche Nasenriemen wird etwas enger geschnallt, er soll das Pferd am Aufsperren des Mauls hindern und das Gebiß an Ort und Stelle halten.

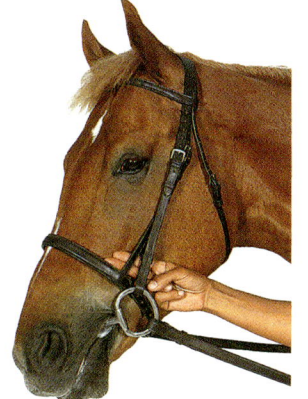

So hoch sollte der Nasenriemen liegen
Der Nasenriemen sollte in der Mitte zwischen dem Maul und den Backenknochen liegen, unterhalb des Wangenknochens müssen zwei Finger zwischen Zaumzeug und Pferdekopf Platz haben. Die Backenstücke am Nasenriemen dürfen das Pferdeauge nicht berühren.

Der Kehlriemen hält das Zaumzeug an der richtigen Stelle

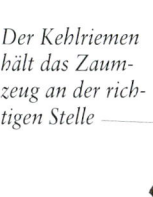

Der Kehlriemen
Zwischen Kehlriemen und Luftröhre muß eine Handbreite Platz haben, ist der Kehlriemen enger verschnallt, behindert er die Atmung.

Der Haarschopf liegt über dem Stirnband

Stirnriemen
Zwischen Stirnriemen und Stirn müssen zwei Finger Platz haben, er darf Kopf- und Backenstück nicht nach vorne ziehen.

Der Nasenriemen liegt auf dem Nasenrücken

Vorderansicht
Schauen Sie sich das Zaumzeug von vorne genau an. Es muß gerade und symmetrisch sitzen.

So passen Sie das Gebiß richtig an
Ein unpassendes Gebiß ist dem Pferd unangenehm und kann das Maul verletzen. Jedes Gebiß sollte in der Maulspalte liegen, ohne Falten zu werfen. Es muß so aussehen, als würde das Pferd lächeln. Liegt das Mundstück zu hoch, reibt es in der Maulspalte; liegt es zu tief, schlägt es gegen die Zähne. Wenn Sie das Gebiß gerade ins Maul legen, sollten die Enden an den Seiten ca. 5 mm überstehen. Ist das Mundstück zu breit, reibt es in der Maulspalte; ist es zu schmal, zwickt es in die Lippen.

Die richtige Lage

Zu hoch

Zu tief

Zu breit

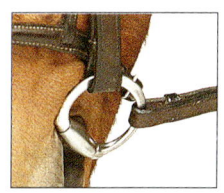
Zu schmal

DAS AUFSATTELN

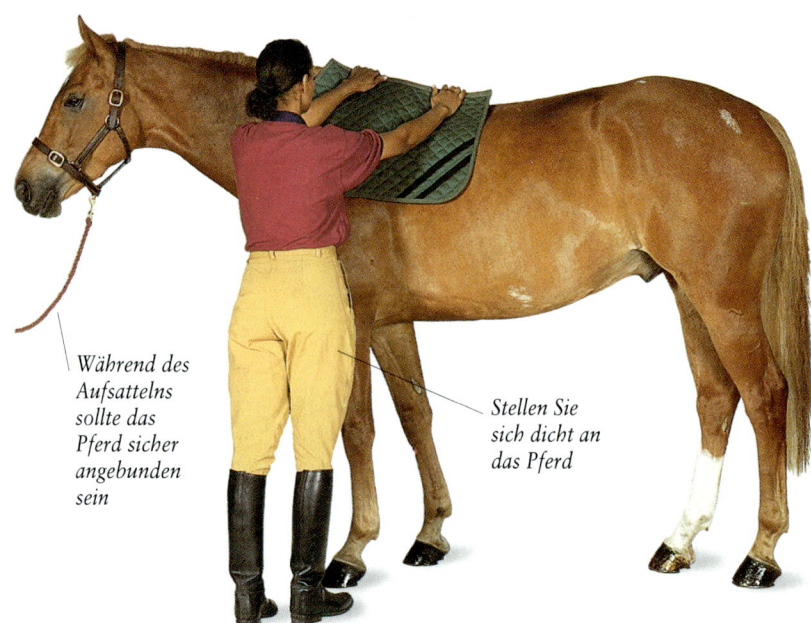

Satteln Sie Ihr Pferd erst dann, wenn Sie startbereit sind. Entfernen Sie zuerst den ganzen Schmutz und Schweiß, vor allem in der Gurt- und Sattellage. Legen Sie erst den Sattel auf, bevor Sie das Zaumzeug auflegen, weil sich viele Pferde anfangs gerne aufblasen. Nach einer Weile entspannt und lockert sich das Pferd, und Sie können dann den Gurt nachziehen. Lassen Sie das Pferd nach dem Reiten nicht mit dem Sattel stehen. Wenn es sich wälzen will, legt es sich auch mit dem Sattel hin und ruiniert nicht nur Ihren Sattel, sondern auch seinen Rücken.

Während des Aufsattelns sollte das Pferd sicher angebunden sein

Stellen Sie sich dicht an das Pferd

1 Gehen Sie langsam auf das Pferd zu, und sprechen Sie mit ihm. Glätten Sie die Haare in der Sattellage. Jetzt können Sie die Decke nach hinten in die richtige Lage ziehen.

2 Achten Sie darauf, daß die Steigbügel hochgezogen sind, und der Gurt auf der Sitzfläche liegt. Legen Sie den Sattel so auf die Decke, daß sie nicht verrutscht. Sie dürfen weder die Decke noch den Sattel nach vorne ziehen, sonst reibt das Fell.

3 Ziehen Sie die Decke fest in die Kammer und in den Hinterzwiesel, dann ziehen Sie beides so weit nach hinten, bis der Sattel korrekt hinter dem Widerrist liegt. Anschließend ziehen Sie die mittlere Gurtstrippe durch die Schlaufe an der Satteldecke.

Lassen Sie den Gurt vorsichtig nach unten, und werfen Sie ihn nicht von der anderen Seite herunter

Sie müssen auf beiden Seiten dieselben Gurt-strippen benutzen

5 Gehen Sie hinter dem Pferd herum, und ziehen Sie den Gurt fest. Befestigen Sie eine Schnalle an der vorderen Gurt-strippe. Die Gurtstrippen sind separat befestigt, damit der Gurt nicht aufgeht, wenn eine Strippe reißt. Ziehen Sie den Gurt so an, daß die Haut keine Falten wirft.

4 Gehen Sie vor dem Pferd auf die andere Seite, lassen Sie den Gurt herunter, und kontrollieren Sie die Decke auf eventuelle Falten.

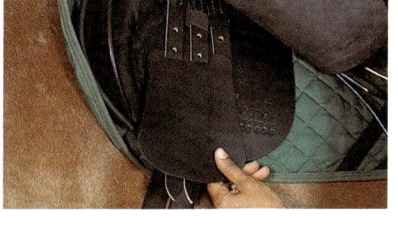

6 Ziehen Sie den Schnallenschoner über die Schnallen. Jetzt können die Schnallen nicht mehr nach oben rutschen, durch das Sattelblatt drücken oder auf der Sattelinnenseite scheuern.

Wenn Sie eine imaginäre Senkrechte durch die Mitte des Sattels ziehen, muß der Sattelgurt ein kleines Stück vor dieser Senkrechten liegen

Ziehen Sie die Steigbügel nach oben, und schlau-fen Sie die Steigbügelrie-men durch die Bügel

Das Absatteln

Öffnen Sie den Gurt auf einer Seite, und legen Sie ihn über die Sitzfläche. Halten Sie Decke und Sattel fest, und heben Sie beides gleichzeitig herunter.

7 Nachdem Sie alles überprüft und den Sattelgurt nachgezogen haben, ziehen Sie jedes Vorderbein nach vorne, damit die Haut in der Gurtlage glatt liegt. Wenn sich das Pferd gegen das Nachgurten wehrt, könnte es entweder die Reaktion auf Schmerzen im Rücken oder in der Sattellage sein oder ein-fach eine schlechte Angewohnheit.

DAS AUFTRENSEN

Trensen Sie das Pferd nach dem Satteln auf. Tragen Sie das Sattelzeug über Ihrem Arm, und halten Sie Kopfstück und Zügel so fest, daß der Stirnriemen zu Ihnen zeigt. Ordnen Sie das Zaumzeug vorher, damit Sie das Pferd aufzäumen können, ohne alles zuerst entwirren zu müssen. Gehen Sie von vorne auf das Pferd zu, damit es sehen kann, was Sie in der Hand halten. Passen Sie auf, daß das Mundstück beim Gehen nicht klimpert, einige Pferde reagieren empfindlich auf dieses Geräusch. Sichern Sie das Pferd, damit es nicht davonlaufen kann, während Sie das Zaumzeug anlegen. Seien Sie wachsam, damit Ihnen das Pferd in halb aufgetrenstem Zustand nicht davonläuft. Es könnte sonst leicht im Zügel hängenbleiben.

Vor dem Aufsatteln müssen die Steigbügel immer hochgezogen sein

1 Binden Sie das Pferd los, öffnen Sie das Halfter und schieben Sie es auf den Hals. Stellen Sie sich links neben das Pferd, und streifen Sie die Zügel über den Kopf. Alternativ können Sie auch zuerst die Zügel auf den Hals legen und anschließend das Halfter öffnen.

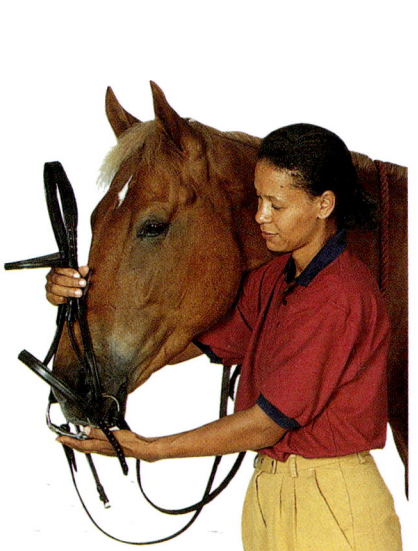

2 Gehen Sie mit Ihrem rechten Arm unter das Kiefer Ihres Pferdes, und halten Sie die Backenstücke vor sein Gesicht. Das Mundstück liegt unterhalb des Mauls in Ihrer linken Hand, und der Nasenriemen umgibt das Maul.

3 Schieben Sie das Zaumzeug vorsichtig in Richtung der Pferdeohren. Sobald das Mundstück das Maul berührt, schieben Sie vorsichtig Ihren Daumen in die Maulspalte und drücken leicht auf die Laden. Dadurch wird das Pferd veranlaßt, sein Maul zu öffnen.

4 Ziehen Sie das Kopfstück über die Ohren, passen Sie aber auf, daß das Mundstück nicht wieder aus dem Maul rutscht. Legen Sie die Ohren bequem zwischen Stirnriemen und Kopfstück, und ziehen Sie den Schopf über den Stirnriemen.

5 Bevor Sie den Riemen verschnallen, müssen alle Teile glatt und gerade am Pferdekopf anliegen. Schließen Sie als erstes den Kehlriemen. Wenn Ihnen das Pferd jetzt wegläuft, kann es das Zaumzeug nicht mehr verlieren. Der Kehlriemen muß locker sitzen (S. 159).

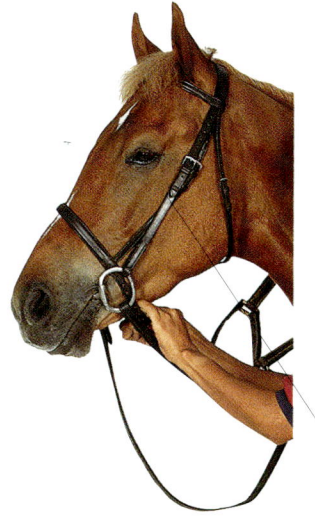

6 Zu guter Letzt machen Sie den Nasenriemen zu. Ein englischer Nasenriemen sollte locker unter den Backen-knochen liegen, ein hannover-scher Nasenriemen etwas strammer über dem Gebiß (S. 157).

Ziehen Sie jeden Riemen durch die Halteschlaufe

Das Abtrensen

Bevor Sie das Zaumzeug herunternehmen, hängen Sie ein Halfter locker um den Pferdehals. Öffnen Sie den Nasenriemen und den Kehlriemen, schieben die Zügel Richtung Kopfstück und nehmen dann beides in die Hand. Ziehen Sie das Zaum-zeug vorsichtig herunter, das Pferd läßt das Gebiß aus dem Maul fallen, und der Nasenriemen geht von selbst herunter. Nehmen Sie das Zaumzeug langsam herunter, sonst schlägt das Mundstück gegen die Zähne.

SO LASSEN SIE EIN GESATTELTES PFERD SICHER ALLEIN

Wenn Sie ein gesatteltes Pferd allein lassen müssen, drehen Sie die Zügel leicht ein und fädeln den Kehlriemen durch die Zügel. Sichern Sie die Steigbügel so, daß sie nicht herunterbaumeln kön-nen. Ziehen Sie das Stallhalfter über das Zaumzeug, und bin-den Sie das Pferd an.

Ziehen Sie die Steigbügelriemen durch die Steig-bügel, und fädeln Sie das lose Ende durch die Schlaufe

ZUBEHÖR

Mit einem Martingal kann man das Kopfschlagen unterbinden. Verwenden Sie nicht unnötig irgendwelche Hilfsmittel. Bei einem passenden Sattel braucht man kein Vorderzeug, und ein Martingal kann nicht kaschieren, wenn das Pferd mit dem Kopf schlägt, weil es Schmerzen hat.

DAS VORDERZEUG

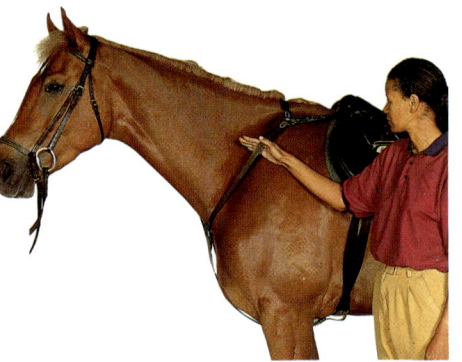

Besonderheiten und Paßform
Ein Vorderzeug besteht aus einer Schlaufe, die über den Hals gelegt wird und mit einem Riemen rechts und links am Sattel und am Sattelgurt befestigt wird. Wenn das Pferd ruhig steht, müssen zwei Finger zwischen Vorderzeug und Hals passen. Achten Sie darauf, daß kein Lederstück verdreht ist.

DAS BRUSTBLATT

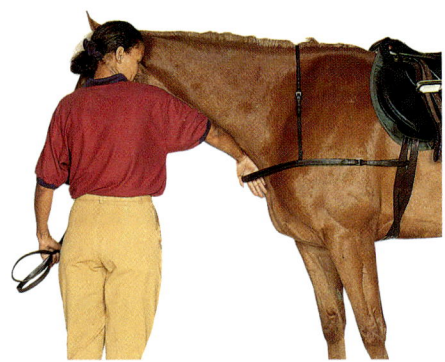

Besonderheiten und Paßform
Ein Brustblatt wird rechts und links am Gurt befestigt. Ein kleiner Riemen, der über den Mähnenkamm geht, verhindert das Herunterrutschen des Blattes. Das Brustblatt muß waagrecht am Pferd liegen und eine Handbreite Spielraum haben.

SO LEGT MAN EIN RINGMARTINGAL AN

Die Schlaufe für den Sattelgurt muß nach hinten zeigen

1 Unter einem gleitenden Martingal versteht man einen Lederriemen, der in den Gurt eingeschnallt wird. Dieser Riemen teilt sich in zwei Enden, an denen jeweils ein Ring befestigt ist, durch den ein Zügel läuft. Das Martingal wird durch einen Halsriemen gehalten und verbessert die Einwirkung auf ein Pferd, das den Kopf zu hoch trägt. Legen Sie zuerst Sattel und Zaumzeug an, und legen Sie den Halsriemen über den Zügel.

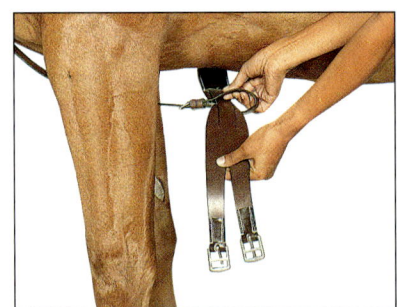

2 Öffnen Sie den Sattelgurt und ziehen Sie ihn durch die Schlaufe des Gurtriemens am Martingal (mit dieser Schlaufe kann man die Länge verstellen – siehe Schritt 3). Anschließend ziehen Sie den Sattelgurt wieder fest.

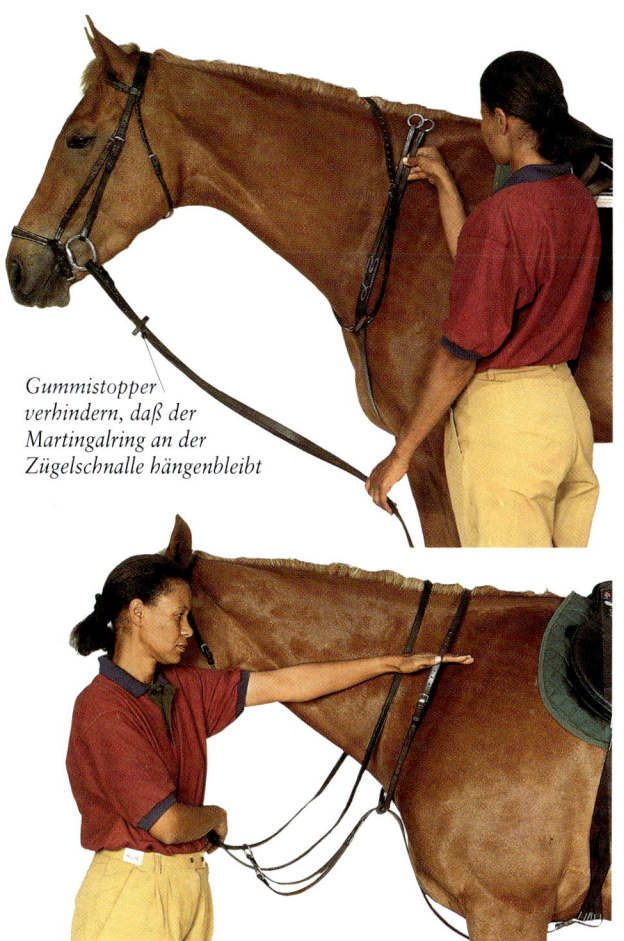

Gummistopper verhindern, daß der Martingalring an der Zügelschnalle hängenbleibt

3 Beim ersten Anlegen müssen Sie die Länge der beringten Riemen überprüfen. Diese beiden Riemen üben über die Zügel Druck auf das Maul aus, sobald das Pferd mit dem Kopf schlägt. Sie müssen so lang sein, daß sie bis zum Mähnenkamm reichen.

4 Öffnen Sie die Schnalle, und teilen Sie die Zügel. Fädeln Sie jeden Zügel durch einen Ring, und schnallen Sie die Zügel wieder zusammen. Achten Sie darauf, daß weder Zügel noch Martingal verdreht sind.

Mit einem dicken Gummiring hält man Halsriemen und Martingalriemen zusammen

5 Zwischen Halsriemen und Pferdehals muß eine Handbreite Platz haben. Wenn Sie ein Pferd mit Martingal führen, dürfen Sie die Zügel nicht über den Kopf ziehen, sonst drückt das Martingal auf die Laden. Für kurze Strecken halten Sie die Zügel 30 cm hinter dem Pferdemaul fest. Für größere Entfernungen öffnen Sie die Zügelschnalle und verknoten die Martingalringe oder ziehen ein Stallhalfter über das Zaumzeug.

SO LEGEN SIE EINEN STOSSZÜGEL AN

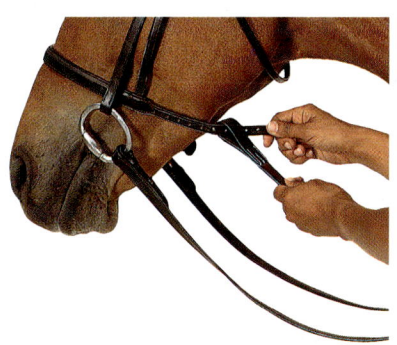

Ein Stoßzügel darf nur mit einem englischen Nasenriemen verwendet werden

1 Ein Stoßzügel besteht aus einem Riemen, der an Gurt und Nasenriemen befestigt wird, und einem Halsriemen. Er hindert das Pferd daran, den Kopf zu hoch zu nehmen. Am Gurt wird der Stoßzügel genauso eingeschnallt wie das Martingal. Schlaufen Sie den Nasenriemen durch den Stoßzügel, und verschnallen Sie ihn.

2 Überprüfen Sie den Sitz des Stoßzügels, seine Länge bestimmt die Bewegungsfreiheit des Kopfes. Der Stoßzügel muß bis zur Kehlgrube reichen, wenn das Pferd den Kopf normal trägt.

DAS REINIGEN DES SATTELZEUGS

Halten Sie Ihr Sattelzeug immer sauber und in einem guten Zustand. Es ist besonders wichtig, daß Gebiß, Sattelgurt und Satteldecke sauber sind, sonst wird der Schmutz in die Haut gerieben, und es kann zu einer Infektion kommen. Seifen Sie die Sachen mindestens einmal in der Woche ein und entfernen Sie den Schmutz nach jedem Ritt. Kontrollieren Sie die Nähte. Wenn während des Reitens etwas reißt, können sich Pferd und Reiter verletzen. Selbst wenn Sie nicht viel reiten, sollten Sie Ihr Sattelzeug einmal im Monat zerlegen, das Lederzeug kann auch dann kaputtgehen, wenn es nicht benutzt wurde.

DIE PUTZMITTEL

Sie sollten alle Sachen, die Sie zum Reinigen brauchen, zusammen aufbewahren, am besten in einem Eimer. Halten Sie Schwamm und Lappen sauber, sonst reiben Sie den Schmutz wieder in das Leder hinein. Die Qualität des Schwammes ist entscheidend, Sie müssen Ihren Schwamm so auswringen können, daß er beinahe trocken ist. Tauschen Sie ihn regelmäßig aus, ein Schwamm, der in kleine Stückchen zerfällt, nützt nichts mehr.

Eimer

Sattelseife

Wurzelbürste

Schwamm

Feuchtes Tuch

Poliertuch

Trockenes Tuch

Stalltuch

Metallpolitur

Ölpinsel

Lederöl

REINIGUNG DES ZAUMZEUGS

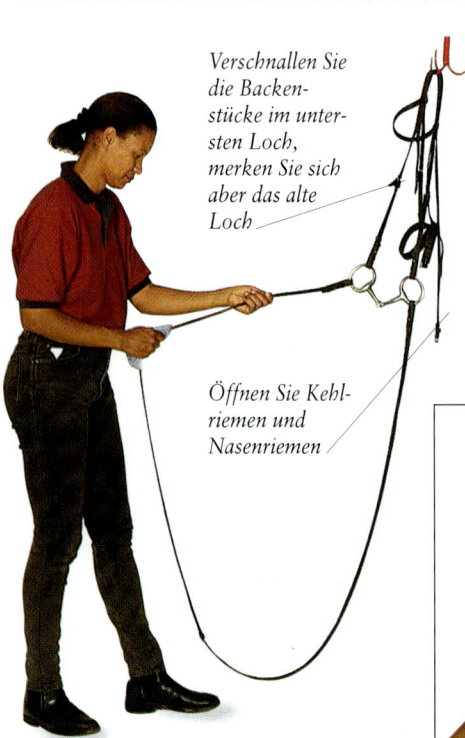

Verschnallen Sie die Backenstücke im untersten Loch, merken Sie sich aber das alte Loch

Öffnen Sie Kehlriemen und Nasenriemen

1 Hängen Sie das Zaumzeug an einen sogenannten »Anker«, der von der Decke hängt. Reiben Sie das ganze Leder mit einem feuchten Schwamm ab, halten Sie jeden Riemen fest, und reiben Sie mit dem Schwamm fest, auf und ab. Säubern Sie auch die Stücke, die durch eine Schlaufe oder Schnalle verdeckt sind.

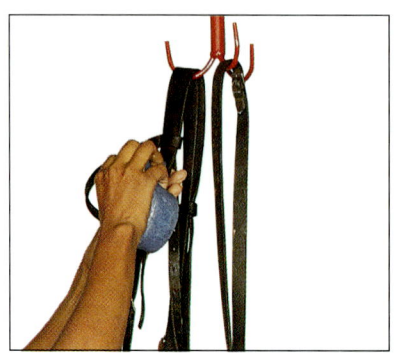

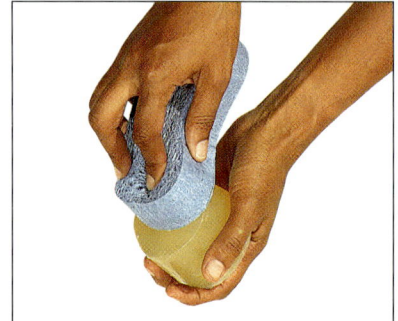

2 Befeuchten Sie die Sattelseife, und gehen Sie mit der Seife auf den Schwamm. Auf keinen Fall dürfen Sie den Schwamm naß machen, sonst bringen Sie mehr Wasser als Seife auf das Leder und es wird trocken und nicht geschmeidig.

3 Seifen Sie das ganze Leder auf beiden Seiten ein. Denken Sie dabei auch an die Stücke, die auf dem Anker aufliegen.

Gebisse und Steigbügel

Das Gebiß muß nach jedem Ritt gesäubert werden. Weichen Sie es in Wasser ein, um getrocknetes Futter oder Gras abzuwaschen. Genauso weichen Sie die Steigbügel ein, um eingetrockneten Schmutz zu entfernen. Ziehen Sie vorher die Steigbügelriemen heraus, und waschen Sie die Trittflächen separat.

Hängen Sie kein Leder in den Eimer, das Wasser greift Leder und Nähte an

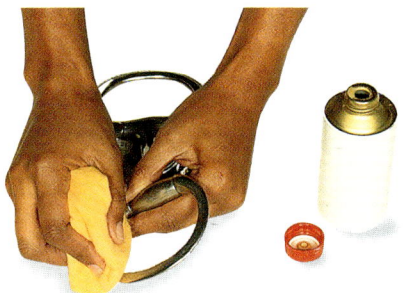

Das Polieren von Metall

Jedes Metallteil, das zu sehen ist, wird mit Metallpolitur aufpoliert. Gehen Sie mit der Politur aber nicht auf das Mundstück des Gebisses, der unangenehme Geschmack könnte das Pferd irritieren.

REINIGUNG DES SATTELS

1 Entfernen Sie den Gurt, die Gurtschoner und die Steigbügelriemen. Die Steigbügelriemen und den Gurt reinigen Sie genauso wie das Zaumzeug. Stellen Sie den Sattel auf den Kopf, und säubern Sie als erstes die Unterseite. Für den Rest legen Sie den Sattel auf einen Bock und wischen ihn zuerst mit einem feuchten Tuch ab.

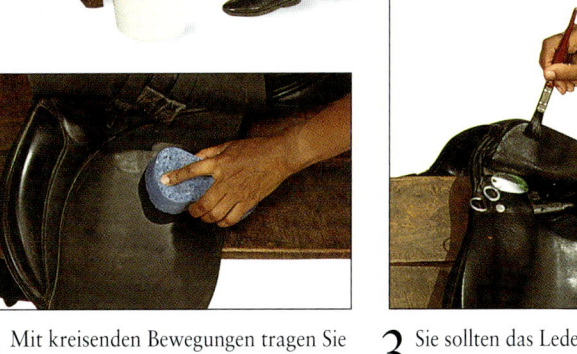

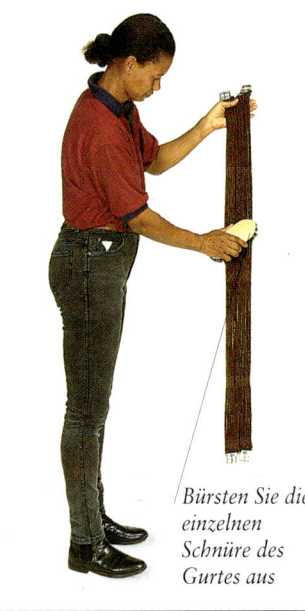

Bürsten Sie die einzelnen Schnüre des Gurtes aus

2 Mit kreisenden Bewegungen tragen Sie überall Sattelseife auf. Gehen Sie in alle Zwischenräume, auch wenn sie noch so klein sind. Stellen aus Wildleder oder Stoff werden nicht eingeseift, sondern ausgebürstet.

3 Sie sollten das Leder in regelmäßigen Abständen einölen, um es noch besser zu schützen. Tragen Sie das Öl vor allem auf die »rauhe« Seite auf, dort saugt das Leder am besten. Ölen Sie nur sauberes Leder, und entfernen Sie überschüssiges Öl, das sonst Ihre Kleidung verschmutzt.

STALLDECKEN

SO LEGEN SIE EINE DECKE AN

Die obere Klappe der Stalltür, die Fenster und die Lüftungsschlitze sollten das ganze Jahr über geöffnet sein. Aus diesem Grund muß ein Stallpferd, besonders wenn es geschoren ist, im Winter eine Decke tragen. Sobald Sie einmal begonnen haben, das Pferd in der Nacht einzudecken, dürfen Sie auch in milden Nächten nicht damit aufhören, sonst verkühlt sich Ihr Pferd. Warten Sie, bis eine wärmere Jahreszeit kommt. Stalldecken bestehen aus zwei Schichten, aus einer schützenden Außenschicht und einem warmen Innenfutter, das sich über die ganze Innenseite erstrekken muß. Beachten Sie diesen Gesichtspunkt – billige Decken sind oft nur halb gefüttert. Für die Außenschicht stehen die verschiedensten Materialien zur Auswahl, am besten eignet sich Leinen oder Decken mit Kunstfaser, die atmungsaktiv sind. Außerdem gibt es viele Befestigungsmöglichkeiten, mehrere Gurte fixieren die Decke sogar dann, wenn sich das Pferd wälzt.

1 Falten Sie die Decke in der Mitte, mit der Innenseite nach außen, damit die Gurte innen verstaut sind. Tragen Sie die Decke so über Ihrem Arm, daß die vordere Hälfte nach oben und der Falz von Ihnen weg zeigt. Gehen Sie von links auf das Pferd zu, und klopfen Sie ihm auf die Schulter, um es auf die Decke vorzubereiten.

2 Legen Sie die zusammengefaltete Decke ein Stück vor den Widerrist. Anschließend falten Sie die Decke auf und ziehen sie nach hinten, damit sie gerade auf dem Rücken liegt.

Überkreuzen der Gurte unter dem Bauch

Schließen des Gurtes

3 Gehen Sie auf die andere Seite, und ziehen Sie die Decke dort glatt, dann gehen Sie zur linken Seite zurück. Schließen Sie zuerst die Bauchgurte. Sollte das Pferd davonlaufen, gerät es in Panik, wenn die Decke verrutscht und um seinen Hals hängt.

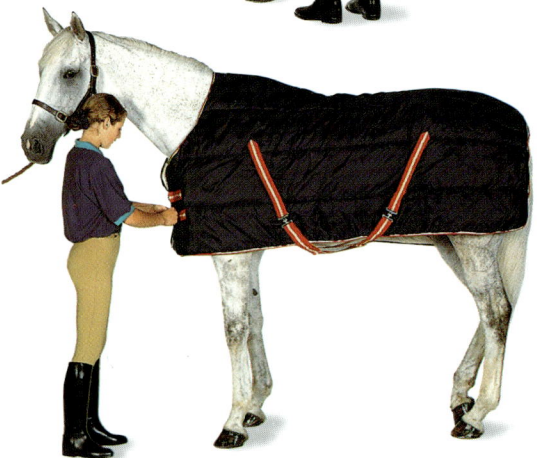

4 Schließen Sie die Schnallen an der Brust. Liegt die Decke zu weit vorne, ziehen Sie sie leicht nach hinten. Liegt sie zu weit hinten, nehmen Sie die Decke ab und fangen wieder von vorne an. Ziehen Sie die Decke niemals nach vorne, das Fell liegt sonst gegen den Strich und reibt.

Die richtige Größe

Decken werden nach der Rückenlänge gemessen und sind in vielen verschiedenen Größen erhältlich. Messen Sie Ihr Pferd vom Brustbein bis zum Hüfthöcker. Die Decke muß vom Widerrist bis zur Schweifrübe reichen, und an Schulter und Brust sollte eine Handbreite Platz haben.

Die Decke darf nicht zu eng sein, sonst reibt sie

Korrekter Sitz an der Schulter

Korrekter Sitz an der Brust

ANLEGEN EINER UNTERDECKE UND EINES DECKENGURTS

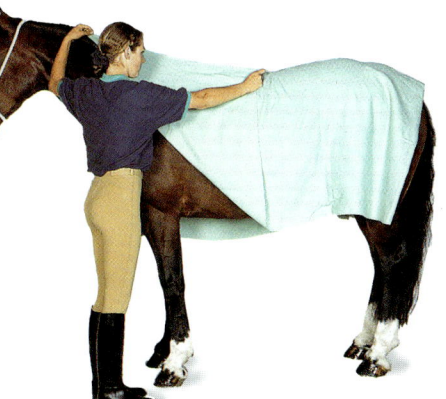

1 Man legt eine Unterdecke unter die Decke, um das Pferd noch wärmer zu halten. Legen Sie die Unterdecke möglichst weit vorne auf den Hals, und falten Sie die vorderen Ecken so, daß sie auf dem Widerrist zusammentreffen.

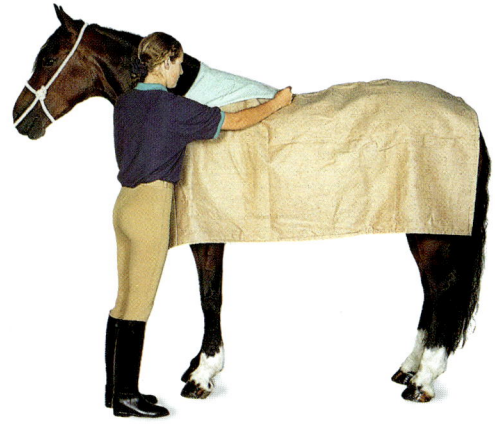

2 Vergewissern Sie sich, daß die Decke glatt in der Mitte liegt, und ziehen Sie beide Decken an die richtige Stelle, ohne die Unterdecke zu verrutschen. Klappen Sie das gefaltete Dreieck nach hinten auf die Stalldecke, dann kann die Unterdecke nicht rutschen.

Nehmen Sie eine Jutedecke, die möglichst dicht gewebt ist

Bei dünnen oder austrainierten Pferden ist ein Brustgeschirr praktisch, der Deckengurt kann dann nicht nach hinten rutschen

Ziehen Sie den Deckengurt genauso fest wie einen Sattelgurt an

3 Hat Ihre Stalldecke keine Begurtung, dann müssen Sie einen Deckengurt anlegen, der direkt hinter dem Widerrist aufliegen sollte. Es gibt verschiedene Deckengurte, einige liegen sehr dicht am Widerrist auf und müssen zusätzlich mit einem Schwamm oder einem kleinen Kissen gepolstert werden.

ANDERE DECKEN

NEUSEELANDDECKEN

Es gibt eine Vielzahl verschiedener Decken, die alle dazu dienen, ein Pferd vor Kälte und schlechtem Wetter zu schützen. Beim Anlegen einer Decke, vor allem einer Neuseelanddecke, müssen Sie vorsichtig sein: Das steife Material und die eingeschränkte Bewegungsfreiheit beunruhigen viele Pferde. Schmutzige Decken sollten nicht mehr verwendet werden. Waschen Sie die Decken regelmäßig mit einem umweltfreundlichen Waschmittel und spülen sie gründlich aus.

Eine Neuseelanddecke muß so lang sein, daß sie den Bauch des Pferdes vor Wind und Wetter schützt

Die wichtigsten Merkmale
Die Neuseelanddecke wurde entwickelt, um das Pferd auf der Koppel vor Wind und Wetter zu schützen. Sie ist nicht hundertprozentig wasserdicht und in vollgesaugtem Zustand äußerst schwer und sperrig. Weil das Material nicht dehnbar ist und sich dem Pferdekörper nicht anpaßt, ist die Paßform besonders wichtig.

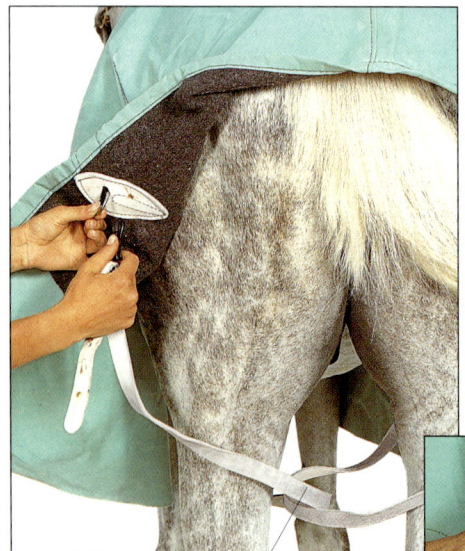

Beinschnüre
Vor den Hinterbeinen sind zwei Beinschnüre befestigt. Gehen Sie mit einer Schnur zwischen den Beinen durch und haken sie auf derselben Seite ein. Mit der zweiten Schnur gehen Sie durch die Schlaufe der ersten Beinschnur und haken sie ebenfalls auf derselben Seite ein.

Wenn sie so befestigt werden, halten sich die Beinschnüre gegenseitig von den Beinen fern und können nicht scheuern

Die glatte Seite des Karabiners muß zum Pferd zeigen

Beobachten Sie Ihr Pferd auf der Koppel
Behalten Sie ein eingedecktes Pferd auf der Koppel im Auge. Wenn die Decke verrutscht ist, nehmen Sie sie herunter und legen sie neu auf. Wenn Sie die Decke einfach nur geradeziehen, gehen Sie gegen den Fellstrich. Während Sie mit der Decke hantieren, müssen Sie Ihr Pferd anbinden, sonst rennt es mit halbangezogener Decke davon.

WEITERE DECKENTYPEN

Allwetterdecke

Die meisten Allwetterdecken sind hundertprozentig wasserdicht. Sie sind leichter und beweglicher als Neuseelanddecken
und schützen zusätzlich Hals und Kopf. Manche Pferde
weigern sich am Anfang, einen Kopfschutz zu tragen.
Geben Sie ihnen Zeit, sich daran zu gewöhnen.

*Legt man die Netzdecke unter
eine dünne Sommerdecke, bildet der Netzstoff kleine Luft-
polster, die vor Kälte schützen*

*Der Schnitt dieser Decke
ist dem Körperbau des
Pferdes angepaßt und hat
eine optimale Paßform*

Fliegendecken (Abschwitzdecken)

Die Netzdecke bietet etwas Wärme gegen die Verdunstungskälte, die durch das Schwitzen entsteht und
läßt aber trotzdem den Schweiß verdunsten. Mit
einem Deckengurt kann man sie im Stall und auf der
Koppel anlegen.

Nierendecke

Diese Decke liegt unter dem Sattel
und wärmt einem geschorenen Pferd
während des Reitens die Nierenpartie
und bietet gleichzeitig Bewegungsfreiheit
an der Schulter. Für eine anstrengende
Trainingseinheit sollten Sie die Nierendecke
nicht auflegen, der Schweiß kann nicht verdunsten und die Muskeln überhitzen.

*Eine Beinschnur, die
unter dem Schweif von
einer Seite zur anderen
geht, verhindert das
Flattern der Decke*

Sommerdecke

Eine Sommerdecke ist eigentlich die
leichte Version einer Neuseelanddecke.
Sie ist überhaupt nicht wasserdicht,
bietet aber willkommenen Schutz vor
Fliegen und hält das Pferd sauber.
Die Deckengurte kreuzen sich unter
dem Bauch, damit der dünne Stoff
nicht im Wind flattert.

SCHÜTZENDE GAMASCHEN

»Schuhe« für Pferde werden nicht über den Huf gezogen, sondern schützen die Beine während des Reitens vor Verletzungen. Sie müssen so stramm sitzen, daß sie nicht scheuern, wenn durch die Bewegung Schmutz unter die Gamasche kommt. Nach der Arbeit nimmt man sie wieder ab. Es gibt viele Formen in den verschiedensten Materialien. Hüten Sie sich vor den »wissenschaftlich getesteten« Gamaschen, die das Pferd angeblich vor den Belastungen, die durch die Arbeit auftreten, schützen sollen. Nichts, was um das Bein gewickelt wird, kann das bewirken.

Streichgamaschen

Wie der Name schon sagt, schützen diese Gamaschen vor dem Streichen (S. 127). Man legt sie so an, daß der Verschluß außen liegt und die schützende, stabile Seite innen. Man verwendet immer ein Paar und nicht nur eine einzelne Gamasche.

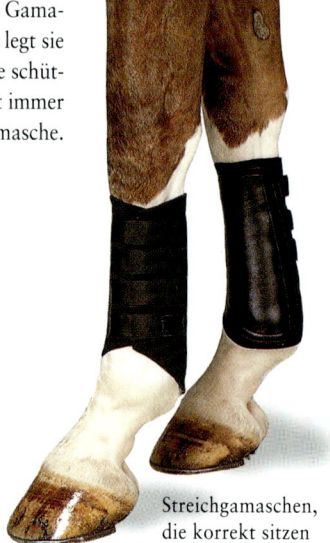

Streichgamaschen, die korrekt sitzen

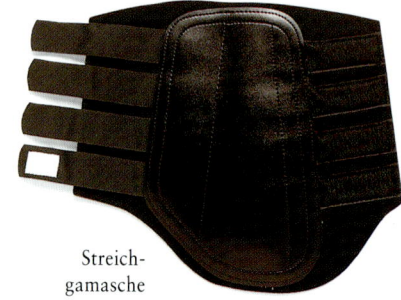

Streichgamasche

Sehnenschoner

Sie sind dafür gemacht, die Sehnen zu schützen und die Bewegungsfreiheit möglichst wenig einzuschränken. Wird ein Sehnenschoner beim Galoppieren beschädigt, wirft man ihn am besten weg und kauft sich neue, denn die Wahrscheinlichkeit, daß sich das Pferd noch einmal an derselben Stelle tritt, ist groß.

Sehnenschoner

Die beiden Polster liegen rechts und links von der Sehne

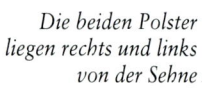

Innenseite der Sehnenschoner

Die Riemen an der Außenseite zeigen nach hinten

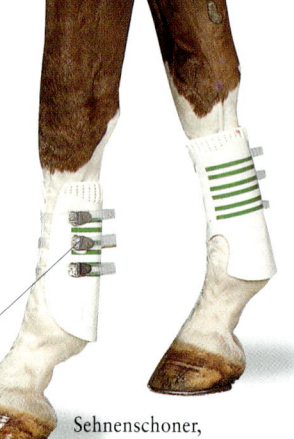

Sehnenschoner, die korrekt sitzen

Sprungglocken

Sprungglocken schützen den Ballen und den unteren Teil der Fessel. Sie bestehen entweder aus einem Stück und werden über den Huf gezogen, oder sie sind offen und werden in der Fesselbeuge geschlossen. Die Sprungglocken sollten locker sitzen. Wenn sie zu groß sind, besteht aber die Gefahr, daß das Pferd drauftritt. Sie sollen den Ballen abdecken, aber nicht bis zum Boden reichen. Denken Sie daran, daß die Sprunggelenke beim Galoppieren näher am Boden sind.

Geschlossene Sprungglocke

Sprungglocke mit einzelnen »Blütenblättern«

Offene Sprungglocke

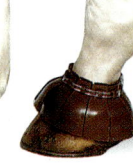

Sprungglocken, die korrekt sitzen

Streichring

Streichringe gibt es in verschiedenen Größen. Einen großen Streichring legt man verletzten Pferden im Stall an, er schützt Fessel, Fesselkopf und Ellbogen vor Stößen beim Hinlegen. Ein kleiner Streichring verhindert das Streichen während des Reitens.

Streichring

Streichring, der korrekt sitzt

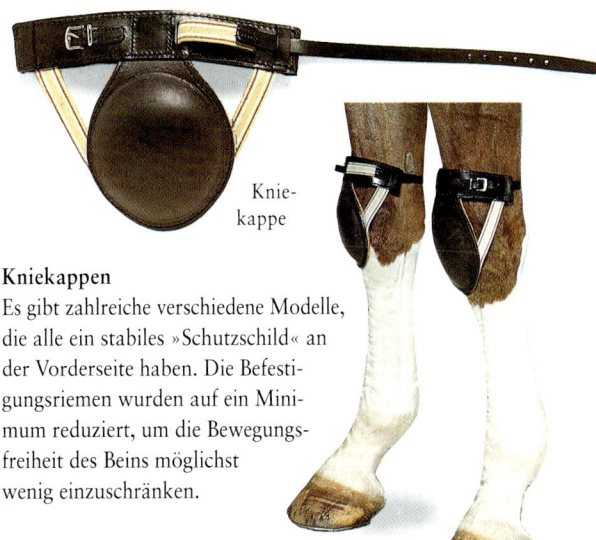

Kniekappe

Kniekappen

Es gibt zahlreiche verschiedene Modelle, die alle ein stabiles »Schutzschild« an der Vorderseite haben. Die Befestigungsriemen wurden auf ein Minimum reduziert, um die Bewegungsfreiheit des Beins möglichst wenig einzuschränken.

Kniekappe, die korrekt sitzt

Transportgamaschen

Diese Gamaschen schützen beim Transport die ganzen Beine vom Huf bis über Sprung- oder Karpalgelenk. Sie sollen polstern und nicht vor starken Schlägen schützen, wie sie z. B. beim Galoppieren auf das Pferd wirken.

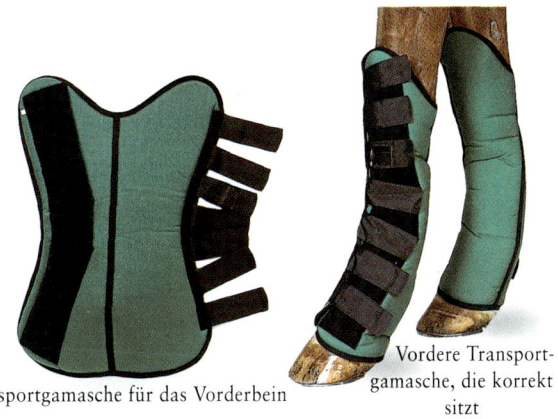

Transportgamasche für das Vorderbein

Vordere Transportgamasche, die korrekt sitzt

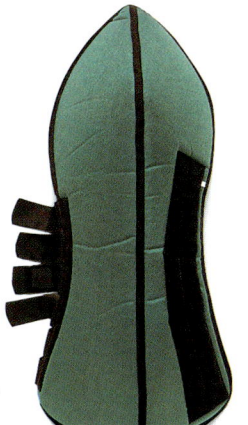

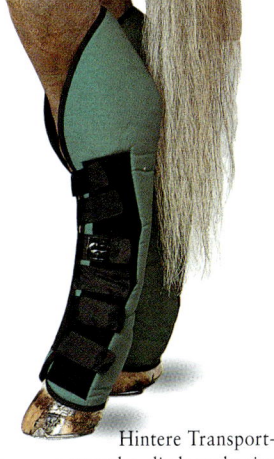

Transportgamasche für das Hinterbein

Hintere Transportgamasche, die korrekt sitzt

SO LEGT MAN TRANSPORTGAMASCHEN AN

1 Legen Sie die Gamasche so um das Bein, daß die Riemen des Klettverschlusses außen sind und nach hinten zeigen. Befestigen Sie die Gamasche etwas höher als sie später sitzen soll, und machen Sie den mittleren Klettverschluß zu.

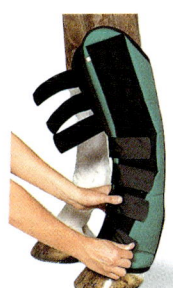

2 Anschließend ziehen Sie die Gamasche so weit nach unten, daß die Rundungen an den richtigen Stellen sitzen. Jetzt machen Sie den unteren Klettverschluß zu, damit sich der Zug gleichmäßig verteilt.

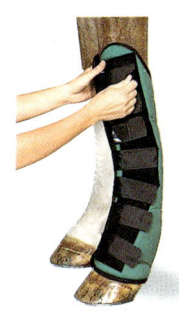

3 Zum Schluß schließen Sie den obersten Klettverschluß. Weil das Pferd nur ein kleines Stück mit den Gamaschen gehen muß, müssen sie nur so stramm sitzen, daß sie nicht rutschen. Wahrscheinlich müssen Sie den mittleren Klettverschluß zum Schluß noch einmal nachziehen.

BANDAGEN FÜR SCHWEIF UND BEINE

Manchmal ist das Anlegen von Bandagen notwendig, auch wenn keine Erste Hilfe zu leisten ist. Eine Schweifbandage hält den Schweif sauber und verhindert, daß die Haare beim Transport abgescheuert oder ausgerissen werden (S. 70). Nach dem Putzen kann man mit einer Schweifbandage die Haare glätten (S. 61). Bandagen schützen die Beine, stützen sie nach Verletzungen und wärmen. Sie sollten immer mit einer Einlage als Polsterung angelegt werden. Die Einlage wärmt und verteilt den Druck gleichmäßig. Meistens werden die Bandagen mit einem Klettverschluß oder mit Bändern befestigt. Waschen Sie die Bandagen regelmäßig, und spülen Sie sie gründlich aus, vor dem nächsten Benutzen müssen sie ganz trocken sein.

BANDAGEN UND EINLAGEN

Verschiedene Bandagen
Schweifbandagen sind ziemlich dünn und aus Krepp oder Synthetikmaterial. Arbeitsbandagen sind leicht elastisch und passen sich der Beinform an. Stallbandagen sollen wärmen, sie bestehen deshalb aus dickem Wollmaterial.

Schweifbandage
(7–10 cm breit)

Stallbandage (10 cm breit)

Arbeitsbandage (7 cm breit)

Fybagee, ein filzähnliches Synthetikmaterial, drückt sich bei häufigem Gebrauch zusammen und verliert seine polsternde Wirkung, ist aber robuster als Equimoll und paßt sich der Beinform besser an. Fybagee kann man waschen, Equimoll aber nicht.

Fybagee

Gamgee

DAS ANLEGEN EINER SCHWEIFBANDAGE

1 Legen Sie das Ende wie eine Raute oben auf die Schweifrübe. Wickeln Sie einmal möglichst dicht um die Schweifrübe.

2 Klappen Sie die Raute nach unten über die erste Lage, und gehen Sie noch einmal mit der Bandage darüber. Achten Sie darauf, daß die Bandage am Anfang fest sitzt, damit sie nicht herunterrutschen kann.

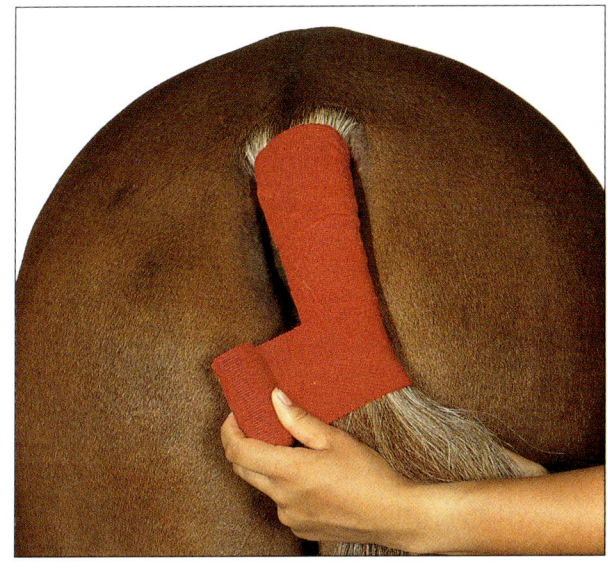

3 Wickeln Sie nach unten, bedecken Sie immer zwei Drittel der vorhergehenden Lage. Ziehen Sie die Bandage gleichmäßig stramm, aber nicht zu fest, weil sonst die Durchblutung unterbrochen wird.

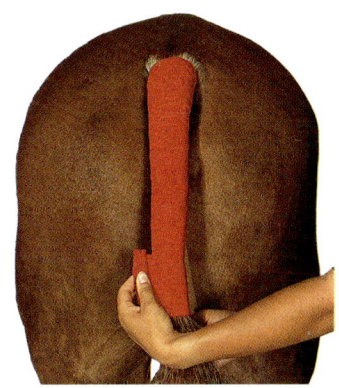

4 Bandagieren Sie bis zum letzten Schwanzwirbel und wieder nach oben.

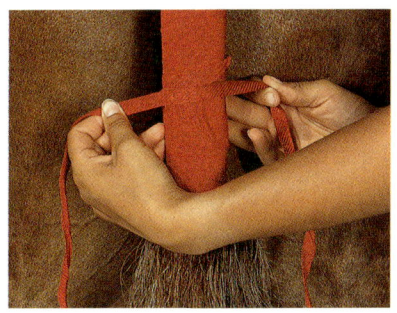

5 Die Bandage hat als Abschluß zwei Bänder. Gehen Sie mit beiden Bändern in die entgegengesetzte Richtung, und spannen Sie das Band, das vom Bandagenende weg zeigt, sonst lockern sich die letzten Lagen der Bandage.

6 Kreuzen Sie die Bänder unter dem Schweif, und machen Sie vorne eine Schleife, die aber nicht strammer sein darf als die Bandage.

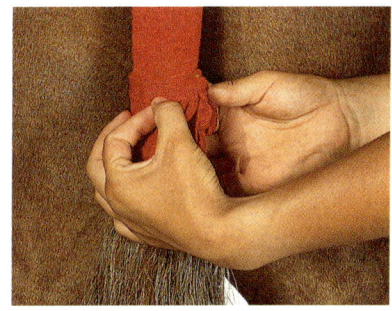

7 Klappen Sie eine Lage über die Schleife, um sie zu verstecken; jetzt kann sie nicht mehr aufgehen.

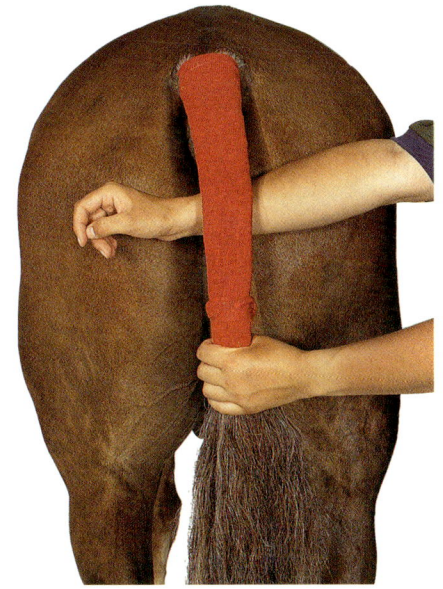

8 Heben Sie den Schweif hoch, und stützen Sie ihn mit dem Arm ab. Biegen Sie ihn über Ihrem Arm, damit er sich an die Hinterbacken anschmiegt und nicht steif nach hinten absteht.

Abnehmen der Schweifbandage
Sie dürfen eine Schweifbandage nie länger als ein paar Stunden dran lassen, sonst wird der Schweif nicht mehr durchblutet. Zum Abnehmen machen Sie die Schleife auf, halten die Bandage oben fest und ziehen sie mit einem Ruck herunter. Der Schweif verjüngt sich nach unten, und die Bandage läßt sich leicht herunterziehen.

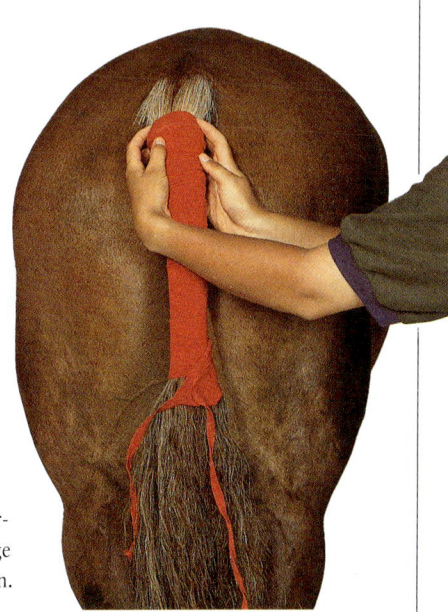

BANDAGEN

Verwendung von Bandagen

Stallbandagen stützen und schützen medizinische Umschläge vor Schmutz und vor dem Pferd. Man kann sie auch anstelle von Gamaschen beim Transport anlegen. Arbeitsbandagen schützen die Beine, vor allem die Sehnen, während des Reitens vor Schlägen und Stößen. Beim Bandagieren muß man sehr vorsichtig sein, bandagiert man zu locker, rutschen sie herunter und wickeln sich um die Beine. Bandagiert man zu fest, können die Sehnen gereizt werden.

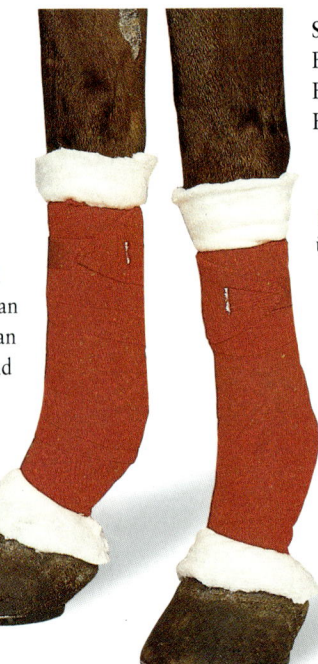

Stallbandagen

Bandagieren Sie immer ein Beinpaar, selbst wenn nur ein Bein verletzt ist, damit ein Bein nicht stärker belastet wird als das andere. Bei Transportbandagen gehen Sie bis über den Kronrand.

Arbeitsbandagen

Arbeitsbandagen sollten genau unterhalb des Karpalgelenks beginnen und über dem Fesselkopf aufhören. Bitten Sie beim ersten Anlegen einen Fachmann um Hilfe, und nehmen Sie die Bandagen nach der Arbeit gleich wieder ab.

SO LEGEN SIE EINE STALLBANDAGE AN

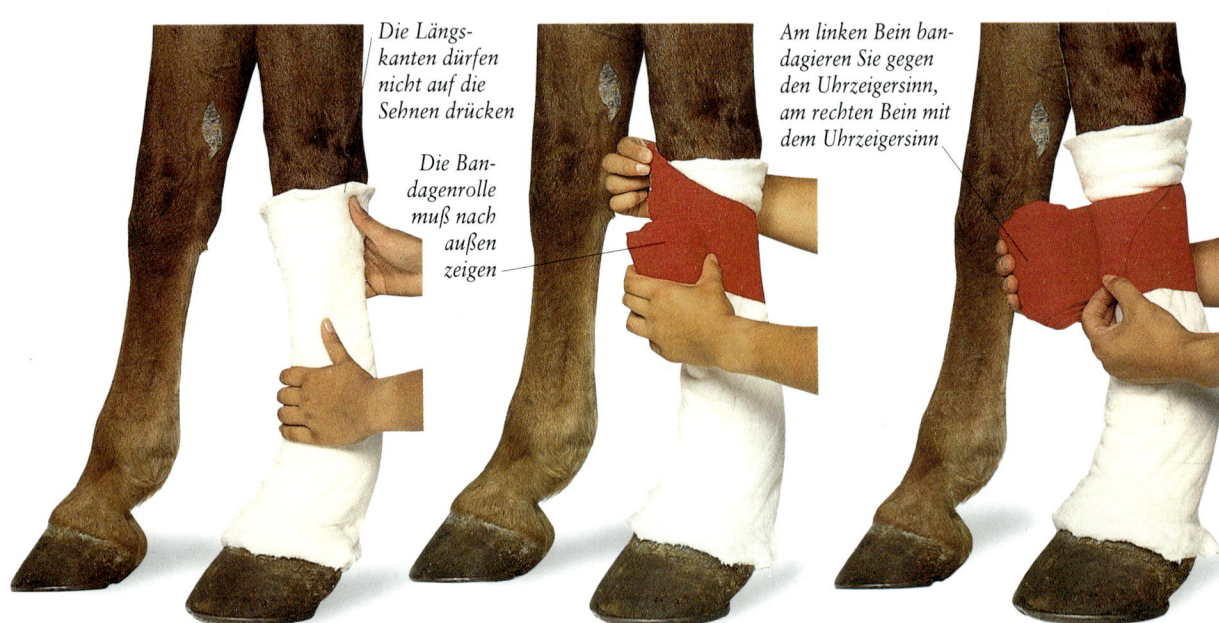

Die Längskanten dürfen nicht auf die Sehnen drücken

Die Bandagenrolle muß nach außen zeigen

Am linken Bein bandagieren Sie gegen den Uhrzeigersinn, am rechten Bein mit dem Uhrzeigersinn

1 Legen Sie eine Unterlage so um das Bein, daß die äußere Kante am linken Bein gegen den Uhrzeigersinn überlappt und am rechten Bein mit dem Uhrzeigersinn.

2 Bilden Sie mit dem Bandagenende oben an der Einlage eine Raute, und wickeln Sie zwei Lagen darüber. Bandagieren Sie von vorne nach hinten, in derselben Richtung, in der die Unterlage geöffnet ist.

3 Klappen Sie die Raute nach unten, und wickeln Sie zur Sicherung eine Lage darüber. Ziehen Sie nicht zu fest an, sonst rutscht die Bandage um das Bein.

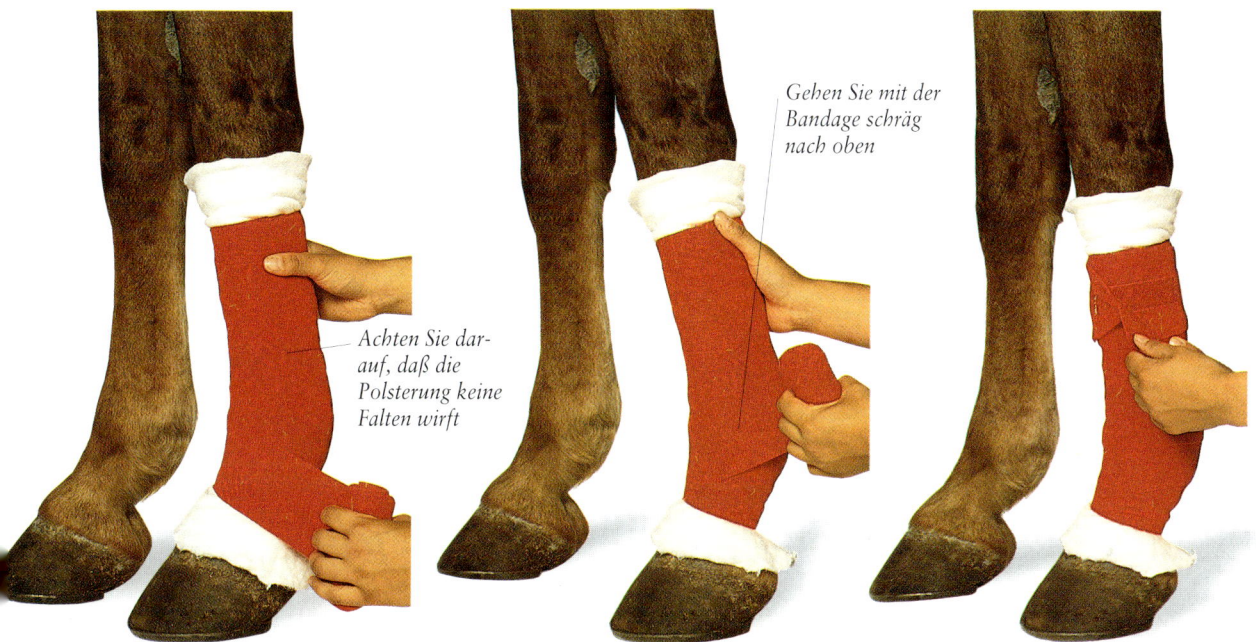

Gehen Sie mit der Bandage schräg nach oben

Achten Sie darauf, daß die Polsterung keine Falten wirft

4 Bandagieren Sie gleichmäßig nach unten, und überdecken Sie immer zwei Drittel der vorhergehenden Lage, das ist am Fesselkopf besonders wichtig.

5 Gehen Sie wieder an den Ausgangspunkt zurück. Bandagieren Sie nicht waagrecht sondern schräg, damit die Bandage nicht rutscht, wenn sich das Pferd bewegt.

6 Versuchen Sie, kurz unterhalb des Anfangs aufzuhören, und legen Sie den Verschluß an die Außenseite, damit er nicht am anderen Bein reibt.

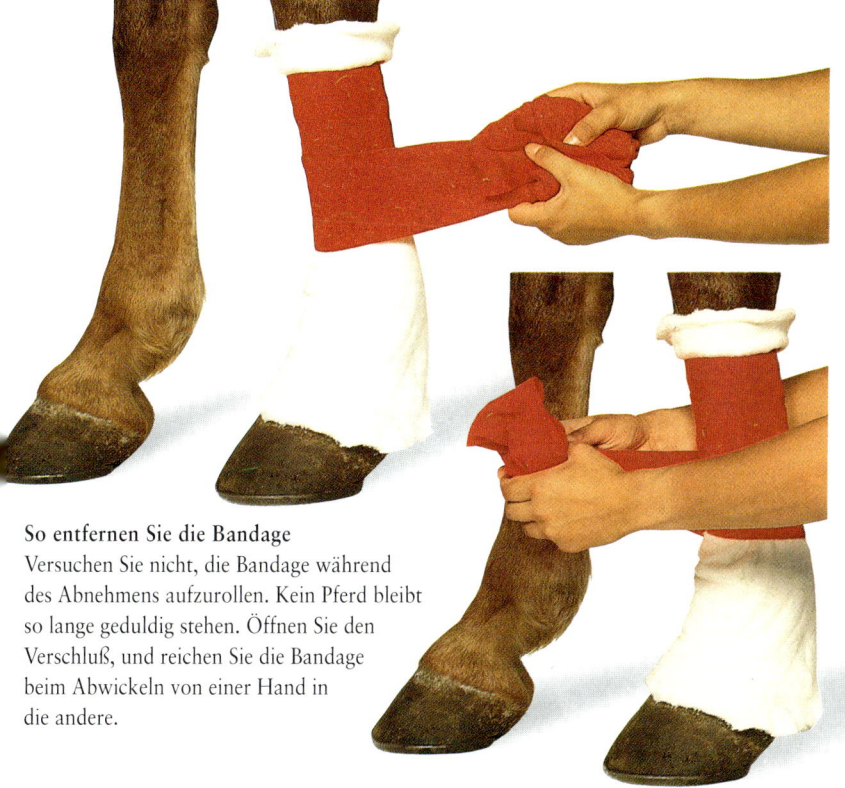

So entfernen Sie die Bandage
Versuchen Sie nicht, die Bandage während des Abnehmens aufzurollen. Kein Pferd bleibt so lange geduldig stehen. Öffnen Sie den Verschluß, und reichen Sie die Bandage beim Abwickeln von einer Hand in die andere.

SO ROLLT MAN EINE BANDAGE AUF

Eine Bandage muß auf der richtigen Seite aufgerollt werden. Beginnen Sie an dem Ende, an dem sich der Verschluß befindet. Klappen Sie das Ende um, und rollen Sie die Bandage kräftig über dem Verschluß ein.

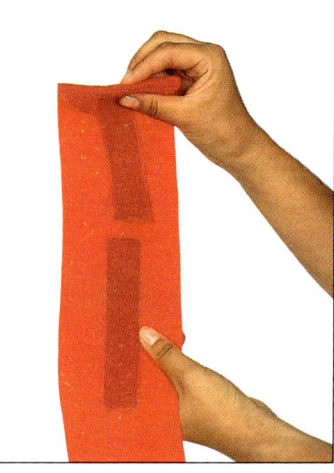

Kapitel 8

TIPS UND TRICKS

Die Welt der Pferde steckt voller Fachausdrücke. Damit Sie wissen, was die Ausdrücke bedeuten, enthält dieser Abschnitt ein Glossar, das die Ausdrücke in Kurzform erklärt. Wir geben Hinweise zum Pferdekauf, erstellen einen Zeitplan für Pferdebesitzer und beraten Sie bei der Auswahl des richtigen Pensionsstalls. Man kann von Ihnen nicht erwarten, daß Sie alles über die Pferdehaltung wissen. Scheuen Sie sich deshalb nie, jemanden um Hilfe zu bitten, denn nur Ihre Unwissenheit kann dem Pferd schaden.

DIE PFERDEHALTUNG RUND UMS JAHR

Das Leben eines Wildpferdes mag Ihnen vielleicht eintönig erscheinen, im Grunde genommen ist ein Tag wie der andere. Das Pferd ist so geschaffen, daß es in der Erwartung lebt, daß ein Tag dem anderen gleicht. Auch das domestizierte Pferd muß einer gewissen Routine folgen können, um keine Krankheiten (z. B. Kolik oder Kreuzverschlag) zu bekommen. Im optimalen Fall richten Sie sich 365 Tage im Jahr nach demselben Tagesablauf. Diese Routine richtet sich nach Ihren wöchentlichen Aufgaben, z. B. Ihrer Arbeit oder Ihrer Ausbildung und darf sich am Wochenende nicht grundlegend ändern. Veränderungen jeglicher Art müssen ganz behutsam vorgenommen werden.

VERSCHIEDENE MÖGLICHKEITEN DER MARKIERUNG

Wenn Sie in der Lage sind, Ihr Pferd nachweisbar zu identifizieren, haben Sie größere Chancen, ein gestohlenes Pferd wiederzufinden, und die Markierung macht das Pferd für den Dieb weniger interessant. Es gibt verschiedene Möglichkeiten, ein Pferd zu markieren. Das Einbrennen der Postleitzahlen in den Huf macht eine Identifikation des Besitzers sofort möglich, ist aber nur in England üblich. Der Brand muß von Zeit zu Zeit erneuert werden, weil er mit dem Horn herauswächst. Ein Kaltbrand am Hals oder in der Sattellage ist dauerhaft. Er wird mit einem Eisen, das in flüssigem Stickstoff abgekühlt wurde, »aufgebrannt« und ist weniger schmerzhaft als ein Heißbrand. Das Haar wächst weiß nach und der Brand ist gut zu erkennen. Man kann auch einen winzigen Mikrochip unter die Haut einsetzen, der nur mit Hilfe eines Scanners gelesen werden kann. Der Chip ist unsichtbar und nur schwer zu entfernen.

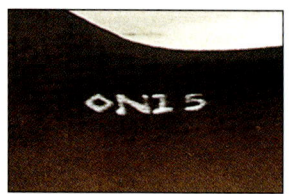

Kaltbrand

Hufbrand

VORSCHLAG EINES TAGESPLANS FÜR EIN KOPPELPFERD

	TÄGLICH	
	Sommer	Winter
Morgens	Fangen Sie das Pferd ein, und untersuchen Sie es auf eventuelle Verletzungen. Kratzen Sie die Hufe aus, und wischen Sie Schmutz aus den Augen, der sonst Fliegen anlockt. Kontrollieren Sie die Wasserstelle oder füllen Sie den Eimer auf. Notfalls füttern Sie Kraftfutter.	Fangen Sie Ihr Pferd ein und untersuchen Sie es auf eventuelle Verletzungen, vor allem an den Beinen. Überprüfen Sie die Decke, legen Sie ihm notfalls eine neue, trockene Decke an. Wenn es nötig ist, füttern Sie Heu und Kraftfutter.
Vormittags	Fangen Sie das Pferd zum Reiten ein. Putzen Sie es kurz über und machen Sie es fertig. Nach dem Reiten schwammen Sie das Pferd ab. Kratzen Sie die Hufe aus, tragen Sie ein Fliegenmittel auf, setzen Sie ihm eine Fliegenhaube auf, und führen Sie es auf die Koppel.	Nehmen Sie die Decke ab, putzen Sie das Pferd kurz über und machen Sie es reitfertig. Nach dem Reiten legen Sie die Decke wieder auf, kratzen die Hufe aus und bringen es wieder auf die Koppel. Falls es nötig ist, füttern Sie Heu und Kraftfutter. Kontrollieren Sie den Koppelzaun und erntfernen Sie Müll.
Nachmittags	Wenn es nötig ist, füttern Sie Ihr Pferd. Kontrollieren Sie die Wasserversorgung. Untersuchen Sie den Koppelzaun und entfernen Sie große Steine oder Müll von der Koppel. Reinigen Sie Ihr Sattelzeug.	Fangen Sie das Pferd ein und kontrollieren Sie die Decke auf Druckstellen. Kratzen Sie die Hufe aus und bringen Sie das Pferd wieder auf die Koppel. Falls es nötig ist, füttern Sie Heu und Kraftfutter. Kontrollieren Sie die Wasserversorgung.
Abends	Fangen Sie Ihr Pferd ein, und untersuchen Sie es auf eventuelle Verletzungen. Kratzen Sie seine Hufe aus, und bringen Sie es auf die Koppel. Kontrollieren Sie die Wasserversorgung. Falls es nötig ist, füttern Sie Kraftfutter.	Fangen Sie das Pferd ein, und untersuchen Sie es auf eventuelle Verletzungen. Ziehen Sie die Decke gerade, und bringen Sie Ihr Pferd wieder auf die Koppel. Füttern Sie Heu und, falls es nötig ist, Kraftfutter. Kontrollieren Sie die Wasserversorgung.

WÖCHENTLICH	MONATLICH	JÄHRLICH
Entfernen Sie den Mist von der Koppel. Untersuchen Sie die Koppel auf Giftpflanzen, die Sie entfernen und verbrennen. Kontrollieren Sie den Futtervorrat. Reinigen Sie Ihr Sattelzeug gründlich. Kontrollieren Sie Ihren Erste Hilfe-Kasten.	Mähen Sie Ihre Weide während der Wachstumsperioden. Kontrollieren Sie Ihren nächsten Termin mit dem Schmied und überlegen Sie, wann die nächste Wurmkur fällig ist. Säubern Sie die Wassereimer und Tröge.	Lassen Sie die Zähne untersuchen und impfen Sie das Pferd gegen Tetanus und Influenza. Streichen Sie Ihren Koppelzaun und die Weidehütte mit Holzschutzmittel. Pflegen Sie Ihre Weide.

VORSCHLAG EINES TAGESPLANS FÜR EIN STALLPFERD

TÄGLICH		
	Sommer	**Winter**
Morgens	Sehen Sie sich das Pferd gründlich an, und kratzen Sie die Hufe aus. Geben Sie ihm ein Heunetz und, falls nötig, Kraftfutter. Bieten Sie ihm frisches Wasser an, und misten Sie den Stall aus.	Siehe Sommer. Ersetzen Sie die dicke Nachtdecke durch eine dünnere Decke für untertags. Untersuchen Sie Ihr Pferd auf eventuelle Druckstellen durch die Decke. Räumen Sie Schnee und Eis aus Ihrem Hof.
Vormittag	Putzen Sie das Pferd kurz über, damit es sich wohler fühlt. Machen Sie Ihr Pferd fertig, und arbeiten Sie es. Nach dem Reiten putzen Sie gründlich. Geben Sie ihm ein Heunetz und, falls nötig, Kraftfutter. Kontrollieren Sie die Wasserversorgung.	Siehe Sommer. Entfernen Sie nach dem Reiten den ganzen Schweiß aus dem Fell, und lassen Sie das Pferd ganz trocknen, bevor Sie die Decke wieder auflegen.
Nachmittags	Entfernen Sie die Pferdeäpfel und prüfen Sie, ob Ihr Pferd genug Heu und Wasser hat. Machen Sie Ihr Pferd fertig und reiten Sie es. (Wenn das nicht möglich ist, traben Sie mit ihm auf und ab, um seine Beine zu vertreten und um zu sehen, ob es lahmt.) Gegebenenfalls füttern Sie Kraftfutter. Reinigen Sie Ihr Sattelzeug.	Siehe Sommer. Kontrollieren Sie den Sitz der Decke und das Fell auf eventuelle Druckstellen, wenn das Pferd nicht geritten wird.
Abends	Entfernen Sie die Pferdeäpfel, und schütteln Sie die Einstreu auf. Gegebenenfalls füttern Sie Kraftfutter. Kratzen Sie die Hufe aus. Kontrollieren Sie die Wasserversorgung, und geben Sie ein Heunetz. Werfen Sie einen letzten Blick auf Ihr Pferd.	Siehe Sommer. Ersetzen Sie die Tagesdecke durch eine wärmere Nachtdecke.

WÖCHENTLICH	**MONATLICH**	**JÄHRLICH**
Kontrollieren Sie Ihren Futtervorrat. Zerlegen Sie Ihr Sattelzeug. Waschen Sie die Decken. Entfernen Sie die Spinnweben. Überprüfen Sie Ihren Erste Hilfe-Kasten. Reinigen Sie die Geräte im Stall.	Kontrollieren Sie den Vorrat an Einstreu. Überprüfen Sie den Termin für die nächste Wurmkur und den nächsten Beschlag. Kontrollieren Sie Gullys und Dachrinnen.	Lassen Sie den Mist abtransportieren. Lassen Sie Ihr Pferd gegen Influenza und Tetanus impfen und die Zähne untersuchen. Überprüfen Sie die Feuerlöscher. Führen Sie Pflegemaßnahmen durch.

VORSCHLAG EINES TAGESPLANS FÜR DAS KOMBINIERTE SYSTEM

TÄGLICH		
	Sommer (untertags im Stall, in der Nacht auf der Koppel)	**Winter (über Nacht im Stall und untertags auf der Koppel)**
Morgens	Fangen Sie das Pferd ein, und bringen Sie es in den Stall. Geben Sie ihm ein Heunetz, kontrollieren Sie die Wasserversorgung und füttern eventuell Kraftfutter.	Kontrollieren Sie das Pferd gründlich, und kratzen Sie die Hufe aus. Legen Sie die passende Decke auf. Geben Sie ihm ein Heunetz und eventuell Kraftfutter. Geben Sie ihm frisches Wasser, und entfernen Sie die Pferdeäpfel.
Vormittags	Putzen Sie das Pferd kurz über, machen Sie es fertig und reiten Sie es. Bei der Rückkehr satteln Sie es ab und entfernen den ganzen Schweiß. Entfernen Sie die Pferdeäpfel, und kontrollieren Sie die Wasserversorgung. Geben Sie ihm ein Heunetz und eventuell Kraftfutter.	Putzen Sie das Pferd kurz über, machen Sie es fertig und reiten Sie. Bei der Rückkehr satteln Sie Ihr Pferd ab, reiben es trocken und legen ihm die Koppeldecke an. Kratzen Sie die Hufe aus, und bringen Sie das Pferd auf die Koppel.
Nachmittags	Entfernen Sie die Pferdeäpfel, und kontrollieren Sie die Wasserversorgung. Reinigen Sie Ihr Sattelzeug. Kontrollieren Sie Ihren Koppelzaun.	Misten Sie den Stall aus. Reinigen Sie Ihr Sattelzeug. Kontrollieren Sie Pferd und Decke. Füttern Sie Heu und eventuell Kraftfutter. Kontrollieren Sie Ihren Koppelzaun.
Abends	Geben Sie Kraftfutter, falls es nötig ist. Untersuchen Sie das Pferd auf eine eventuelle Lahmheit, kratzen Sie die Hufe aus und bringen es auf die Koppel. Kontrollieren Sie die Wasserversorgung auf der Weide. Misten Sie den Stall aus, und überprüfen Sie die Sicherheit des Stalles.	Fangen Sie Ihr Pferd ein, und bringen Sie es in den Stall. Wechseln Sie die Decke. Tränken Sie Ihr Pferd und geben ihm eventuell Kraftfutter. Geben Sie ihm ein Heunetz. Werfen Sie einen letzten Blick auf Ihr Pferd, und kontrollieren Sie den Stall.

KAUF UND HALTUNG EINES PFERDES

Bevor Sie sich ein Pferd kaufen, müssen Sie ganz sicher wissen, wie und wo Sie Ihr Pferd halten werden. Abgesehen von allem anderen, wird dieser Aspekt bestimmen, welche Pferderasse Sie sich zulegen werden. Steht Ihnen nur ein kleiner Stall mit Paddock zur Verfügung, können Sie kein großes Pferd halten. Sie können Ihr Pferd selbst versorgen oder es in einem Pensionsstall unterstellen. Das Einstellen mit Beritt ist am teuersten, Ihr Pferd wird dann gefüttert, gemistet, geputzt und geritten. Es gibt aber auch die Möglichkeit, das Pferd in einem Pensionsstall teilweise selbst zu versorgen oder einen Teil der Arbeit zu übernehmen.

DIE BEURTEILUNG EINES PFERDES

Das Pferd sollte frei auf der Weide herumlaufen

Wenn das Pferd ein Halfter trägt, kann es ein Zeichen dafür sein, daß es sich schlecht einfangen läßt

Auf der Koppel
Wenn Sie ein Pferd kaufen möchten, bitten Sie den Besitzer am besten, das Pferd zuerst auf der Koppel laufen zu lassen. Studieren Sie seine Körpersprache, wie es auf Menschen und Pferde zugeht, um Zeichen von Aggression oder Feindseligkeit zu entdecken. Testen Sie bei dieser Gelegenheit, ob Sie in der Lage wären, das Pferd allein einzufangen.

Das Pferd muß das Gebiß willig annehmen

Der Tierarzt untersucht die Zähne, um das Alter zu bestimmen

Im Stall
Achten Sie darauf, welche Einstreu in seiner Box ist, und fragen Sie warum. Braucht das Pferd eine andere Einstreu als die anderen Pferde, kann das ein Hinweis auf eventuelle Atemwegserkrankungen sein. Beobachten Sie, ob das Pferd irgendwelche Untugenden, wie z. B. das Weben, zeigt.

Aufzäumen und Aufsatteln
Machen Sie das Pferd selbst reitfertig, um zu sehen, wie es sich dabei verhält. Beim Satteln sollte es ruhig stehenbleiben und beim Gurten nicht in die Knie gehen. Jede heftige Reaktion warnt Sie vor späteren Problemen.

Untersuchung durch den Tierarzt
Lassen Sie das Pferd vor dem Kauf gründlich untersuchen. Eine derartige Untersuchung umfaßt alle Aspekte der Gesundheit. Der Arzt wird Sie über alle Schwachstellen des Pferdes informieren und Ihnen sagen, wieviel Arbeit das Pferd leisten kann und darf.

DAS PFERD IM PENSIONSSTALL

Die Auswahl des richtigen Stalles

Bei der Auswahl des geeigneten Stalles sollten Sie ihr Augenmerk mehr auf die Menschen richten, die dort arbeiten, als auf die Stallgebäude. Beobachten Sie die Angestellten eine Weile: Sind sie nett zu den Pferden? Arbeiten sie effzient? Ist das Sattelzeug sauber und gepflegt?

Ein sauberer Hof

Die Disziplin, die in einem Stall herrscht und sich in einem sauberen Hof widerspiegelt, garantiert Ihrem Pferd einen geregelten Tagesablauf. Sehen Sie sich im Stall um – ist der Misthaufen ordentlich? Ist das Sattelzeug sauber? Sind die Pferde gut beschlagen?

Die monatlichen Kosten in einem Pensionsstall reduzieren sich, wenn Sie z. B. Ihr Sattelzeug selbst renigen

Weidemöglichkeiten

Sie müssen Zugang zu einer Koppel haben, egal ob Sie Ihr Pferd zu Hause halten oder in einem Pensionsstall. Die Paddocks müssen sicher sein (S. 76) und nach Möglichkeit auch im Winter mit Gras bewachsen, damit Ihr Pferd nicht auf dem nackten Boden herumsteht. Pferde weiden lieber in Gesellschaft als alleine, sorgen Sie dafür, daß Ihr Pferd einen freundlichen Begleiter um sich hat.

Verantwortung für die Routineaufgaben

Es ist wichtig, die Leistungen, die Ihnen von Seiten des Stalles geboten werden, schriftlich festzuhalten und zu notieren, welche Leistungen separat berechnet werden. Müssen Sie z. B. Ihr Sattelzeug selbst putzen? Wer organisiert die Entwurmung und wer bezahlt für die Wurmkuren? Das Zubehör, wie Putzzeug und Decken, das Sie selbst bereitstellen müssen, verursacht zusätzliche Kosten.

GLOSSAR

Abszeß Ansammlung von Eiter.

Abtrainieren Das langsame Umstellen eines Pferdes vom harten Training zur Koppelpause.

Älteres Pferd Ab dem achten Lebensjahr bezeichnet man ein Pferd als älteres Pferd.

Antibiotikum Ein Medikament, das Bakterien abtötet.

Aufbau Das langsame Zurückführen eines Pferdes an die Arbeit nach einer Koppelpause.

Bakterie Ein mikroskopisch kleiner Einzeller, der in oder auf größeren Lebewesen lebt.

Band Eine schnurartige Verbindung zweier Knochen.

Bügeln Bei jedem Schritt schwingen die unteren Gliedmaßen der Vorhand nach außen, statt sich gerade nach vorne zu bewegen.

Diastema Der lateinische Name für die Laden.

Dominante Gene Gene, die sich in der Vererbung gegenüber anderen Genen durchsetzen.

Eckstrebe Die Endpunkte der Hufwand, die vom Ballen bis zur Mitte der Hufsohle reichen.

Eiter Eine Substanz, die aus Bakterien und abgestorbenen weißen Blutkörperchen besteht.

Erschütterung
1.) Einwirkung auf die Hufe beim Auftreten auf den harten Boden.
2.) Bewußtlosigkeit oder vorrübergehender Gehirnschaden nach einem Schlag auf den Kopf.

Exterieur Der Körperbau eines Pferdes.

Faser Auch unter dem Namen Zellulose bekannt. Die Faser stabilisiert Stengel und Blätter der Pflanzen. Futtermittel mit einem hohen Faseranteil, wie z. B. Gras oder Heu, werden als Rauhfutter bezeichnet.

Festlegen Ein Pferd kann sich im Stall festlegen, wenn es sich hingelegt oder gewälzt hat und so verklemmt ist, daß es nicht mehr aufstehen kann.

Flehmen Eine natürliche Verhaltensweise, bei der das Pferd das Maul öffnet und die Oberlippe kräuselt.

Folsäure Wichtiges Vitamin zur Bildung von Blutkörperchen.

Galvayn's'che Furche Eine Furche am Eckzahn des Oberkiefers, die ab dem zehnten Lebensjahr zu sehen ist.

Gang Die Art in der sich ein Pferd bewegt. Der Ausdruck bezieht sich auf die Korrektheit der Bewegung, die Winkelung der Gelenke und beschreibt, wie weit das Pferd seine Beine vom Boden hebt.

Gangart Ein Bewegungsmuster der Beine. Alle Pferde gehen Schritt, Trab und Galopp. Spezialgangarten gibt es bei bestimmten Rassen, z. B. den Paso des Peruanischen Pasopferdes oder den Tölt des Isländers.

Gebrauchspferd Ein Pferd mit einer unbekannten Abstammung.

Geläuf Die Bodenbeschaffenheit.

Geschwindigkeit Das Tempo in einer bestimmten Gangart wird folgendermaßen unterteilt: Versammeltes Tempo, Arbeitstempo, Mitteltempo, Starkes Tempo.

Getreide Gräser, die Samen produzieren, die verfüttert werden können (z. B. Hafer, Weizen, Gerste).

Guter Futterverwerter Ein Pferd, das nur eine geringe Futtermenge benötigt, um rundum gesund zu bleiben.

Halbblut Ein Pferd, bei dem ein Elternteil ein Vollblüter und das andere Elternteil ein Warmblüter ist.

Hand Die Maßeinheit einer Hand entspricht ca. 10 cm.

Hartes Maul Ein Pferd mit einem harten Maul reagiert nicht auf Zügelhilfen. Ein hartes Maul wird durch einen gefühllosen Reiter mit grober Zügeleinwirkung verursacht, dabei werden die Oberfläche der Laden und die Nerven in diesem Bereich verletzt.

Hämoglobin Die Substanz in den roten Blutkörperchen, die Sauerstoff und Kohlendioxid transportiert.

Hengst Ein männliches Tier, das nicht kastriert wurde.

Heiß machen Ein Futtermittel kann ein Pferd heiß machen, weil es ihm zuviel Energie zuführt und das Pferd leicht erregbar macht.

Hengstfohlen Ein Fohlen, das noch nicht kastriert wurde.

Hierarchie Die Rangordnung in einer Herde, in der die einzelnen Herdenmitglieder unterschiedlich wichtig sind. An der Spitze der Rangordnung steht das dominanteste Tier und das unterwürfigste am Ende.

Infundibulum Eine Furche, die als Alterserscheinung auf der Kaufläche der Schneidezähne erscheint.

Instinkt Automatisches, natürliches und angeborenes Verhalten.

Kaltblut Ein schweres Pferd, dessen Vorfahr das Waldpferd aus dem nördlichen Europa war.

Keratin Ein Hauptbestandteil des harten Gewebes, z. B. des Horns.

Klare Beine Beine ohne Schwellungen, Kratzer oder Knochenauftreibungen (Überbeine).

Knochen Substanz, aus der das Skelett besteht.

Knorpel Bedeckt die knochige Oberfläche der Gelenke, um sie weich und beweglich zu machen.

Kondition Der Trainingszustand, in dem sich ein Pferd befindet. Ein Pferd mit schlechter Kondition hat eine weiche, schlaffe Muskulatur mit viel Fett.

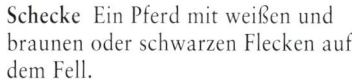

Ein Pferd mit guter Kondition hat eine harte, straffe Muskulatur ohne überschüssiges Fett.

Kötenbehang Die langen Haare am Fesselkopf und am Röhrbein.

Kraftfutter Futtermittel, das einen hohen Nährwert bei geringer Futtermenge bietet.

Laden Das Stück Zahnfleisch zwischen dem letzten Schneidezahn und dem ersten Molaren, auf dem das Gebiß aufliegt.

Longieren Das Bewegen eines Pferdes vom Boden aus. Das Pferd bewegt sich dabei an einer langen Leine (Longe) im Kreis um den Longenführer.

Luft Die Atmung eines Pferdes.

Maidenstute Ein junges, weibliches Pferd (bis vier Jahre), das noch kein Fohlen hatte.

Milchsäure Substanz, die der Muskel während der Arbeit produziert. Wird die Milchsäure nicht schnell genug mit dem Blut abtransportiert, kann sie die Muskulatur schädigen.

Molaren Große Zähne mit einer flachen, breiten Kaufläche. Sie liegen hinten im Maul, mit ihnen zermalmt das Pferd sein Futter.

Nachschwitzen Ein Pferd beginnt noch einmal zu schwitzen, obwohl es nach dem Reiten bereits abgekühlt und abgetrocknet war.

Niederbruch Ein schwerwiegender Sehnenschaden wird auch als Banane bezeichnet.

Niete Das Ende des Hufnagels, das umgebogen wird, um das Eisen zu halten.

Parasit Ein Organismus, der in und von anderen Lebewesen lebt.

Paß Ein spezieller Zweitakt, bei dem sich das gleichseitige Beinpaar gleichzeitig bewegt.

Pigment Ein farbgebender Bestandteil der Haut, des Haares und des Horns.

Pilzsporen Die winzigen Transportmittel, mit denen die Pilze in der Luft verteilt werden. Sie können Allergien auslösen.

Pony Ein ausgewachsenes Pferd, das weniger als 1,48 m Stockmaß hat.

Profil Die Form des Nasenrückens (von der Seite betrachtet). Der Nasenrücken kann gerade sein (normaler Kopf), konkav (Hechtkopf) oder konvex (Ramskopf).

Rasse Eine Vielzahl von Pferden (oder anderen Tieren), die alle dieselben genetischen und körperlichen Charakteristika gemeinsam haben und diese auch an ihre Nachkommen vererben.

Rauhfutter Langstielige Pflanzen, die den Großteil des Pferdefutters ausmachen.

Rezessive Gene Gene, die sich schwächer als andere vererben, ihre Eigenschaften werden nur dann an die Nachkommen weitergegeben, wenn beide Elternteile diese Eigenschaften besitzen.

Rosse Die Zeit, in der eine Stute fortpflanzungsbereit ist.

Sattelzeug Die Ausrüstung, die ein Pferd beim Reiten trägt.

Schecke Ein Pferd mit weißen und braunen oder schwarzen Flecken auf dem Fell.

Schlechter Futterverwerter Ein Pferd, das große Futtermengen benötigt, um rundum gesund auszusehen.

Schneidezähne Die Vorderzähne, mit denen das Pferd sein Futter abbeißt.

Schweres Pferd Ein sehr großes und stabiles Pferd, das wegen seiner Stärke gezüchtet wird.

Sehne Faserartiger Muskelstrang, der Muskel und Knochen verbindet.

Stumpfes Fell Das Fell wirkt matt und struppig.

Stute Ein ausgewachsenes, weibliches Pferd.

Typtreu Ein Pferd verfügt über dieselben körperlichen Charakteristika wie seine Eltern und andere Pferde dieses Typs.

Untugend Ein unerwünschtes Verhaltensmuster.

Vermögen Die körperliche Veranlagung eines Pferdes (z. B. zum Springen)

Virus Ein mikroskopisch kleiner, ansteckender Wirkstoff, gegen den es praktisch kein Gegenmittel gibt.

Vollblut Englischer oder arabischer Vollblüter.

Vorführen Das Führen eines Pferdes an der Hand mit einem Führstrick (vor allem bei Pferdeschauen).

Wallach Ein kastriertes männliches Pferd.

Warmblut Ein Pferd, dessen Vorfahren Vollblüter und Kaltblüter waren.

Weiße Linie Die Verbindung zwischen Hufwand und Hufsohle.

Widersetzlich Ein Pferd, das z. B. nicht in die verlangte Richtung gehen will, weil es unwillig ist und nicht, weil es Angst hat.

Wirbel Kleine runde Muster im Fell, an denen das Haar kreisförmig wächst.

Wisping Englische Bezeichnung für die Hautmassage des Pferdes mit einem Strohwisch oder Massagepolster.

Wolfszahn Dieser Zahn ist nicht bei allen Pferden vorhanden, er heißt bei männlichen Pferden Hengstzahn und liegt hinter den Schneidezähnen.

Zuchthengst Vatertier.

Zwanghuf Enger, steiler Huf mit einem kleinen Strahl und engen Trachten.

ZUSATZINFORMATIONEN

wärmt die Einstreu das Pferd nur unzureichend, als Folge müssen Sie dickere Decken auflegen.

Tips, um Zeit zu sparen

Nachdem Sie mit dem Kauf freiwillig die Verantwortung für das Pferd übernommen haben, sind Sie es ihm schuldig, sein Leben so angenehm wie möglich zu machen. Nachfolgend aber trotzdem einige Tips, die Sie im Hinterkopf haben sollten, wenn Ihre Zeit durch andere Verpflichtungen (Arbeit, Familie) begrenzt ist.

• Teilen Sie sich die Arbeit mit anderen, das spart Geld und Zeit. Besprechen Sie klipp und klar, wer wann für die Pferde da ist und wer welche Aufgaben übernimmt, damit keine Person mehr als die anderen machen muß. Auf diese Weise kann sich jeder auf die adäquate Versorgung seines Pferdes verlassen, ohne den ganzen Tag im Stall sein zu müssen.

• Machen Sie eine Aufstellung der Tätigkeiten, die Sie erledigen müssen, und ordnen Sie die Liste nach Wichtigkeit. An oberster Stelle sollten die Tätigkeiten stehen, die direkt mit dem Pferd zu tun haben: Das Ausmisten (Stallpferd) und die tägliche Kontrolle (Koppelpferd).

• Planen Sie voraus und reservieren Sie sich genügend Zeit für die Dinge, die nicht jeden Tag erledigt werden müssen: die Reinigung des Sattelzeugs, das Einsammeln von Mist auf der Koppel, die gründliche Reinigung des Stalles und das ordentliche Aufschlichten des Misthaufens.

• Machen Sie sich einen Jahresplan für die Dinge, die nicht regelmäßig erledigt werden müssen (z. B. das Entwurmen), damit Sie immer sehen, wann der Termin fällig ist. Sobald Sie die Aufgabe erledigt haben, notieren Sie sich in Ihrem Kalender den nächsten Termin. Vereinbaren Sie einen neuen Termin, solange der Tierarzt oder Schmied noch in Ihrem Stall steht; auf diese Weise sparen Sie sich einiges Kopfzerbrechen und Sie gehen sicher, daß die Termine regelmäßig eingehalten werden.

• Wenn Sie keine Zeit haben, Ihr eigenes Futter zu mischen, sollten Sie nicht heikel/wählerisch sein und eine Fertigfuttermischung füttern; diese Futtermittel werden für die verschiedenen Pferdetypen fabriziert und sind auf deren

Trainingszustand abgestimmt. (Fragen Sie Ihren Tierarzt bei Auswahl um Rat.)

Versicherung

Genauso wie Ihr Pferd, müssen Sie auch Ihr Sattelzeug und andere Ausrüstungsgegenstände, Ihren Stall und alle Nebengebäude und sich selbst versichern. Fragen Sie einen Reitstallbesitzer in Ihrer Nähe nach einer geeigneten Versicherungsgesellschaft.

• Lassen Sie Ihr Pferd und Ihre Ausrüstung genau schätzen.

• Lesen Sie die Police mit einem Fachmann genau durch, damit Sie genau Bescheid wissen, was die Versicherung abdeckt.

• Legen Sie die gesamte Korrespondenz mit der Versicherung ab und bewahren sie auf.

• Halten Sie die Nummer Ihrer Police grifbereit, falls plötzlich ein Unfall passieren sollte.

Alternativen zum Pferdebesitz:

Wenn Sie sich kein eigenes Pferd leisten können, sollten Sie über eine Beteiligung oder über das Leihen eines Pferdes nachdenken. Eine Besitzervereinigung teilt sich den Kaufpreis und die Haltungskosten eines Pferdes. Ein geliehenes Pferd gehört immer noch seinem Besitzer, der Ausleiher kümmert sich um das Tier und muß den Großteil der Haltungskosten tragen.

• Eine Besitzervereinigung muß sich von vornherein genau überlegen, welche Person, wenn welche Aufgaben übernimmt und diese Dinge schriftlich festhalten. Außerdem muß ein Reitplan aufgestellt werden, der jeder Person die gleiche Reitzeit zugesteht, ohne das Pferd zu ermüden.

• Bevor ein Pferd verliehen wird, muß ein Vertrag vom Rechtsanwalt aufgesetzt werden. In diesem Vertrag wird festgehalten, wie lange das Pferd verliehen wird, wie das Pferd gehalten wird, was damit gemacht werden darf und was nicht und wer die Kosten für Schmied und Tierarzt übernimmt.

• Gnadenbrothöfe und andere Pflegeeinrichtungen verleihen manchmal Pferde, diese Tiere brauchen aber einen Stall mit erfahrenen, liebevollen Pferdepflegern, weil sie oftmals physische oder psychische Probleme haben.

• Jeder Pferdebesitzer, der sein Pferd verleiht, wird sehen wollen, wo Sie sein Pferd unterbringen wollen und wie gut Sie mit ihm umgehen oder reiten.

Tips, um Geld zu sparen

Das Wohlbefinden Ihres Pferdes muß an erster Stelle stehen und darf nicht von finanziellen Überlegungen in Frage gestellt werden. Nachfolgend finden Sie aber einige Tips, wie Sie trotzdem bei der Pferdehaltung Geld sparen können:

• Schließen Sie sich mit anderen Pferdebesitzern zusammen, halten Sie Ihre Pferde gemeinsam in einem Stall, und wechseln Sie sich bei der Arbeit und bei der Versorgung ab. Auf diese Weise können Sie Ihr Pferd in einem Pensionsstall halten, ohne die hohen Kosten dafür tragen zu müssen.

• Leihen Sie sich gegenseitig die Sachen aus, die Sie nicht so oft brauchen (z. B. eine Schermaschine).

• Sprechen Sie sich mit anderen Pferdebesitzern vor den Routinebesuchen des Tierarztes und des Hufschmiedes ab, damit alle Pferde am selben Tag behandelt werden können. So können Sie das Kilometergeld aufteilen, und der Schmied oder Tierarzt erspart sich mehrere Fahrten in den gleichen Stall.

• Überlegen Sie genau, bevor Sie etwas kaufen, ob Sie den Gegenstand überhaupt brauchen. Sind Sie sich nicht sicher, fragen Sie am besten einen Fachmann (Sattler, Tierarzt, Schmied, Reitlehrer) um Rat. Kaufen Sie immer nur Sachen von bester Qualität; sie halten länger und sind besser für Ihr Pferd als Billigprodukte.

• Geben Sie immer genug Einstreu in die Box, bei einer dünnen Matratze spart man an der falschen Stelle. Sie schützt das Pferd nicht vor dem harten Boden, es kann sich verletzen, muß vom Tierarzt behandelt werden und ist unter Umständen nicht mehr zu reiten. Zusätzlich

INDEX

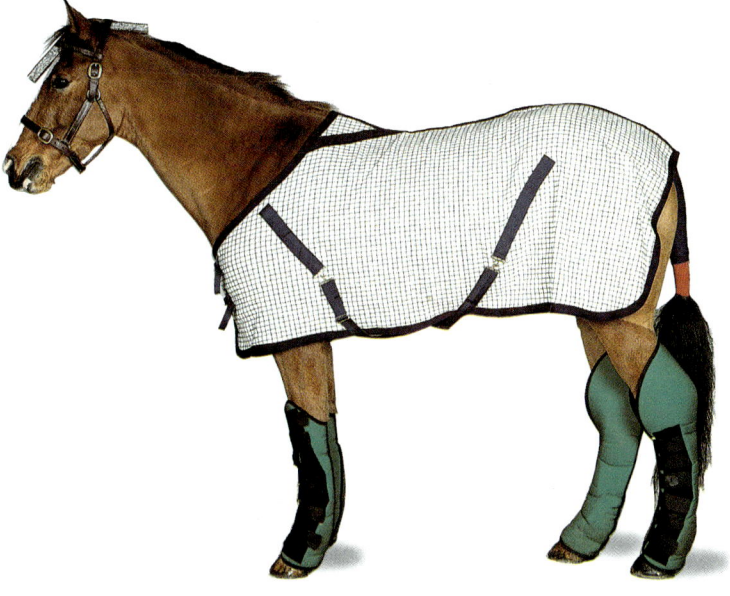

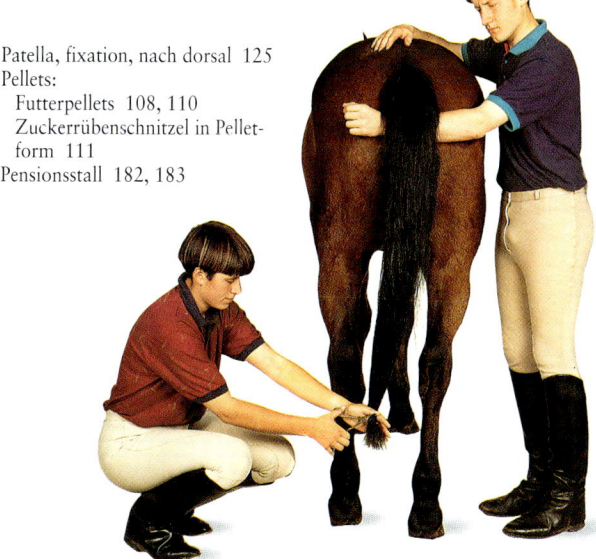

DANKSAGUNG

Der Autor bedankt sich bei
dem Personal von Gilham House Veterinary Group für ihre Hilfe und Geduld bei der Vorbereitung dieses Buches.

Der Herausgeber bedankt sich bei
Nereide und John Goodman für die Bereitstellung der Pferde, des Stallpersonals und der Reitanlage Wellington Riding.

Ascot Stables für die Benutzung des Musterstalles in Old House Farm.

Allen Pferdebesitzern (und Pferden) in Wellington Riding: Heather Berryman (Rose); Jackie Caldwell (Tikka's Dream); Peter Caldwell (Pendragon); Philippa Earthy (Fergus); Sarah Elmslie (Five & Twenty); Nereide Goodman (Wellington Laska und Wellington Trafalgar); Tessa Lawton (Nivelle); Richard Morrish (Milarochy Bay); Fiona Pavitt (Boothlands Azzaro); Robert Pickles (Wellington Asyllus); Kathleen Ramey (Catherston Dear Edward); Anna Shelton (Kerry); Theresa Hulton (Captain Morgan); Pat Watts (Brandysnap).

Bei den Ascot Stables; Sheila Baigent (Puzzle)

Ich bedanke mich bei dem Stallpersonal von Wellington Riding für ihre Hilfsbereitschaft und Geduld, ganz besonders bei Beverley Davies, Alex Ehrmann und Suzanne Judd.

Als Modelle stellten sich zur Verfügung: Ralph Butler, Beverley Davies, Harriet Green, Samuel Harpur, Katie John, Suzanne Judd, Shelly Moores, David Sheerin, Claudia Steele, Colin Vogel.
Es assistierten: Emma Butcher, Anna Shelton und Amanda Webb.

Hufschmied: Clive Duffin

Für die Benützung des Pferdetransporters: Mark Runiewicz.

Register: Hilary Bird.

Bildredaktion: Becky Halls und Rachel Leach.

Dorling Kindersley möchte sich bei Cam Equestrian und Ride Away für das Ausleihen von Sattelzeug, Reitbekleidung und Reitausrüstung bedanken; bei Clayton Equine Safety für die Equipack Erste Hilfe-Ausrüstung; bei B. und J. Dance und Dengie Crops für Pferdefutter; bei Fieldguard für die Gummimatten; bei Hemcore für die Pferde-Einstreu.

Bildnachweis:
Erklärung: u unten, o oben, m Mitte, l links, r rechts

Illustrationen:
Alle Illustrationen stammen von Andrew Macdonald, abgesehen von:
Joanna Cameron 26m, 27ml, or; Tony Graham 24, 26ul, mr; Janos Marffy 46; Sean Milne 10; Dan Wright 27mr.

Fotografen:
Weitere Fotografen: Peter Anderson, Peter Chadwick, Geoff Dann, Mike Dunning, Andreas Einsiedel, Neil Fletcher, John Glover, Steve Gorton, Anna Hodgson, Colin Keates, Dave King, Bob Langrish, Andrew McRobb, Ray Moller, Gary Ombler, Roger Philips, Tim Ridley, Matthew Ward. Biofotos Heather Angel 84m; Bruce Coleman Ltd/Jeff Foott Productions 40u/Flip de Nooyer 85or/William S. Paton 10mr/Dr. Eckart Pott 10u, 82ur/Hans Reinhard 64o/Gunter Ziesler 40m; courtesy Equibrand 114ul, m, 180mr; Robert Harding Picture Library 84o; Michael Holford 8–9; Kit Houghton 30mr, 35ml, 79ol, 80o, ur, 82o, 98o; The Image Bank/Jack Ward 36o; Derek Knottenbelt/University of Liverpool 122u, 123ol, ul, 124mlu, ul, 125o, m, 126ml, 127ul, 128ml, ul, 129o, m, 130o, m, u, 131o, ul, um, 132ur, 133o, m, 137, 138m, u, 139u; Bob Langrish 22ul, 69ul, 79or, 181u, 92, 93, 95o, 183ol; Microscopix Photo Library/Andrew Syred 21or; Only Horses Picture Agency 78u, 113ur; Harry Smith Horticultural Collection 82 mr, ul, um, 83mr, 84ur, 85m, ml; Tony Stone Images 78o, 99mr; ZEFA 36u, 77or.

Der Dank gilt folgenden Pferdebesitzern:
S. 11 **Highland Pony** – *Monarch of Dykes* Countess of Swinton

S. 12, 13 **Hack** – Mr. und Mrs. D. Curtis
Schau-Pony, Cob, Hunter – Robert Oliver

S: 14 **Aalstrich** – *Fruich of Dykes* Countess of Swinton
Falbe – *Montemere O'Nora* Nan Thurman

S. 15 **Blesse** – *Spooks* Peter Munt
Schnippe – *Hippolyte* Haras Nationale de Pau

S. 18 **Araber** – *Muskhari Silver* Janet und Anne Connolly, Silver Fox Arabians, West Midlands
Ardenner – *Trojan* Charlie Pinney, Egrement Farm, Payhembury, Honiton, Devon

S. 46o – *Noaner* Institut Incremento Ippico di Crema

Die Herausgeber legen Wert darauf, festzuhalten, daß während der Fotoarbeiten mit den Pferden keinerlei Verletzungen geschehen sind.

Für Pferdehaltung und Ausbildung